Besser Online Verkaufen

Wie die besten Onlineshops der Welt
ihre Conversions optimieren

von Thomas Gruhle et al.

ForwardVerlag

ForwardVerlag

Besser Online Verkaufen

Wie die besten Onlineshops der Welt ihre Conversions optimieren

2. Auflage

Autoren: Thomas Gruhle et al.

Kontakt: info@forwardverlag.de
Umschlaggestaltung: @magicdesign
Druck: mediaprint solutions GmbH

Disclaimer / Haftungsausschluss
Das Werk inklusive aller Inhalte wurde unter größter Sorgfalt erarbeitet. Der Verlag übernimmt jedoch keine Gewähr für die Aktualität, Korrektheit, Vollständigkeit und Qualität der bereitgestellten Informationen. Druckfehler und Falschinformationen können nicht vollständig ausgeschlossen werden.

ISBN 978-3-98755-097-3

Wir verwenden im gesamten Text das generische Maskulinum. Dies dient der Leserlichkeit und ermöglicht eine flüssige Textgestaltung, da es sich am leichtesten lesen lässt. Unsere Verwendung des generischen Maskulinums soll keinesfalls eine Geschlechterdiskriminierung darstellen, sondern ist lediglich eine sprachliche Konvention, um den Text klar und verständlich zu halten. Wir begrüßen und schätzen die Vielfalt unserer Leserschaft und möchten sicherstellen, dass sich jeder in unseren Texten repräsentiert fühlt.

Bei Sunday Natural steht die Qualität unserer Produkte an erster Stelle. Dies beginnt bereits bei der sorgfältigen Auswahl und dem Einkauf der Inhaltsstoffe, setzt sich fort in der schonenden Verarbeitung und mündet schließlich in der einzigartigen Qualität der Endprodukte. Dieser Anspruch ist der Dreh- und Angelpunkt der Sunday-Philosophie und leitet das Handeln aller Mitarbeiter. Er beschränkt sich nicht nur auf die Produktentwicklung, sondern zieht sich durch alle Unternehmensbereiche: Packaging, Content, Customer Support und natürlich Online Marketing. Warum dieser hohe Stellenwert der Qualität? Wir sind davon überzeugt, dass nur so Produkte entstehen, die unseren Kunden einen echten Mehrwert bieten. Ursprünglich haben wir die Produkte für uns selbst entwickelt. In unzähligen Kundengesprächen lernten wir dann, welche Eigenschaften für unsere Kunden am wichtigsten sind. Dieses tiefgreifende Verständnis der Kundenbedürfnisse hat uns innerhalb von zehn Jahren zum Unicorn gemacht.

An dieser Stelle kommt die Conversion Optimierung (CRO) ins Spiel. CRO ist letztlich nichts anderes als die Institutionalisierung der Kundenorientierung. Viele Unternehmen betonen zwar, »customer centric« zu agieren, doch nur wenige setzen dies konsequent in die Praxis um. Das vorliegende Buch füllt diese Lücke. Es erklärt anschaulich und praxisnah, wie Unternehmen CRO erfolgreich implementieren können.

Thomas und sein Team haben sich für dieses Buch viel zu lange Zeit gelassen: Es war überfällig! Es ist eine erstaunliche Lektion im Zuhören und Verstehen der Kundenbedürfnisse. Allen Unternehmen, die ihre Kundenorientierung ernst nehmen und ihren Geschäftserfolg nachhaltig sichern möchten, lege ich dieses Buch ans Herz.

Dr. Jörg Schweikart
Gründer, Sunday Natural

Die Marke Gerry Weber ist in mehr als 200 Ländern vertreten. Neben eigenen Stores und solchen von Franchisenehmern sind wir in den Flächen unserer Wholesale-Partner zu finden – und natürlich sind wir aktiv im E-Commerce. Durch diese globale Perspektive erleben wir die starke Verschiebung von Kunden und Umsätzen in die Online-Welt.

Unsere Online-Shops sind der Ankerpunkt unserer digitalen Vertriebsstrategie. Eine wichtige Antwort auf die damit einhergehenden Herausforderungen ist für uns Conversion Optimierung mit LEAP/.

Bei Gerry Weber streben wir danach, für unsere Kunden morgen in allen Belangen besser zu sein als gestern. In Bezug auf die digitale Welt ist die Conversion Optimierung ein zentraler Baustein zur Erfüllung dieses Anspruchs. Ich empfehle dieses Buch und die darin enthaltenen Lektionen nicht nur anderen Omnichannel-Unternehmen, sondern allen Online-Shop-Betreibern und E-Commerce-Verantwortlichen. Es gibt in jedem Online-Shop so viele Optimierungspotentiale, die es wert sind, gehoben zu werden – also beginne besser heute als morgen damit!

Niklas Adamkiewicz
Director E-Commerce, Gerry Weber

Für Parfumdreams war Conversion Optimierung ein echter Wendepunkt. Ich erinnere mich noch gut an die Zeit, in der wir unsicher waren, ob unsere Änderungen wirklich den gewünschten Effekt haben würden.

Die in diesem Buch beschriebenen Prinzipien setzen wir mit Hilfe von LEAP/ seit sieben Jahren ein. Seitdem hat sich viel getan. Durch gezielte, datengetriebene A/B-Tests treffen wir heute viel bessere Entscheidungen. Das Ergebnis ist eine deutlich gesteigerte Profitabilität und ein Team, das jeden Tag mit Begeisterung neue Ideen für unseren Onlineshop entwickelt.

Unterm Strich stehen nicht nur Umsatz-Uplifts im zweistelligen Millionen-Bereich, sondern auch starke kulturelle Anpassungen. Wir haben verinnerlicht: Unternehmen, die schneller iterieren, werden auch schneller innovieren. Dieses CRO-Mindset hilft uns dabei, die Herausforderungen von morgen zu meistern, auch, wenn wir heute noch nicht einmal ahnen, welche das sein werden.

Besonders in einem wettbewerbs- und preissensitiven Umfeld entscheidet dieses Mindset über Leben und Tod. »Besser Online Verkaufen« handelt genau davon.

Steven Mattwig
CEO, Parfumdreams & Niche Beauty

Inhaltsverzeichnis

TEIL 5

PRIORISIERUNG – AUS VIELEN LÖSUNGEN DIE BESTEN WÄHLEN

TEIL 6

A/B-TESTS – DIE WIRKUNG DER LÖSUNGEN VALIDIEREN

TEIL 7

MIT PERSONALISIERUNG DAS NÄCHSTE LEVEL ERREICHEN

TEIL 8

DAS BRAUCHST DU, UM CONVERSION OPTIMIERUNG ERFOLGREICH ZU BETREIBEN

EXECUTION BEATS STRATEGY

EINLEITUNG

Die E-Commerce-Branche verändert sich nonstop. Wer kann da mithalten? Immer und immer wieder die richtigen Entscheidungen für das eigene Unternehmen zu treffen, scheint ein Ding der Unmöglichkeit. Insbesondere die etablierten E-Commerce-Unternehmen tun sich schwer, Schritt zu halten. Oder sie sind aus Angst vor der Entwicklung schier erstarrt. Viele von ihnen verhalten sich, als wüssten sie von nichts – und gefährden ihren zukünftigen Erfolg.

In der Welt des Onlinehandels dreht sich alles um Traffic, so scheint es jedenfalls. Unternehmen setzen seit Jahren auf eine Vielzahl von Strategien, um potenzielle Kunden anzuziehen: sei es durch Suchmaschinenoptimierung (SEO), Google Ads, Affiliate-Marketing, Social-Media-Werbung oder die Reichweite von Influencern. Einige dieser Methoden sind subtil, während andere regelrecht aggressiv sind, mit blinkenden Banner-Anzeigen und aufdringlichen Pop-ups, die die Nutzer förmlich auf die Webseite zerren wollen. Weil »mehr Traffic« als die höchste Devise gilt, fließen Millionen in die Akquise neuer Nutzer und riesige Mitarbeiterteams arbeiten unermüdlich daran, den Traffic zu steigern und effizienter einzukaufen.

Doch was passiert, wenn potenzielle Kunden endlich im »Laden« sind? Oft stehen sie vor einem Wirrwarr an Produkten, ohne einen Verkäufer in Sicht. Oder sie wissen nicht, wie sie etwas aus dem Regal nehmen, geschweige denn in den Einkaufskorb legen. Oder der Weg zur Kasse erscheint plötzlich wie das Erklimmen des Mount Everest. Wie eine Auswertung von mehr als 2.000 Onlineshops zeigt, beträgt die Conversion Rate im Durchschnitt nur etwas mehr als zwei Prozent.[1] Je nach Branche und Geschäftsmodell kann die Quote auch höher ausfallen, dennoch bleibt eines gleich: Die meisten Nutzer kaufen nicht.

Und die Verantwortlichen? Entweder glauben sie erst gar nicht, dass sich die Quote dauerhaft verbessern lässt, oder sie investieren, drehen alles auf links und schaffen es dennoch nicht, mehr Nutzer zum

[1] https://www.statista.com/statistics/1106713/global-conversion-rate-by-industry-and-device/, aufgerufen am 14.04.2024 um 10:34 Uhr

Kauf zu bewegen. Ein physischer Laden, bei dem nur ein Bruchteil der Kunden auch wirklich einen Kauf tätigt und die restlichen den vielleicht schon befüllten Einkaufswagen vor der Kasse stehen lassen, wäre innerhalb kürzester Zeit bankrott. Der Laden wäre ständig überfüllt, könnte jedoch nicht einmal die Miete zahlen.

Als der Anteil der Onlineshopper noch stetig zunahm, waren die Schattenseiten dieser Strategie weniger offensichtlich. Jahrelang war es akzeptabel, ineffiziente Prozesse im Onlinehandel hinzunehmen, denn das kontinuierliche Wachstum des Marktes kompensierte diese Schwächen. Durch den stetigen Zustrom neuer Internetnutzer konnte der E-Commerce trotzdem profitabel betrieben werden.

Doch die Zeiten des ungebremsten Marktwachstums sind vorbei. Die Corona-Pandemie hat den letzten Kunden ins Internet getrieben und den E-Commerce stark beeinflusst. Nun befinden wir uns in einem Verdrängungsmarkt, in dem es darum geht, Marktanteile von den Wettbewerbern zu gewinnen, anstatt auf endloses Wachstum zu hoffen.

Die Auswirkungen der Pandemie auf den E-Commerce waren enorm: Zunächst erlebte die Branche ein starkes Wachstum aufgrund von Lockdowns und der Einschränkung des stationären Handels. Darauf folgten Lieferengpässe wegen gestörter internationaler Lieferketten. Als die Waren wieder verfügbar waren, begannen E-Commerce-Unternehmen ihre Lager zu füllen. Doch diese Überproduktion traf auf eine sinkende Kauflaune und eine steigende Inflation, was dazu führte, dass der E-Commerce in Deutschland im Jahr 2023 erstmals um knapp 12 Prozent schrumpfte.[2]

Die Reaktion vieler Unternehmen auf steigende Kundenakquisitionskosten, wachsende Klickkosten und zunehmenden Wettbewerbsdruck besteht darin, das Budget zu kürzen, zu sparen und auf bessere Zeiten zu hoffen. Oder sie kaufen noch mehr Traffic, locken noch mehr potenzielle Kunden an – und lassen sie dann wieder alleine.

[2] https://bevh.org/detail/umsaetze-im-e-commerce-erreichen-talsohle#, aufgerufen am 14.04.2024 um 17:23 Uhr

Es ist an der Zeit, diesen Status quo infrage zu stellen. Eine Conversion Rate von durchschnittlich zwei Prozent reicht für das Überleben nicht mehr aus. Es ist an der Zeit, Antworten zu finden. Warum legen Nutzer nichts in ihren Warenkorb? Wo finden sie sich nicht zurecht? Welche ihrer Fragen bleiben unbeantwortet? Warum schließen sie einen Kauf nicht ab?

Conversion Optimierung ist der Schlüssel, um den Wert des vorhandenen Traffics zu maximieren. Dank ihr zahlen sich die Anstrengungen zur Trafficgenerierung endlich in Profit aus. In diesem Buch zeigen wir – das Team von LEAP/, der Expertenagentur im Bereich Conversion Optimierung – auf, wie du in deinem Unternehmen durch gezielte Optimierung eure Conversion Rates steigern kannst, um aus Besuchern zahlende Kunden zu machen und somit den Erfolg eures Onlinegeschäfts zu maximieren.

Die Herausforderung besteht also darin, die vorhandenen Nutzer zu Käufern zu konvertieren. Dabei rückt eine alte Handelstugend wieder in den Vordergrund: das Verkaufen. Conversion Optimierung ist nichts anderes als das – deine Webseite hilft besser beim Verkaufen. Es geht darum, Nutzer zu verstehen, zu begeistern und zu überzeugen und letztendlich zum Kauf zu bewegen. In einer Zeit, in der der Markt gesättigt ist und das Wachstum stagniert, ist Conversion Optimierung entscheidend, um im E-Commerce erfolgreich zu sein. Viele Firmen unterschätzen die Bedeutung des Verkaufens im Netz und investieren im Verhältnis zu den Ausgaben für den Trafficeinkauf nur unzureichend in ihren wichtigsten Verkäufer – die Webseite selbst.

Ein anschauliches Beispiel hierfür ist das »*MediaMarkt* Paradoxon«: *MediaMarkt* betreibt 270 Filialen in Deutschland. Diese Filialen werden täglich von 1.600 Menschen besucht. Seit Jahren ist sich *MediaMarkt* der Bedeutung bewusst, Verkäufer in den Filialen auszubilden. Je besser diese darin sind, die Bedürfnisse der Kunden zu erkennen und entsprechend zu beraten, desto höher ist der Umsatz. Daher investiert das Unternehmen seit Langem in die Ausbildung dieser Verkäufer, mit strukturierten Ausbildungsprogrammen, finanziellen Mitteln und der Anstellung von Trainern. Neben den 270 Filialen betreibt *MediaMarkt* auch einen Onlineshop, über den täglich beinahe 50.000 Bestellungen eintrudeln, während die Mitarbeiter in den Filialen es nur mit 1.600 Kunden täglich zu tun haben.[3] Investiert *MediaMarkt* aber in Relation zum Bestellvolumen auf ähnliche Weise in das »Training« seines Onlineshops? Zu bezweifeln.

Die Schlussfolgerung ist offensichtlich: E-Commerce-Unternehmen haben bisher nicht erkannt, dass sie ihre wichtigste Ressource, ihren Onlineverkäufer, ebenso trainieren und ausbilden müssen wie ihre Verkäufer in den physischen Filialen. Dabei ist die Investition in Conversion Optimierung entscheidend für die Effizienz des Verkaufsprozesses online und somit den Erfolg im E-Commerce. Wer mehr Kunden konvertiert, macht mehr Umsatz, so einfach ist das.

Und damit nicht genug: Neben dem gesteigerten Umsatz auf der einen Seite kommen gesparte Kosten auf der anderen hinzu, ein doppelter Hebel. Die richtige Conversion Optimierung erspart euch als Unternehmen nämlich Millionenverluste, da Verschlimmbesserungen an der eigenen Webseite direkt als solche entlarvt werden, anstatt dass sie unerkannt übernommen oder sogar als Erfolge gefeiert werden. Zusätzlich entlastet sie Abteilungen, die ansonsten ihre Zeit mit solchen Pseudo-Verbesserungen verschwenden würden, und senkt Retourenraten. All diese Effekte machen die Conversion Optimierung zum Ticket, mit dem ihr euer Unternehmen in die Oberliga der Onlineshops befördert, und sind Grund genug, sich näher mit der Thematik zu beschäftigen.

[3] https://www.mediamarkt.de/de/about-us/company, aufgerufen am 04.06.24 um 9:52 Uhr

1 Wie du mit Conversion Optimierung deine Ziele erreichst

Erfolgreiche Unternehmen nutzen Conversion Optimierung, um die Bedürfnisse und Anliegen ihrer Kunden und Besucher in den Vordergrund zu rücken, und bringen so auch ihr Geschäft nach vorn. Indem sich Nutzer abgeholt fühlen und ihre Wünsche berücksichtigt werden, steigt die Wahrscheinlichkeit, dass sie öfter konvertieren. Aber was bedeutet das eigentlich, wenn ein Kunde konvertiert?

Conversion – oder das, was die Nutzer tun sollen

Eine Conversion auf einer Webseite bedeutet, dass ein bestimmtes Ziel erfolgreich erreicht wurde. Dabei kann es sich um verschiedene Handlungen drehen: von der finalen Kaufentscheidung (Macro-Conversion) über Zwischenschritte wie das Hinzufügen zum Warenkorb (Micro-Conversion) bis hin zu anderen Zielen außerhalb des direkten Kaufprozesses, wie etwa das Schreiben von Rezensionen.

Die Conversion ist je nach Unternehmen auf ganz individuelle Ziele ausgerichtet. Nehmen wir den LEAP/-Kunden *Sovendus* als Beispiel: *Sovendus* ist das größte Netzwerk zum Generieren, Optimieren und Monetarisieren von Transaktionen und verfügt durch sein Produkt über einen außergewöhnlichen Conversion-Funnel. *Sovendus* tritt mit seinen Kunden über ein Banner auf den Dankeseiten von Webshops in Kontakt. Der Kunde hat also gerade eine Transaktion getätigt und nun lädt ihn das *Sovendus*-Banner dazu ein, einen Gutschein als Geschenk für die gerade bezahlte Bestellung zu wählen.

Der Kunde befindet sich bereits im Einkaufsmodus und die von *Sovendus* angebotenen Rabatte sind exklusiv nach der Bestellbestätigungsseite verfügbar und in der Regel deutlich attraktiver als das, was man möglicherweise bei einer einfachen Internetrecherche finden würde.

Sovendus verdient daran, wenn die Gutscheine durch den Kunden eingelöst werden. Je höher die Gutscheineinlösequote, desto mehr Firmenkunden sind daran interessiert, über *Sovendus* neue Kunden auf ihre Webseite zu locken. Eine Conversion besteht also im Fall von *Sovendus* darin, dass ein Kunde zunächst auf das Banner klickt, einen Gutschein auswählt (Micro-Conversions) und ihn anschließend einlöst (Macro-Conversion).

Die Ziele eines Unternehmens sind oft darauf ausgerichtet, diese Conversions entweder zu steigern oder zu senken. *Sovendus* möchte den Anteil der Webseitenbesucher, die einen Gutschein einlösen, durch möglichst attraktive Gutscheine maximieren. Bei der Retourenquote oder Absprungrate geht es hingegen darum, die Conversions – also die Retouren beziehungsweise Absprünge – zu reduzieren.

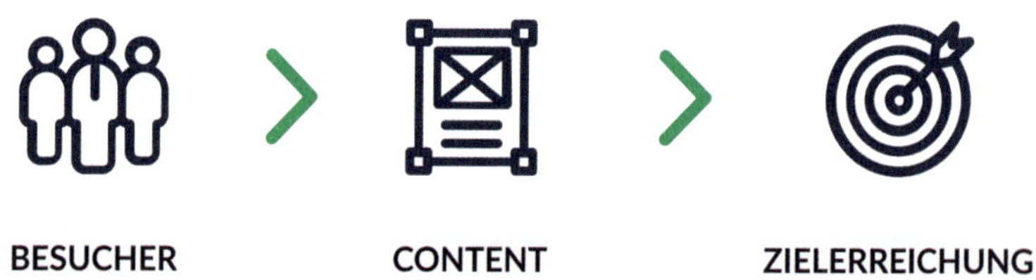

Abb. 1: Conversion Rate ist der Anteil der Besucher, die auf einem Stück Content landen und dort final ein Ziel erreichen (zum Beispiel: Kauf, Anmeldung für eine Demo, Registrierung zum Testen eines Softwareproduktes).

Conversion Rate – Wie gut verkauft deine Seite?

Um eine weniger verzerrte Einschätzung der Webseitenperformance zu erhalten, wird die Anzahl der Conversions daher ins Verhältnis zur Anzahl der Webseitenbesucher gesetzt.

Konkret misst du zum Beispiel: Wie viele von deinen täglich 60.000 Webseitenbesuchern werden zahlende Kunden? Wenn 3.000 von 60.000 Besuchern täglich einen Kauf tätigen, ergibt sich eine Conversion Rate von fünf Prozent.

CONVERSION RATE:

$$\frac{\text{Anzahl der erreichten Ziele}}{\text{Anzahl der Besucher}} \times 100 = \text{Conversion Rate in Prozent}$$

Abb. 2: Formel zur Berechnung der Conversion Rate

Üblicherweise gilt eine Conversion Rate von durchschnittlich zwei Prozent im E-Commerce als normal. Wie du jedoch sehen wirst, kannst du mit Conversion Optimierung eine deutlich höhere Conversion Rate erreichen.

Conversion Optimierung & Conversion Uplift

Wie verändert sich nun die Conversion, wenn du bestimmte Inhalte deiner Webseite optimierst und so dem Kunden bessere Gründe bietest, bei dir einzukaufen? Dieser Optimierungsprozess wird als Conversion Optimierung bezeichnet.

> **Conversion Optimierung** ist ein Prozess, der Webseiten systematisch verbessert, mit dem Ziel, den Umsatz zu erhöhen, Umsatzrisiken zu minimieren und damit verbundene Kosten zu senken – kurz: die Profitabilität zu erhöhen. Ein wichtiger Schritt dabei ist, zu untersuchen, wie sich Veränderungen auf der Plattform auf das Verhalten deiner Kunden auswirken.

Im oben genannten Beispiel lag die Conversion Rate zunächst bei fünf Prozent. Das bedeutet, dass von 10.000 Besuchern auf der Webseite nur 500 einen Kauf tätigten und dementsprechend 9.500 Besucher keine Transaktion durchführten. Nach der Optimierung steigt die Conversion Rate nun auf sieben Prozent an. Das bedeutet, dass von denselben 10.000 Besuchern jetzt 700 (sieben Prozent von 10.000) statt 500 einen Kauf tätigen. In Prozenten ausgedrückt hast du einen beeindruckenden Conversion Uplift in Höhe von 40 Prozent erreicht.

Ein **Conversion Uplift** tritt auf, wenn du Maßnahmen implementierst, durch die die Anzahl der Conversions auf deiner Webseite steigt. Dieser Begriff bezeichnet die prozentuale Steigerung der Conversions im Vergleich zum vorherigen Zustand.

Daraus ergibt sich eine beachtliche Zunahme der Conversions um 200 (von 500 auf 700). Anders ausgedrückt wurden durch die Einführung von Conversion Optimierung zusätzliche 200 Kunden dazu angeregt, einen Kauf zu tätigen, und das, ohne mehr Besucher auf die Webseite zu lenken – die Gesamtanzahl der Webseitenbesucher blieb unverändert.

Conversion Optimierung als wichtiger Wertschöpfungsprozess

Die vorherigen Beispiele verdeutlichen, warum Conversion Optimierung so mächtig ist und warum sie die Priorität Nummer eins im Online-Marketing sein sollte. Oftmals machen Unternehmen jedoch bereits Fehler in ihrer Denkweise zu Conversion Optimierung.

Conversion Optimierung ist weit mehr als nur ein nettes Extra. Die Optimierung der Conversion Rate ist zu komplex und vielseitig einsetzbar, um auf diese Weise abgetan zu werden. Doch Conversion Optimierung ist auch keine Geheimwissenschaft, die nur Technikenthusiasten interessieren sollte. Mit dem entsprechenden Know-how kann jedes E-Commerce-Unternehmen erfolgreich Conversion Optimierung implementieren.

Conversion Optimierung sollte als eine zentrale Kernaufgabe all der Unternehmen betrachtet werden, die zu den wenigen Gewinnern gehören wollen, die in einer zunehmend von wenigen starken Playern dominierten Landschaft überleben.

Diese Konzentration ist deutlich sichtbar, wenn man betrachtet, dass *Amazon* im Jahr 2022 bereits 53 Prozent des deutschen Onlinehandels kontrollierte.[4] Auch die Top 10 und Top 100 Unternehmen machen einen erheblichen Anteil am Gesamtumsatz aus. Ein E-Commerce-Unternehmen muss sich ins Zeug legen, um den Großen etwas von ihrer Marktmacht zu stehlen und sich zu etablieren.

Conversion Optimierung ist keine Liebhaberei. Sie leistet einen entscheidenden Beitrag zu den wichtigsten unternehmerischen Zielen. So unterschiedlich jedes Unternehmen auch ist, lassen sich doch alle Maßnahmen in einige wenige Kategorien einsortieren: Der Umsatz soll gesteigert, die Kosten sollen gesenkt, Risiko soll minimiert, die Kunden- und Mitarbeiterzufriedenheit soll gesteigert werden usw. Conversion Optimierung hat dabei einen großen Einfluss auf die drei erstgenannten:

Umsatzsteigerung

Unternehmen, die die Prozesse der Conversion Optimierung beherrschen, erleben Umsatz-Uplifts von oftmals sieben- bis achtstelligen Beträgen. Durch gezielte Optimierung steigern sie ihre Conversion Rates signifikant und infolgedessen ihren Umsatz. Auch der Gewinn steigt überproportional, da die fixen Kosten gleich bleiben.

Unser Kunde *MIFCOM*, ein Anbieter von Custom-Computersystemen im B2B- und B2C-Bereich, generiert mithilfe von Conversion Optimierung nachweislich zehn Millionen Euro Mehrumsatz pro Jahr.

Risikoreduzierung

Die Validierung von geplanten Optimierungen der Conversion Rate reduziert das Risiko von Umsatz vernichtenden Fehlentscheidungen enorm. Durch A/B-Testing werden die Auswirkungen von Maßnahmen transparent und die Risiken von Fehlentscheidungen minimiert.

Intersport generiert in Zusammenarbeit mit LEAP/ regelmäßig Conversion Uplifts, die sich siebenstellig auf den Umsatz auswirken. Durch

[4] https://de.statista.com/statistik/daten/studie/831978/umfrage/anteil-von-Amazon-am-gesamtumsatz-des-online-handels-in-deutschland/, aufgerufen am 22.03.2024 um 14:03 Uhr

die A/B-Tests haben sie herausgefunden, welche Kundenbedürfnisse sie vorher nicht ausreichend bedient hatten. Sobald diese Stolpersteine entfernt wurden, stieg die Conversion Rate signifikant an. Seitdem verhindert *Intersport* durch rigoroses Testen, dass Änderungen implementiert werden, die sich negativ auf den Umsatz auswirken. Solche sogenannten Downlifts – eine Verringerung der Conversion als unerwünschte Folge einer Anpassung – möchte jeder Onlineshop vermeiden, schließlich legst du dir damit unnötig Steine in den Weg.

Wie entscheidend Conversion Optimierung dazu beiträgt, das Risiko von Umsatzverlusten zu vermeiden, zeigt die folgende Grafik.

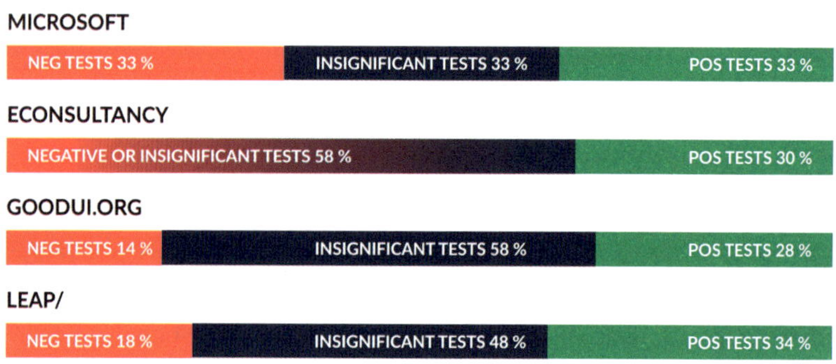

Abb. 3: Die besten Conversion Experten erzielen eine durchschnittliche Quote von ca. 33 Prozent weltweit. Diese Statistik verdeutlicht das immense Risiko, welches von ungetesteten Veränderungen ausgeht, und wie führende Unternehmen solche Risiken mit Test-Maßnahmen effektiv eliminieren.

Die Statistik zeigt die Erfolgsrate der erfahrensten Conversion-Optimierungs-Teams in Bezug auf durchgeführte A/B-Tests. Diese Teams blicken auf die Erfahrung aus Hunderten, teilweise Tausenden durchgeführten A/B-Tests zurück. Für die verschiedenen Prozessschritte beschäftigen sie dezidierte Rollen (Conversion Analysten, Data Analysten, Conversion Designer, A/B-Testing Developer usw.). Damit erreichen sie Erfolgsquoten zwischen 15 und 33 Prozent. Viel spannender ist der Blick auf die negativen Tests, also solche, bei denen festgestellt wurde, dass sich die geplante Änderung als nicht wirksam herausgestellt hätte. Dieser Wert liegt ebenfalls zwischen 15 und 33 Prozent.

Unternehmen, die es nicht schaffen, die Spreu vom Weizen zu trennen, vernichten automatisch einen signifikanten Umsatzanteil. Zu bedenken ist noch, dass die meisten E-Commerce-Unternehmen nicht auf derartig erfahrene Teams und gewachsene Testing-Strukturen zurückgreifen können. Die Annahme, dass »nur« 15 bis 33 Prozent all ihrer Änderungen in Wahrheit Umsatz vernichten, dürfte also durchaus euphemistisch sein.

Kostensenkung

Conversion Optimierung führt zu massiven Einsparungen, indem ausschließlich Veränderungen an der Webseite vorgenommen werden, die nachweislich Umsatz generieren. Durch das Erkennen und Vermeiden von Pseudo-Verbesserungen, die nur vermeintlich den Umsatz steigern, gleichzeitig aber hohen Implementierungsaufwand generieren, sparen Unternehmen erhebliche Kosten ein.

Hierzu zählt nicht nur das Erkennen von Veränderungen, die wie im vorherigen Abschnitt beschrieben eine negative Auswirkung auf den Umsatz haben. Aus der oben stehenden Grafik geht hervor, dass etwa 33 bis 60 Prozent aller von Experten durchgeführten A/B-Tests entweder ein neutrales oder insignifikantes Ergebnis hervorbringen.

Unternehmen, die keine erfahrenen und auf Testing spezialisierten Teams haben, können davon ausgehen, dass im Durchschnitt zwischen 33 und 60 Prozent der Frontend-Tickets, die im Development-Team landen, nicht in der Lage sind, den Umsatz zu erhöhen (oder ihn vielleicht sogar senken). Eine beispiellose Fehlallokation von Ressourcen, nicht nur in Zeiten, die von einem Mangel an guten Developern und stetig steigenden Personalkosten geprägt sind.

Insgesamt ist Conversion Optimierung keine isolierte Maßnahme, sondern ein integraler Bestandteil einer erfolgreichen Unternehmensstrategie. Indem sie auf die Kernziele jedes Unternehmens einzahlt – Umsatzsteigerung, Kostensenkung und Risikoreduzierung – trägt Conversion Optimierung maßgeblich dazu bei, die langfristige Rentabilität und Wettbewerbsfähigkeit eines Unternehmens zu sichern.

2 Was LEAP/ zu Experten der Conversion Optimierung macht

LEAP/ hat sich seit Jahren als führende Agentur im Bereich der Conversion Optimierung bewährt, und das aus gutem Grund. Unsere Expertise in diesem Bereich hat eine lange Geschichte, die bis zu unserer Gründung im Jahr 2009 als klassische SEO-Agentur namens Barketing zurückreicht.

In den frühen Jahren des Online-Marketings erlebten wir die Goldgräberzeiten, in denen einfache Maßnahmen zu starkem Wachstum führten. Wie viele andere SEO-Enthusiasten wurden wir in kurzer Zeit sehr erfolgreich. Doch im Jahr 2012 änderte sich das Spiel, als *Google* das bedeutende Algorithmus-Update namens Panda ausrollte.

Mit dem Panda-Update begann *Google* erstmals, das Verhalten der Nutzer auf den Webseiten nach dem Klicken auf ein Suchergebnis in den Rankings zu berücksichtigen. Webseiten, die die Wünsche der Nutzer am besten erfüllten und sie zufriedenstellten, wurden belohnt.

Das gab uns zu denken. Im Jahr 2013 haben wir daher ein eigenes Conversion-Optimierungs-Team aufgebaut. Unter den Top 5.000 E-Commerce-Webseiten verwendeten damals lediglich knapp fünf Prozent A/B-Testing-Tools, das wichtigste Werkzeug in der Conversion Optimierung.

Beim A/B-Testing wird zum Beispiel eine alternative Seite für die Check-out-Seite hinzugefügt. Dann wird getestet: Die Seite wird einer kritischen Masse ausgespielt, zum Beispiel sehen 10.000 Besucher die bisherige Seite und weitere 10.000 die alternative Seite. Ein Algorithmus entscheidet zufällig, welche Seite welchem Besucher ausgespielt wird. Anschließend wird die besser performende Variante übernommen.

Der niedrige Prozentsatz an Unternehmen, die überhaupt A/B-Tests durchführten, verdeutlichte, dass Conversion Optimierung noch in den Kinderschuhen steckte und starkes Ausbaupotenzial bot. Heute haben bereits 25 Prozent der Top-E-Commerce-Webseiten A/B-Testing-Tools im Einsatz. *Amazon* führt Zehntausende A/B-Tests pro Jahr durch, die meisten Unternehmen sind allerdings froh, wenn sie zehn schaffen. Du siehst also, wie viel Potenzial für Conversion Optimierung der Markt weiterhin bietet!

Ein weiterer bedeutender Meilenstein in unserer Entwicklung zur führenden Expertenagentur im Bereich der Conversion Optimierung ereignete sich im Jahr 2015, als wir *Conversionlift*, eine der damals führenden Agenturen im deutschsprachigen Raum für Conversion Optimierung, akquirierten. Mit dieser Übernahme stießen 15 weitere Experten im Bereich Conversion Optimierung zu unserem Team hinzu, was unsere Expertise und unser Leistungsspektrum erheblich erweiterte. Die Übernahme von Conversionlift ermöglichte es uns, viel über Conversion Optimierung dazuzulernen. Dadurch konnten wir zunehmend größere und erfolgreichere Kampagnen für unsere Kunden durchführen.

Trotz dieser Erfolge hatten wir das Gefühl, dass ein entscheidender Baustein fehlte. Im Jahr 2016 erinnerte sich Christoph Michalak, damaliger Chief Operating Officer von LEAP/ und bis heute Freund und Mentor des Unternehmens und seines Gründers, an sein Studium an der renommierten Chicago Booth University. Einer seiner Dozenten war Richard Thaler, der später den Nobelpreis für seine Arbeit über Verhaltensökonomik erhielt.[5] Thaler beschrieb in seinem populärsten Werk »Nudge«, wie kleine Stupser (Nudges) das menschliche Verhalten auf subtile Weise lenken können.

Im E-Commerce-Bereich ist ein Nudge ein Stupser in eine bestimmte Richtung, den du deinen Webseitenbesuchern geben kannst. Er setzt sich zusammen aus Entscheidungsarchitekturen und psychologischen Leitplanken.

[5] https://www.nobelprize.org/prizes/economic-sciences/2017/thaler/facts/, aufgerufen am 14.04.2024 um 18:34 Uhr

Entscheidungsarchitekturen sind strukturelle Rahmenbedingungen, die den Entscheidungsprozess der Nutzer beeinflussen. Sie umfassen beispielsweise die Gestaltung von Menüs, die Anordnung von Informationen auf der Webseite oder die Auswahl der angebotenen Optionen. Das Ziel ist es, die Entscheidungsfindung der Nutzer zu lenken und zu beeinflussen, um gewünschte Verhaltensweisen zu fördern.

Die **psychologischen Leitplanken** hingegen beziehen sich auf die menschliche Denkweise und Verhaltensmuster, die Entscheidungen beeinflussen können. Hierzu gehören Biases (Voreingenommenheiten oder kognitive Verzerrungen) und Heuristiken (Faustregeln). Diese psychologischen Faktoren führen dazu, dass Menschen auf bestimmte Weise denken und handeln, selbst wenn sie sich dessen nicht bewusst sind.

Indem wir diese beiden Elemente kombinieren, verstehen wir besser, wie Menschen Entscheidungen treffen und welche Faktoren ihre Handlungen beeinflussen. Auf dieser Grundlage sind dann gezielte Maßnahmen (Nudges) möglich, um das Verhalten der Nutzer in die gewünschte Richtung zu lenken und die Wirksamkeit einer Strategie zu maximieren.

Im E-Commerce-Bereich ist ein Nudge beispielsweise eine Meldung, die auftaucht, nachdem ein Produkt in den Warenkorb gelegt wurde, und darauf hinweist, dass nur noch 20 Euro Warenkorbwert fehlen, um die Versandkostenfrei-Grenze zu erreichen. Durch diesen Hinweis wird der Besucher subtil dazu angeregt, eine Kaufentscheidung zu treffen, indem ihm ein Anreiz geboten wird. Die Entscheidungsarchitektur hinter diesem Nudge besteht darin, dem Besucher einen klaren Vorteil zu bieten.

Wenn du verstehst, wie du Entscheidungsarchitekturen gestaltest und wie du erkennst, welche psychologischen Leitplanken auf deine Zielgruppe wirken, kannst du auch die Handlungsweise deiner Nutzer beeinflussen. Und damit an den Sollbruchstellen, an denen dein Traffic heute »Auf Nimmerwiedersehen« sagt, für massive Conversion Uplifts sorgen.

Conversion Optimierung bedeutet letztendlich nichts anderes, als deine Nutzer zu verstehen und ihnen unnötige Steine aus dem Weg zu räumen sowie sie an den Stellen anzustupsen, an denen sie einen Motivationsschub brauchen.

Angeleitet von diesem Prinzip des »Liberalen Paternalismus«, wie ihn Thaler umschreibt, tauchen wir tief in die Welt des Kunden ein, bevor wir Webseitenoptimierungen durchführen. Es geht also nicht darum, ein paar Pixel zu verschieben. Es geht darum zu verstehen, wie Menschen denken und Entscheidungen treffen, um ihre Entscheidungsfindung gezielt zu beeinflussen.

Aus dieser Erkenntnis heraus haben wir innerhalb kurzer Zeit den ersten Psychologen bei LEAP/ eingestellt. Wir begannen, ein tieferes Verständnis für die menschliche Entscheidungsfindung zu entwickeln: Wünsche, Bedürfnisse und Verhaltensmuster. Stand 2024 arbeiten bei uns mittlerweile mehr als zehn Personen mit einem Hintergrund in Psychologie, die dazu beitragen, unsere Strategien noch effektiver zu gestalten. Die Vision von LEAP/, inspiriert von Richard Thalers Erkenntnissen, zielt darauf ab, Menschen zu besseren Entscheidungen in ihrem eigenen Interesse zu verhelfen.

Schlechte Webseiten vergeuden nur Zeit. Du kennst sicherlich die Freude, ein gesuchtes Produkt auf einer Webseite gefunden zu haben, nur um anschließend frustriert aufzugeben, weil du dein 30stes Kundenkonto samt Passwort und Werbeeinwilligung anlegen musst und ohnehin nur per Kreditkarte bezahlen kannst. Du brichst deinen Einkauf ab und suchst direkt auf *Amazon*, um verlässlich und schnell zum Ziel zu kommen.

Der Grund dafür ist nicht, dass die Webseite von *Amazon* besonders schön aussieht. Deine Entscheidung wird vielmehr davon beeinflusst, dass du bei *Amazon* genau weißt, was dich erwartet: ein schneller und unkomplizierter Weg zum Check-out. Es gibt keine unerwarteten Überraschungen oder Hindernisse. Anstatt die Rechnungs- und Versandinformationen manuell einzugeben, kann ein *Amazon*-Kunde sogar die Funktion »Kaufen mit einem Klick« verwenden, um eine vordefinierte Adresse und Zahlungsart zu verwenden und den Check-out zu beschleunigen. Das fühlt sich an, als würde man in sein Lieblingscafé eintreten, wo man sein übliches Croissant mit Cappuccino vorgesetzt bekommt, ohne überhaupt bestellen zu müssen.

Genau dieses wohlige Gefühl willst du deinen Kunden bieten. Mithilfe von Conversion Optimierung strebst du danach, deinen Kunden einen ähnlich reibungslosen und angenehmen Prozess zu bieten wie in ihren Lieblingscafés. Dein Ziel ist es, ihren Einkaufsprozess so einfach und nahtlos wie möglich zu gestalten, ohne unerwartete Überraschungen oder Hindernisse. Du möchtest ihnen helfen, das gesuchte Produkt schneller zu finden und die Suche dabei als angenehm statt frustrierend zu empfinden. Der Vorteil für dich besteht darin, dass mehr Kunden überhaupt auf deiner Webseite landen, das für sie passende Produkt finden und aus voller Überzeugung den Kauf abschließen.

3 Warum dieses Buch dringend notwendig ist

Wir haben dieses Buch aus zwei Gründen geschrieben:

- Wir wollen, dass viele Menschen Zugang zu dem Wissen über Conversion Optimierung erhalten, um ein besseres Internet zu schaffen. Nie wieder Frustration über schlecht funktionierende Webseiten! Eng daran angelehnt ist das LEAP/-Vision-Statement: »Jeder Klick – eine gute Entscheidung.«
- Wir möchten dir ermöglichen, mithilfe von Conversion Optimierung aus deinem Unternehmen das Maximum herauszuholen. Mithilfe dieses Buches verstehst du den Kern der gewinnbringendsten Conversion-Strategien und stellst dein Unternehmen und Team für die erfolgreiche Umsetzung auf. So erzielst du Erfolge, die anderen Unternehmen verwehrt bleiben.

Wir teilen unser Wissen, um dir zu helfen, erfolgreicher zu sein, und machen erstmals den Prozess der Conversion Optimierung für dich zugänglich, indem wir bewährte Methoden, Strategien und Fallstudien präsentieren. Unser Wissen haben wir uns über einen Zeitraum von zehn Jahren und durch Stand 2024 mehr als 2.700 A/B-Tests sowie in zahllosen Projekten mit den Top 100 E-Commerce-Unternehmen im deutschsprachigen Raum angeeignet. Mithilfe von Conversion Optimierung bewältigen diese E-Commerce-Unternehmen erfolgreich die Herausforderung, in einem zunehmend wettbewerbsintensiven Onlinemarkt zu wachsen. Der E-Commerce-Markt in Deutschland hat 2022 und 2023 erstmals einen Dämpfer erlitten und ging im Vergleich zum Vorjahr jeweils zurück. Obwohl die Prognose für 2024 wieder auf Wachstum steht, geht sie einher mit zunehmendem Wettbewerbsdruck.[6] Dieses Buch zeigt dir die internen Denkprozesse und Abläufe, die unseren Kunden geholfen haben, in einem solchen Marktumfeld sieben- oder gar achtstellige Mehrumsätze zu generieren und ebenso hohe Umsatzeinbußen zu vermeiden.

Du benötigst keine Programmierkenntnisse, um dieses Buch zu verstehen. Du musst nicht erst ein Psychologiestudium absolvieren, um die Inhalte dieses Buches in dein Unternehmen zu transportieren. Und du brauchst keine herausragenden Skills in der Datenanalyse, um dein Team mit diesen Inhalten zu befähigen.

Unser Framework funktioniert sowohl für erfahrene Fachleute als auch für Einsteiger im Bereich Conversion Optimierung. Wir konzentrieren uns ausschließlich auf die allerwichtigsten Grundregeln und Ansätze, die unseren Kunden gemäß dem Pareto-Prinzip die höchsten Erträge gebracht haben. Das Pareto-Prinzip besagt, dass etwa 80 Prozent der Ergebnisse durch 20 Prozent der Ursachen erzielt werden. Im Kontext der Conversion Optimierung bedeutet das, dass ein Großteil der Conversion-Uplifts durch eine kleine Anzahl von Maßnahmen erreicht wird. Folglich konzentrieren wir uns auf die wichtigsten 20 Prozent der Grundsätze und Methoden, die den größten Einfluss auf eure Profitabilität haben.

Wir streben nichts Geringeres als einen Paradigmenwechsel im E-Commerce an, der die Effizienz steigert und zu einem besseren Internet beiträgt, indem er den Grundsätzen des »Liberalen Paternalismus« folgt. Wir glauben daran, dass jeder Klick eine gute Entscheidung sein sollte, und Conversion Optimierung ist der Schlüssel dazu.

[6] https://de.statista.com/statistik/daten/studie/71568/umfrage/online-umsatz-mit-waren-seit-2000/, aufgerufen am 03.04.2024 um 13:04 Uhr

4 Für wen dieses Buch relevant ist

Conversion Optimierung kann auf vielfältige Weise eingesetzt werden, aber ist es auch für dich und dein Unternehmen das Richtige? Bist du E-Commerce- oder Onlinemarketingverantwortlicher, Gründer, CEO oder CMO eines E-Commerce-Unternehmens? Vertreibst du deine Produkte über einen eigenen Onlineshop an Endverbraucher (B2C), an andere Unternehmen (B2B), zusätzlich im stationären Einzelhandel oder über Marktplätze? Dann können wir eins vorwegnehmen: Jetzt nicht weiterzulesen, grenzt an Fahrlässigkeit.

Das gilt vor allem dann, wenn du den Schlüssel zu höheren Conversion Rates, niedrigeren Kundenakquisitionskosten und damit besseren Profitmargen sowie nachhaltigem Wachstum suchst; wenn du möchtest, dass Kunden bei dir kaufen, weil sie auf deiner Webseite erkennen, dass du ein geniales Produkt hast, und nicht nur wegen profitvernichtender Rabattaktionen; wenn du wissen willst, was die Treiber für eine hohe Conversion Rate sind und wie du diese schnell umsetzen kannst; wenn du den Kopfschmerz vermeiden willst, der entsteht, wenn Verbesserungen aufgrund von Bauchgefühlen und nicht auf Basis von Daten diskutiert werden und am Ende doch nichts bringen.

Fühlst du dich von größeren Unternehmen wie *Amazon*, *Zalando* oder *Temu* eingeschüchtert, die effizient Conversion Optimierung betreiben? Oder hast du Angst, dass kleinere, wendigere Unternehmen euch überholen, weil sie schneller die richtigen Dinge auf ihrer Webseite umsetzen? Dieses Buch ist dein Rettungsanker, wenn du besorgt bist, das nächste Redesign oder sogar einen kompletten Relaunch deiner Webseite durchstehen zu müssen; wenn du es leid bist, dass Consultants, die deine Kunden, Produkte und dein Geschäftsmodell nicht verstehen, dir sagen, was zu tun ist; wenn du große Audits und Hunderte von Verbesserungsvorschlägen bekommst, von denen nach zwölf Monaten nur fünf Prozent umgesetzt sind und der Rest im Papiermüll landet; wenn du es hasst, Geld in Optimierungen zu versenken, die alles versprechen, aber nichts halten.

Vielleicht hast du schon den einen oder anderen Relaunch der Webseite hinter dir. Das Projekt war der kleine Bruder vom Hauptstadtflughafen BER, zog sich über einen endlosen Zeitraum hin und kostete am Ende deutlich mehr als geplant. Die Conversion Rate hat sich nur leicht verbessert oder du gehörst zu den knapp 30 Prozent der Unternehmen, deren Conversion Rate nach dem Relaunch sogar niedriger ist. Du ahnst, dass es beim nächsten Relaunch nicht besser laufen wird und du deine Probleme nicht löst, indem du immer mehr Geld in Paid-Agenturen oder Plattformen wie *Google*, *Amazon* oder *Meta* investierst. Du hast A/B-Testing ausprobiert, aber es gibt Probleme mit der Ladezeit, und die Versprechen der Toolhersteller, dass »jeder« einen A/B-Test aufsetzen kann, gehen an der Realität vorbei, weil deine Developer doch gebraucht werden, dafür aber keine Zeit haben.

Du hast A/B-Testing ausprobiert, testest aber immer noch Buttonfarben ohne signifikante Ergebnisse und bist überzeugt, dass diese Strategien für deine Zielgruppe nicht funktionieren. Du bist die endlosen Meetings leid, in denen debattiert wird, was das Beste für eure Kunden ist, ohne stichhaltige Beweise. Eure Marketing Intelligence beobachtet die Preise der Wettbewerber, aber ihr habt keine »Client Intelligence«, die eure Kunden analysiert und daraus Schlüsse zieht, die zu höheren Conversion Rates und Umsätzen führen. Deine Developer erzählen dir, dass du nichts umsetzen kannst, weil dein Shopsystem Probleme macht oder nur mit massivem Aufwand funktioniert. Erkennst du dein Unternehmen in diesen Beschreibungen wieder? Dann trifft es sich gut, dass du dieses Buch in der Hand hältst, denn genau hier setzen wir an.

5 Was dich in diesem Buch erwartet

Im **ersten Teil** des Buches beleuchten wir die häufigsten Fehler bei der Umsetzung von Conversion Optimierung. Wir zeigen auf, warum viele Unternehmen Jahr für Jahr nicht die gewünschten Erfolge erzielen und warum ein »Weiter so« oder ein radikaler Relaunch der gesamten Webseite nicht die erhofften Resultate bringen wird.

Im **zweiten Teil** dieses Buches erfährst du, welche Vorteile Conversion Optimierung dir bietet. Wir zeigen auf, wie du mit Conversion Optimierung deinen Umsatz steigern, dein Risiko minimieren und die Kosten senken kannst, sodass dein Gewinn überproportional steigt. Außerdem lernst du, inwiefern sich Conversion Optimierung positiv auf deine SEO und Nutzererfahrung auswirkt.

Im **dritten Teil** des Buches liegt der Fokus darauf, wie du die besten Optimierungshebel findest. Wir schauen in die Daten, um zu verstehen, wo du deine Nutzer verlierst. Außerdem erfährst du hier, wie du eine Expertenevaluation durchführst, um Problembereiche systematisch zu beleuchten, und lernst zudem, wie du direkt mit euren Nutzern in Kontakt trittst, um ihre Erwartungen besser zu verstehen.

Im **vierten Teil** erläutern wir, wie du die besten Lösungen entwickelst und sie unter Berücksichtigung der Zielgruppe umsetzt. Ideen werden mithilfe von A/B-Tests oder UX-Tests validiert, um sicherzustellen, dass nur die Erfolgreichen implementiert werden.

Im **fünften Teil** geht es darum, die Spreu vom Weizen zu trennen, indem du Ideen priorisierst. Du lernst, wie du nur diejenigen Ideen angehst, die das größte Potenzial haben und den geringsten Aufwand verursachen. Durch diesen Ansatz setzt dein Unternehmen Ressourcen effektiver ein und du stellst sicher, dass ihr euch auf die vielversprechendsten Lösungen konzentriert.

Im **sechsten Teil** unseres Buches widmen wir uns der kritischen Phase der Validierung priorisierter Ideen: Wir beginnen mit der Erkenntnis, dass Ideen zunächst nur Annahmen sind und ihr Erfolg keineswegs garantiert ist. Aus diesem Grund setzen wir auf die bewährte Methode des A/B-Testings, um die besten Ideen zu identifizieren. Dadurch stellen wir sicher, dass nur die Erfolgversprechendsten implementiert werden.

Im **siebten Teil** geht es um die Skalierung des Erfolgs und wie du damit zum Überflieger wirst. Wenn dein Prozess bereits positive Ergebnisse liefert, möchtest du das Maximum herausholen. Wir diskutieren dabei verschiedene Ansätze: paralleles Testen, Personalisierung und weitere Expertenstrategien zur Steigerung der Effizienz.

Im **achten Teil** konzentrieren wir uns darauf, welche Ressourcen du benötigst, um effektive Conversion Optimierung zu betreiben. Mindestens benötigt ihr einen Analysten, einen Designer, einen Entwickler und entsprechende Tools. Dies stellt das Fundament dar. Das Optimum erreicht man jedoch durch eine umfassendere Ausstattung. Wir diskutieren auch die Vor- und Nachteile von Inhouse-Teams im Vergleich zu Agenturen und zeigen auf, wie dies in der Praxis aussehen kann.

In diesem Buch zeigen wir dir einen Weg, wie du selbst unter herausfordernden Marktbedingungen nachhaltig erfolgreich bist. Ganz im Sinne der Conversion-Optimierungsprinzipien führen wir nun zunächst eine Problemanalyse durch – Was läuft üblicherweise bei der versuchten Optimierung der Conversion Rate schief? –, bevor wir dir die Magie der Conversion Optimierung vor Augen führen.

TEIL 1

WAS BISHER SCHIEFLÄUFT UND WAS DU ANDERS MACHEN MUSST, UM NACHHALTIG ERFOLGREICH ZU SEIN

Die meisten Unternehmen haben schon eine lange Leidensgeschichte durchlaufen und unzählige Varianten ihrer Webseite ausprobiert, um ihren Ertrag pro Webseitenbesucher zu erhöhen, bevor sie zu uns kommen.

Sven Böhme, Head of Online Marketing von *Intersport*, skizziert die Situation seines Unternehmens vor der Zusammenarbeit mit LEAP/ wie folgt: *Intersport* hatte bereits Maßnahmen im Bereich Conversion Optimierung ergriffen, doch die basierten hauptsächlich auf willkürlichen Bauchentscheidungen. Das persönliche Geschmacksempfinden der höheren Managementebene spielte eine zu große Rolle. Es stellte sich heraus, dass diese persönlichen Vorlieben nicht unbedingt mit den Bedürfnissen potenzieller Kunden übereinstimmten. Erst durch die Zusammenarbeit mit LEAP/ begann *Intersport*, sich professionell um Conversion Optimierung zu kümmern.

So geht es vielen Unternehmen. Häufige Fehler und die Gründe, warum Unternehmen zu LEAP/ kommen, lassen sich in zwei Gruppen zusammenfassen:

Gruppe 1 validiert die Wirkung ihrer Maßnahmen schlichtweg nicht. Sie führt keine A/B-Tests durch und weiß so nicht, welche ihrer Ideen sie nach vorne bringen und welche nicht. Stattdessen beauftragt sie UX-Agenturen damit, optisch ansprechende Webseiten zu gestalten, und verlässt sich darauf, dass diese auch gut verkaufen.

Sie gibt also Geld für Optimierungen oder Relaunches aus, ohne zu prüfen, ob diese Maßnahmen tatsächlich eine Steigerung der Conversion Rate oder einen angemessenen Return on Investment bringen. Es werden sowohl erfolgreiche als auch solche Ideen umgesetzt, die zu einer Verschlechterung führen, ohne dass es bemerkt wird. Diese Projekte beanspruchen viel Zeit und Budget und wenn nach einem Jahr die neue Seite steht, verkauft sie häufig sogar schlechter als zuvor.

Gruppe 2 hat erkannt, dass sie ihre Ideen A/B-testen muss, macht es letztlich nur halbherzig und scheitert daran. Entweder fehlt das Commitment des Top-Managements, sodass nicht genügend Ressourcen verfügbar sind und ohne die Entwickler nur kleinste Änderungen testen können, die keine Chance haben, Nutzerverhalten zu verändern. Oder es fehlt das notwendige Fachwissen, sodass Best Practices aus dem Web kopiert werden, die nicht funktionieren.

Es klingt banal und man meint, jeder kann gute Ideen einbringen. Doch erfolgreiche Conversion Optimierung erfordert eine gründliche Analyse der Probleme und eine maßgeschneiderte Herangehensweise, anstatt oberflächliche »Nullachtfünfzehn«-Lösungen.

Das bedeutet, dass du zunächst verstehen musst, wie du Menschen dazu bringst, ihr Verhalten zu ändern. Dafür musst du verstehen, wie Menschen ticken und ob sie nicht konvertieren können oder wollen. Es gibt gute Gründe dafür, weshalb deine Kunden aktuell nicht zu einem höheren Prozentsatz auf »Jetzt kaufen« klicken. Diese musst du herausfinden und beheben.

Tust du es nicht, bleiben die Erfolge aus, die anfängliche Euphorie verfliegt und die Kritiker sagen: »Ich hab's doch gesagt. Dieses Klein-Klein bringt nichts und verursacht nur Kosten. Wir brauchen radikale Änderungen, ein Relaunch muss her.«

Im Folgenden zeigen wir dir auf, dass ein Relaunch nicht der heilige Gral ist, sondern nur viele Ressourcen verschlingt, die du besser in iterative Veränderungen stecken solltest.

1 Warum ein Relaunch mehr schadet als nützt

Viele Unternehmen betrachten einen Relaunch ihrer Webseite alle zwei oder drei Jahre als Allheilmittel für ihre Probleme, in der Hoffnung, dass dadurch alle bestehenden Schwierigkeiten wie von Zauberhand verschwinden. Der kleine Bruder des Relaunches ist das Redesign, bei dem nach dem gleichen Prinzip – einmal Farbe drüber, dann passt das schon – blindlings visuelle Aspekte der Webseite überarbeitet werden.

Der Ansatz des »Ich versuche, alles mit vielen Änderungen auf einmal zu erschlagen« mittels Relaunch oder Redesign ist ein stetiger Trend vieler E-Commerce-Unternehmen. Sie betrachten ihre Webseiten als in die Jahre gekommenes »Fass ohne Boden« voller offensichtlicher Schwachstellen, die sie mit einem großen Schritt angehen wollen. Einmal durch das Relaunch gezogen, denken die Entscheidungsträger, dass sich das Thema Conversion Optimierung für Jahre erledigt hat.

Manager solcher Unternehmen sind überzeugt, dass ihre Webseiten direkt nach dem Relaunch diese Ziele erfüllen: eine höhere Conversion Rate, bessere Kundenretention, höhere Umsätze pro Verkauf, modernerer Look der Webseite und die optische Abhebung von der Konkurrenz. Doch nur in den seltensten Fällen trifft das wirklich zu.

Oft lässt sich nach Webseite-Relaunches kein positiver Effekt erkennen und leider ist nicht selten sogar das Gegenteil der Fall. Statt den Verbesserungsprozess als solchen zu optimieren, wird der nächste Relaunch vorbereitet, in der Hoffnung, dass es dieses Mal besser wird. Ein Prozess, der alle Beteiligten (zu Recht) in den Wahnsinn treibt. Relaunchprojekte erstrecken sich dabei nicht selten über Jahre und kosten hohe sechs- oder sogar siebenstellige Beträge. Ein Großteil der Kreativagenturen generiert 90 Prozent ihres Umsatzes mit solchen Großprojekten, was sie natürlich zu Befürwortern von Relaunches macht. Das macht diese Agenturen aber auch zu den eigentlichen Totengräbern von Innovation und Profitabilität.

Während dieser Zeit passiert wenig auf der Webseite, da alle Ressourcen in den »Big Bang«, den Go-live der neuen Version der Webseite, fließen. Das bindet enorme personelle Kapazitäten, die nicht an anderer Stelle wirken können. Viele Mitarbeiter, die am Relaunch arbeiten, empfinden das Projekt zudem als belastend. Zeitpläne werden immer wieder verschoben und sie sind monatelang ausschließlich mit der Arbeit am Relaunch beschäftigt. Selbst wenn Agenturen am Projekt beteiligt sind, gibt es endlose Konzeptionsmeetings und unendliche Abstimmungsrunden, die Zeit und Nerven kosten. Das Relaunchprojekt erzeugt somit eine Menge Frustration und Unzufriedenheit, ohne überhaupt nur die Kosten wieder hereinzuholen.

Wenn dir das nächste Mal deine Agentur ein Relaunchkonzept vorschlägt: Frag dein Gegenüber, welche Auswirkungen dieser Relaunch konkret auf dein Business haben wird und wie sich deine Conversion Rate, Average Order Value und Retourenraten verändern werden. Wenn du darauf verbindliche Antworten erhältst, dann solltest du wahrscheinlich nach den Lotto-Zahlen für die kommende Losung fragen. Spoiler Alert: Du wirst keine Antwort bekommen. Du solltest dir dann genau überlegen, ob du den Wert eines Einfamilien- oder Mehrfamilienhauses in etwas investieren willst, das laut der subjektiven Wahrnehmung von Experten »funktionieren sollte«.

Ein einprägsames Beispiel hierfür ist der Relaunch eines E-Commerce-Riesen, der 2022 in der Branche die Runde machte. Auch bei dieser Firma, die mehr als 50 Millionen Euro jährlich umsetzt, erschien ein Relaunch als charmante Zauberlösung – neuer Start, neues Glück. Nach dem Relaunch sah die Webseite zwar optisch schöner aus, die Conversion Rate war allerdings um 30 Prozent gesunken. Der Fokus lag zu wenig auf den Bedürfnissen der Kunden. Stattdessen wurde auf Basis der subjektiven Wahrnehmung diverser interner und externer Stakeholder ein Umsatzgrab geschaufelt. Eine echte Katastrophe.

Nach mehr als einem Jahrzehnt Erfahrung mit Conversion Optimierung haben wir zahlreiche Gründe identifiziert, weshalb Relaunches oft scheitern und einem iterativen Vorgehen stets unterlegen sind. Sobald du sie gelesen hast, wirst du einen Relaunch nur bei den wenigen tatsächlich passenden Gelegenheiten überhaupt in Erwägung ziehen.

Zu viele Veränderungen auf einen Schlag

Ein häufiges Problem bei Relaunches besteht darin, dass zu viele ungeprüfte Veränderungen auf einen Schlag vorgenommen werden. Das führt zu einer mangelnden Transparenz darüber, welche spezifischen Änderungen tatsächlich zur Verbesserung der Conversion Rate der Webseite beigetragen haben.

Erinnerst du dich noch an die Veröffentlichung von Windows 8 im Jahr 2012? Selbst wenn du das tust, dann wahrscheinlich nur ungern.

Microsoft geht es dabei ähnlich. Und das, obwohl das Konzept für Windows 8 durchaus visionär war: ein einheitliches Betriebssystem für PCs und Mobilgeräte, welches die Produktwelten für Nutzer vereinen und die bisherige Benutzeroberfläche durch die frisch geschaffene »Metro Designsprache« ersetzen sollte; modernes, minimalistisches Design, bunte Live-Kacheln und ein Fokus auf Haptik.

So weit, so gut, oder? Denn während das Konzept auch heute noch von *Microsoft* verwendet wird, auch wenn es jetzt »*Microsoft* Design Language« heißt, so wurde schnell deutlich: Windows 8 war anders, zu ungewohnt und leider nicht im Sinne der damaligen Nutzer. Die klassische Start-Schaltfläche fehlte, wodurch viele Nutzer elementare Funktionen nicht mehr finden konnten. Die Kombination aus klassischen Bedienelementen und dem neuen Kachelsystem war frustrierend, weil es innerhalb der gleichen Oberflächen plötzlich unterschiedliche und verwirrende Bedienungsfunktionen gab. Und wer, wie viele Nutzer damals, noch einen klassischen PC ohne Touchscreen verwendete, der wurde mit für ihn überflüssigen Touchscreen-orientierten Veränderungen frustriert.

Heute sind sich so ziemlich alle einig: Windows 8 war ein großer und kostspieliger Fehltritt, der mit der späteren Veröffentlichung von Windows 8.1 im Jahr 2013 und der Rückkehr zu bekannten Bedienelementen wie der klassischen Startoberfläche über weite Strecken revidiert wurde. Dabei kann man nicht sagen, dass Windows 8 einfach schlecht war – schließlich finden wir viele Elemente der damaligen Designphilosophie heutzutage sowohl in modernen Windows- als auch Mac-Betriebssystemen. Was allerdings schlecht war, war die Art und Weise, mit der Nutzer schlagartig mit vielen, vorher unzureichend getesteten Veränderungen konfrontiert wurden. Eine Lektion, die *Microsoft* auf die harte Tour lernen musste.

Daher solltest du dir hinsichtlich deines nächsten Relaunches Folgendes vor Augen führen: Im besten Fall wird eine Verbesserung erzielt, aber woher weißt du, welche Maßnahme den Ausschlag gegeben hat? Du lernst kaum etwas aus dem neuen Gesamtkonzept und ob es besser funktioniert als das vorherige, da viele der Änderungen möglicherweise auch negative Auswirkungen haben. In unserer Erfahrung führen im Durchschnitt nur 33 Prozent der Ideen tatsächlich zu höherem Umsatz. Statistisch gesehen liegst du also in zwei Drittel der Fälle daneben. Beherrschst du die hier beschriebenen Prozessschritte nicht, ist selbst dieses erfolgreiche Drittel eine blumige Annahme.

Die Herausforderung liegt darin, dass, während einige Änderungen die Conversion Rate positiv beeinflussen, andere Änderungen möglicherweise zu einer Reduktion der Conversion Rate führen. In Summe ergibt sich somit kein klarer Unterschied in der Performance vor und nach der Optimierung. Die folgende Abbildung verdeutlicht dieses Problem anhand von vier fiktiven Änderungen. Im Falle eines Relaunches ändern sich noch deutlich mehr Faktoren.

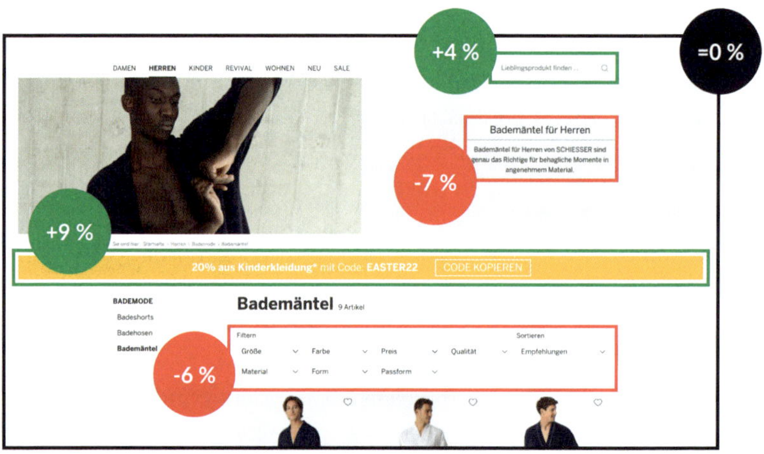

Abb. 4: Viele Maßnahmen beeinflussen die Conversion nach dem Relaunch positiv oder negativ. Manche verbessern die Conversion Rate, manche verschlechtern sie und du weißt vorher nie, welche Maßnahmen sich wie auswirken. Wenn es gut verläuft, offenbart sich dein Einsatz als Nullsummenspiel und die Conversion Rate stagniert auf dem Niveau wie vor dem Relaunch.

Während die Änderungen, die in grün markiert sind, die Conversion Rate positiv beeinflussen, sorgen die rot hervorgehobenen Änderungen für eine Reduktion der Conversion Rate. Dadurch ergibt sich über alle Änderungen hinweg kein Unterschied in der Performance vor und nach der Optimierung.

Wenn du dagegen alle kontrastreichen Änderungen individuell validierst, findest du heraus, was dem Nutzer zusagt und was nicht. Anschließend implementierst du nur das, was nachgewiesenermaßen funktioniert, mit dem Ergebnis, dass dein Umsatz steigen wird. Wenn du stattdessen alle Maßnahmen ungetestet implementierst, dann fehlen dir exakt die Informationen, die am Ende des Tages den Unterschied gemacht hätten. Du wirst weder wissen, welche Anpassungen gut investierte Zeit deines Teams waren, noch welche Änderungen nur unnötig Ressourcen gebunden haben. Damit verbaust du dir nicht nur den Weg für kurzfristigen Mehrumsatz, sondern raubst dir auch die Perspektive für Optimierungen in der Zukunft.

Zu viele Meinungen und Optionen

Ein weiteres häufiges Problem bei Relaunches besteht darin, dass es zu viele Meinungen und Optionen gibt, die aus unternehmenspolitischen Gründen miteinbezogen werden. Die Neugestaltung eines Projekts involviert oft eine Vielzahl von Personen, die alle ihre eigenen, oft widersprüchlichen Ideen und Vorstellungen mitbringen, und dauert dadurch gefühlt so lang wie die Entwicklung vom Einzeller zum Quastenflosser.

Das führt unweigerlich zu Konflikten, bei denen verschiedene Gruppen wie Designer, Vertrieb und Führungskräfte miteinander ringen. Zusätzlich basieren viele dieser Meinungen nicht auf den tatsächlichen Bedürfnissen und Wünschen der Webseitenbesucher, sondern dem Bauchgefühl der Entscheidungsträger. Am Ende gibt es einen faulen Kompromiss, der keinem wehtut, aber auch nichts bringt.

Oder die Person mit der größten Macht setzt sich im Zweifel durch. Wir bezeichnen diese Situation als das HiPPO-Syndrom – »Highest Paid Person's Opinion«. Wir nennen die Verursacher des Syndroms wenig liebevoll »HiPPOs«. Dein Unternehmen ist am HiPPO-Syndrom erkrankt, wenn die oftmals subjektiven Meinungen der ranghöchsten Personen im Unternehmen maßgeblich für Entscheidungen sind.

Ein Klassiker, den du sicher wiedererkennst, geht so: Der HiPPO sagt: »Ich mag dieses Bild für die Landingpage lieber, weil ich die Farben schöner finde.« Woraufhin ein Bild ausgewählt wird, ohne einen Moment zu testen, ob das die Kaufentscheidung positiv oder negativ beeinflusst. Richtig anmaßend wird es, wenn in der Begründung unterstellt wird, »weil unsere Kunden die Farben schöner finden«.

Dieses Phänomen ist mal stärker und mal schwächer ausgebildet, nichtsdestotrotz aber weitverbreitet und betrifft unserer Erfahrung nach die große Mehrheit aller E-Commerce-Unternehmen. Weil der HiPPO nun einmal das letzte Wort hat, kommen seine Ideen ungeprüft auf den Tisch. Die Heilung des HiPPO-Syndroms erfolgt durch die Identifizierung von Hypothesen, basierend auf Datenanalyse und Psychologie und durch ihre Validierung in Form von A/B-Tests. Das führt zu fundierten Entscheidungen, die auf einem festen, zahlen- und wissenschaftsbasierten Fundament stehen und fatale Fehlentscheidungen vermeiden.

> **Wenn oben eine schlechte Hypothese reingekippt wird, dann werden unten keine Rosen blühen.**

Das hat uns Sven, der Head of Online Marketing von *Intersport*, sehr zugutegehalten: Mit unserem wissenschaftlichen Ansatz haben wir für sein Unternehmen mehr als 30 Millionen Euro zusätzliches Bestellvolumen generiert. Letztendlich ist die einzige Meinung, die wirklich zählt, die der Nutzer, die die Webseite besuchen und verwenden. Sobald du und dein Team diese Grundeinstellung verinnerlicht habt, bist du dem Potenzial deines Onlineshops bereits deutlich näher.

Blindes Kopieren von Wettbewerbern

Manchmal neigen wir dazu, zu denken: »Weil *Amazon* und *Zalando* als führende Unternehmen im E-Commerce erfolgreich sind, werden deren angewendete Prinzipien sicher auch bei uns zum Erfolg führen.« Oder wir sagen uns: »Wenn der Marktführer in meiner Branche mit seiner Webseite hohe Umsätze erzielt, dann kann ich mit einer ähnlichen Webseite ähnliche Ergebnisse erzielen.«

Es ist verlockend zu glauben, dass man das Rad nicht neu erfinden muss und einfach erfolgreiche A/B-Testergebnisse anderer Webseiten übernehmen kann. Doch ist es ratsam, blind die Ergebnisse anderer zu kopieren? Absolut nicht.

Das Kopieren von Wettbewerbern führt meistens zu einer Art »Frankenstein-Arbeit«: Du kopierst wahllos von anderen Webseiten, mischst gut gemeint zusammen, was nicht zusammengehört, und schaffst letztendlich eine wilde Eigenkonstruktion, ohne die Nutzerinteressen im Sinn zu haben. Sneaker lassen sich nun einmal nicht auf die gleiche Weise vermarkten wie Bohrmaschinen und Urlaubsreisen brauchen einen anderen Ansatz als Lebensmittel.

Selbst innerhalb derselben Branche ist es wichtig, einen individuellen Ansatz zu entwickeln, der auf die Bedürfnisse und Vorlieben der eigenen Zielgruppe eingeht. *Nike*, *Adidas*, *Under Armour* und *Puma* haben beispielsweise nicht die exakt gleiche Kundenansprache und dementsprechend auch nicht die gleichen Onlineshops. Jede dieser Sportmarken hat ihre eigene Markenidentität und ein anderes Image, was sich im Design ihrer Shops widerspiegelt. Bloß weil eine Onlinestrategie bei *Adidas* funktioniert, heißt das noch lange nicht, dass sie auch bei den *Puma*-Kunden gut ankommt und umgekehrt.

Es ist sicherlich sinnvoll, bei der Konkurrenz nach Inspiration zu suchen, aber du solltest dabei bedenken, dass jeder Shop anders funktioniert. Außerdem weißt du nie, ob deine Konkurrenten durch professionelles A/B-Testen Entscheidungen getroffen haben oder nur nach Bauchgefühl.

Vielleicht haben deine Mitbewerber das Feature wiederum nur von einer anderen E-Commerce-Seite kopiert? Überlege dir, von wem du hier »abschreibst«. Von den 5.000 größten E-Commerce-Shops haben aktuell etwa 25 Prozent A/B-Testing-Tools implementiert. Wenn du dem Schluss unserer sehr wohlwollenden Analyse folgst, dass maximal 20 Prozent die für nachhaltige Erfolge notwendigen Testing-Prozesse beherrschen, dann wirst du in nur fünf Prozent aller Fälle validierte Features übernehmen. Erfolgversprechender wäre es, die Änderungen auf deiner Webseite auszuwürfeln.

Bevor du dich an die Lösung machst, ist es also wichtig, das Problem zu identifizieren. Hilft es, Testimonials hinzuzufügen, wenn die Leute dein Produkt nicht verstehen? Wenn deine Kunden dir nicht vertrauen, hilft dann eine Preisreduktion? Statt blindlings Änderungen zu implementieren oder sogar die Marge mit Rabatten zu zerstören, die lediglich Mitnahmeeffekte auslösen für Personen, die ohnehin kaufen wollen, musst du das Problem erkennen, weshalb die Besucher eurer Webseite nicht kaufen.

Wenn du feststellst, dass den Kunden das Vertrauen in die Webseite fehlt, ist es natürlich hilfreich, sich anzusehen, wie die Konkurrenz Social Proof kreiert. Der Unterschied bei diesem Ansatz besteht aber darin, dass du zunächst das Problem erkannt hast (fehlendes Vertrauen) und anschließend bei der Konkurrenz Inspiration für mögliche Lösungsansätze gesucht hast.

Dieses selektive Vorgehen ist dem blinden Abkupfern von Maßnahmen, die bei »den Großen« oder bei »den Anderen« angeblich funktionieren, deutlich überlegen.

Zu wenig Feedback von Besuchern

Ein weiteres Problem ist, dass die tatsächlichen Nutzer der Webseite nicht aktiv in den Entscheidungsprozess einbezogen werden. Oft wird ein Relaunch ohne Beteiligung der tatsächlichen Nutzer durchgeführt. Wenn überhaupt, werden die Nutzer erst nach dem Relaunch nach ihrer Meinung gefragt, wobei natürlich kein direkter Vergleich zur ursprünglichen Webseite mehr möglich ist.

Solche »Top-Down«-Optimierungen, bei denen neue Designs und Funktionen ohne das Einbeziehen von Nutzerfeedback entwickelt werden, sind häufig zum Scheitern verurteilt. Der Fokus auf Ästhetik von manchen Designern steht unwillentlich im Widerspruch zu den Zielen der Conversion Optimierung. Designer haben eine Leidenschaft für das Schaffen von Neuem, Schönem und Innovativem, was zweifellos ihre Stärke ist. Allerdings sind sie keine Experten in Sachen

Conversion. Es ist ein Irrglaube anzunehmen, dass etwas allein deshalb besser konvertiert, weil es hübscher aussieht.

Stattdessen sollte die Stimme der Kunden als Grundlage für Optimierungen dienen. Dieser Ansatz ist als »Bottom-Up«-Optimierung bekannt. Ein Blick auf erfolgreiche Webseiten wie *Amazon*, *Ebay* und *Wikipedia* verdeutlicht dieses Prinzip. Was haben diese Webseiten gemeinsam? Sie gehören zu den erfolgreichsten und bekanntesten Webseiten unserer Zeit. Aber darüber hinaus haben sie noch eine weitere Gemeinsamkeit: Keine dieser Webseiten würde jemals einen Preis für das beste Design oder die ästhetischste Gestaltung gewinnen.

Ihre wahre Stärke liegt in ihrer außerordentlichen Funktionalität. Sowohl für die Besucher als auch für das Unternehmen selbst erweisen sie sich als äußerst effektiv, insbesondere wenn Änderungen vorgenommen werden müssen. Betrachte beispielsweise die Leichtigkeit, mit der du Beiträge bei Wikipedia bearbeiten kannst. Einfach gestaltete Webseiten ohne unnötige Barrieren ermöglichen reibungslose Prozesse und die schnelle Implementation technischer Änderungen.

Komplett durchdesignte Webseiten, die womöglich noch ein Image-Video auf der Startseite eingebettet haben, welches automatisch abgespielt wird, sobald man die Seite aufruft, sind dagegen oft langsam, weil überall große »Stimmungsbilder« eingesetzt werden. Und selbst wenn die Bilder einen positiven Effekt haben könnten, zerstört die zusätzliche Ladezeit der schweren Seite diesen Effekt wieder.

Zu lange Umsetzungszeit

Unabhängig davon, wie viele der Probleme bei deinem Relaunch zutreffen, ein weiterer Nachteil und Faktor ist der Time-to-Market: Während alle Ideen durchdiskutiert und die Seite entwickelt wird, wird die alte Seite meistens nicht mehr weiterentwickelt. Es lohnt sich nicht mehr, in etwas zu investieren, was »bald« ohnehin abgelöst wird. Durch diesen Stillstand entstehen Opportunitätskosten.

Wenn es dann endlich in die Umsetzung deines neuen Shops geht, stellst du fest, dass es zu teuer und langwierig ist, alle Ideen einzuführen. Du clusterst deine Ideen in »must-have« und »nice-to-have« und machst Abstriche, um den Zeitplan noch halbwegs einzuhalten. Du denkst, dass die Features dann kurze Zeit später noch kommen werden. Die Realität zeigt aber, dass die nächsten Monate nach einem Relaunch mit Bugfixes verbracht werden, die dann noch das restliche Budget auffressen, sodass keine Liquidität für die »nice-to-haves« übrig bleibt.

Am Ende hast du schlimmstenfalls nach diesem Kraftakt einen Shop, der teurer war als gedacht, dessen Entwicklung länger gedauert hat als erwartet und der nun weniger leistet als dein alter. Du bist ausgelaugt und keinen Schritt vorangekommen. Wie es stattdessen funktionieren kann, das zeigen wir im folgenden Abschnitt.

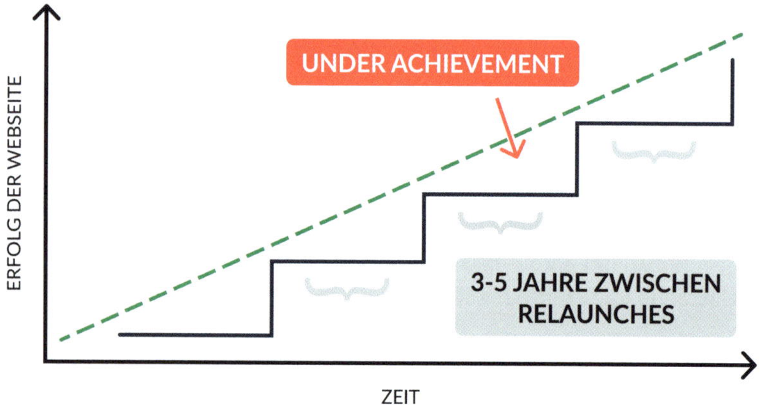

Abb. 5: Die Nachteile überholter Webseitenoptimierung bei komplexen Webseiten, die Relaunches erfordern (schwarze Linie). In diesem Fall wird sehr optimistisch davon ausgegangen, dass ein Relaunch tatsächlich den Erfolg der Webseite steigert – wie wir gesehen haben, ist das meist nicht oder nur in sehr geringem Umfang der Fall. Das Delta zwischen den Relaunches und der grünen Linie ist der entgangene Umsatz. Die Überlegenheit von iterativen Veränderungen (grüne Linie) besteht darin, dass das Optimierungspotenzial kontinuierlich ausgeschöpft wird und Verbesserungen deutlich schneller umgesetzt werden können.

2 Iteratives Optimieren als bessere Alternative

Webseiten wie *Amazon* haben ihren Erfolg nicht durch aufwendige Relaunches erreicht, sondern durch schnelle und iterative Verbesserungen. Zu jedem Zeitpunkt sind hunderte, wenn nicht tausende verschiedene Variationen der Webseite online, die kontinuierlich getestet und optimiert werden. Das ermöglicht es dem Unternehmen, sich schnell an die Bedürfnisse seiner Nutzer anzupassen und so die Effizienz der Conversion Optimierung zu maximieren.

Anders als beim Relaunch kaufst du bei einem iterativen Vorgehen nicht die Katze im Sack. Du siehst schnell, was funktioniert und was nicht und wo du investieren solltest und wo nicht. Auch ein iteratives Vorgehen braucht Ressourcen und kostet Geld, bringt dir aber einen wesentlich besseren und schnelleren Return on Investment.

Wer schneller iteriert, der innoviert auch schneller. Du siehst, dass deine Kunden oft im Warenkorb abspringen? Mit diesen Daten kannst du nächste Woche schon testen, wie du diese Schwachstelle ausmerzen kannst.

Auch technische Fehler können schnell angegangen und zielgerichtet bearbeitet werden, und zwar aus dem einfachen Grund, dass deine Developer nicht unter Unmengen an Tickets begraben sind, die deine Time-to-Market aufgrund der hohen technischen Anforderungen eines Relaunchs regelmäßig in Richtung 2030 schieben.

Ein Relaunch kostet auch deshalb so viel Zeit und verursacht so viel Aufwand, weil alle Seiten einer Webseite betroffen sind, von der Startseite, über die Produktlisten, bis hin zum Check-out, und zwar unabhängig davon, ob die Seiten für die Kaufentscheidung wichtig sind oder nicht. Bei iterativen Änderungen hingegen beschäftigst du dich konkret nur mit den wichtigsten Problemen, unabhängig davon, auf welcher Seite sie auftauchen. Alles andere bleibt unangetastet. Im Endeffekt erzeugst du dadurch mehr Wirkung mit weniger Arbeit.

Harry Stebbings, Gründer des Venture-Capital-Fonds 20VC, bringt den Vorteil iterativer Optimierungen auf den Punkt:

»Die Unternehmen, die gewinnen, haben die schnellsten Feedback-Loops. Sie probieren eine Menge, sie scheitern schnell, sie lernen schneller.«

Abb. 6: Harry Stebbings ist ein bekannter britischer Unternehmer und Investor und Experte für Risikoevaluation und strategische Marktbildung.[7]

Mögliche Ausnahmefälle

Obwohl ein iteratives Vorgehen in den meisten Fällen einem kompletten Relaunch überlegen ist, gibt es Situationen, in denen zunächst ein Relaunch, gefolgt von iterativen Optimierungen, sinnvoll sein kann.

[7] https://www.linkedin.com/posts/harrystebbings_startup-founder-entrepreneur-activity-7025749372797624320-3y10/, aufgerufen am 14.05.2024 um 12:32 Uhr

Unternehmen, die in kurzer Zeit stark gewachsen sind, stoßen häufig auf Herausforderungen mit ihren Webseiten, wenn diese noch auf alten, langsamen Systemen basieren. Diese Systeme kommen oft nicht gut mit den Anforderungen einer großen Besucherzahl zurecht, was selbst kleinste Änderungen an der Webseite erschwert. Wir haben beobachtet, dass selbst für simple Anpassungen im Rahmen eines A/B-Tests mehrere Wochen benötigt wurden, da das komplexe System jede Änderung zu einem herausfordernden Programmieraufwand machte.

In solchen Situationen bietet ein technischer Relaunch die Möglichkeit, das System zu vereinfachen und die Geschwindigkeit der iterativen Verbesserungen zu erhöhen. Das ermöglicht es, die Webseite effizienter und flexibler zu gestalten, um zukünftige Anpassungen schneller und einfacher durchzuführen.

Jedoch ist es hier ratsam, zunächst nur das technische Set-up zu verbessern und das Design beizubehalten, um die Kontinuität und das Vertrauen der Nutzer nicht zu gefährden. Oftmals entsteht der Irrglaube, dass technische Anpassungen ohne ein Redesign zu Opportunitätskosten führen. Frei nach dem Motto: »Wir arbeiten sowieso gerade an dieser Sache, dann wäre es Quatsch, nicht auch gleich das Design zu überarbeiten.« Was sich logisch anhört, führt, wie du oben gelernt hast, in die Relaunch-Falle.

Der technische Relaunch soll die Iterations- und damit auch Innovationsgeschwindigkeit eurer Webseite verbessern. Im Verbund mit einem Redesign schaffst du dir aber lediglich neue Probleme.

Videokurs: Conversion Optimierung im Deep Dive

Wenn du an diesem Punkt angekommen bist, dann bist du auf dem besten Weg, um dir einen erheblichen Vorteil zu erarbeiten. Die Frage ist: Was machst du jetzt mit diesen Informationen und wie transportierst du diese Inhalte effektiv in dein Unternehmen? Du weißt nur zu gut, dass im Business Strategie zwar König, Exekution aber Kaiser ist.

Genau aus diesem Grund haben wir einen umfassenden Videokurs entwickelt. Er behandelt die wichtigsten Abschnitte dieses Buchs in einem fachlichen und praxisorientierten Deep Dive und hilft dir dabei, den Übertrag der Quintessenzen dieses Buchs in dein Tagesgeschäft zu meistern. Wir sprechen hier von über 20 Stunden geballter Fachkompetenz, durchgeführt durch die Autorinnen und Autoren der korrespondierenden Kapitel dieses Buchs.

Im Verlauf dieses Buchs wirst du im Anschluss an wesentliche Abschnitte einen Link und QR-Code finden, der dich zum dazugehörigen Kursteil führt. An dieser Stelle findest du entsprechend den ersten Part unseres begleitenden Videokurses, welcher dir oder deinem Team einen vertiefenden Einblick in die wichtigsten Grundlagen erfolgreicher Conversion Optimierung bietet, ein fachliches Fundament für deinen Start mit CRO schafft und euch die »How to«-Ebene erfolgreicher Conversion Optimierung eröffnet:
https://l.leap.de/teil1

SCAN MICH
Wenn du mehr über die »How to«-Ebene erfolgreicher Conversion Optimierung erfahren willst, dann geht es hier zum weiterführenden Videokurs.

TEIL 2

DIESE ZIELE ERREICHST DU MIT CONVERSION OPTIMIERUNG

Vergleicht eure Webseite mit einem Laden in einer belebten Einkaufsstraße. Eine optimierte – also nicht nur ästhetisch ansprechende, sondern auch funktional gestaltete – Webseite ist wie ein beliebtes Geschäft mit einladendem Schaufenster, übersichtlichem Layout und freundlichem Personal. Der Laden sieht nicht nur gut aus, sondern bietet den Kunden auch einen klaren und einfachen Weg, um Produkte zu finden, zu bezahlen und mitzunehmen.

Mit Conversion Optimierung erreichst du genau das: Du optimierst das Einkaufserlebnis und vor allem den Weg zur Kasse, um möglichst viele Besucher in zahlende Kunden zu verwandeln. Leute stolpern dann nicht mehr beim Schritt über die Türschwelle. Sie treten ein, sehen sich um, sie finden, was sie suchen, ihnen gefällt, was sie finden, und sie werden vom Fußgänger zum zahlenden Kunden.

Conversion Optimierung dieser Art ist eine alte Tugend, die in analoger Referenz alle großen Einzelhändler praktizieren. Sie optimieren dadurch das Einkaufserlebnis und maximieren den Ertrag pro »Fußgänger«.

Ein Beispiel für gelungene, wohldurchdachte Optimierung aus der analogen Welt, von dem die meisten Unternehmen leider weit entfernt sind, ist *IKEA*. Der Aufbau des Einrichtungshauses ist spezifisch darauf ausgelegt, dass Kunden sich nicht verlaufen und auf dem Weg zur Kasse möglichst viele Produkte in den Einkaufswagen legen. Noch dazu kannst du als *IKEA*-Kunde während des Einkaufs eine Pause einlegen und dir schwedische Fleischbällchen bestellen, bevor du erholt wieder den helfenden Pfeilen am Boden folgst. Nach dem abgeschlossenen Einkauf warten auf dich Hotdogs und diverse kleine Leckereien, sodass du den Einkauf nach der eigentlichen Bezahlung mit einem positiven Gefühl abrunden kannst. Hier gehen du und viele andere gern wieder einkaufen. Im Gegensatz dazu schaffen die meisten anderen Unternehmen es hingegen gerade einmal, die erste Conversion-Hürde zu überwinden – im Fall von *IKEA* entspräche das der Abgabe der Kinder bei Småland. Beim schwedischen Möbelhaus fängt die Conversion-Reise damit erst an.

Überträgst du dieses Paradebeispiel auf deinen Onlineshop, solltest du dir folgende Fragen stellen: Wie maximierst du deinen Ertrag pro Besucher? Wo verirren sich deine Kunden eventuell? Wie wird aus möglichst vielen Bummlern zahlende, wiederkehrende Kundschaft? Wenn man es genau nimmt, könnte man sich auf dem Weg zum idealen Onlineshop noch unzählige weitere Fragen stellen.

1 Mehr Umsatz

Was für schwedische Möbelhäuser funktioniert, spült auch Onlineshops mehr Geld in die Kassen. Denn je mehr Passanten beziehungsweise Webseitenbesucher einen Kauf bei dir tätigen, desto höher fällt dein Umsatz aus. Anders gesagt: Je effektiver die Conversions, desto mehr Umsatz generierst du.

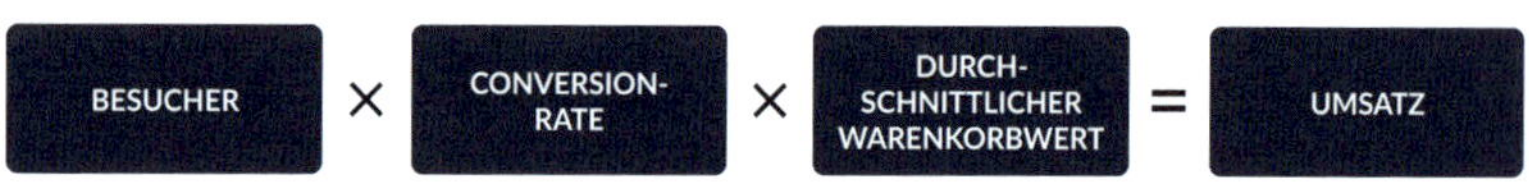

Abb. 7: Die Berechnung des Umsatzes als Multiplikation der Anzahl der Besucher, der Conversion Rate und des durchschnittlichen Warenkorbwertes.

Indem Conversion Optimierung den Umsatz deutlich steigert, holt es auch die anfänglichen Investitionen in die Webseitenentwicklungen spielend wieder herein. So ging es zum Beispiel *AH-Trading*, einem Vorreiter im Bereich hochwertiger Gartenmöbel und Gartenaccessoires. Obwohl der Händler auch auf verschiedenen Marktplätzen vertreten ist, spielt die eigene Webseite die größte Rolle in der Vertriebsstrategie. Auf der Webseite gab es jedoch großen Spielraum bei der Conversion der Besucher in zahlende Kunden.

Zunächst konzentrierte sich *AH-Trading* hauptsächlich auf SEO, doch mit der Zeit wurde die Landschaft komplexer und der *Google*-Algorithmus erwies sich als immer schwerer zu durchschauen. Der Aufwand, mit den Neuerungen Schritt zu halten, wuchs genauso wie der Marketingmix aus SEO, E-Mail-Marketing, Affiliate-Marketing und SEA (Search Engine Advertising, also bezahlte Werbung auf Suchmaschinen). Eigene Versuche im Bereich der Conversion Optimierung zeigten nicht die gewünschten Erfolge. Schließlich erkannte *AH-Trading*, dass externe Experten ihnen einen Großteil der Mühe abnehmen können, und wandten sich an uns.

Unser Hauptziel war, sicherzustellen, dass sich Kunden beim Kauf auf der Webseite von *AH-Trading* emotional einbezogen fühlten, und sie dadurch davon abzuhalten, die Webseite ohne einen Einkauf zu verlassen. Die Zusammenarbeit begann mit einer umfassenden Analyse und darauffolgendem A/B-Testing. Zu Beginn führten die Änderungen zu keiner Verbesserung – oder sogar einer Verschlechterung – und die Besucher sprangen nicht auf die getesteten Versionen an. Das kann für ein Unternehmen ungemein frustrierend sein.

Glücklicherweise bewies *AH-Trading* einen langen Atem und nach genügend Finetuning führten die Änderungen schließlich zu einer satten Steigerung der Conversion Rate um 40 Prozent und daraus resultierend zu einer attraktiven Steigerung von Umsatz und Profitabilität.

Conversion Optimierung ist im Online-Marketing-Umfeld schon länger bekannt. Die Verantwortlichen feilen dann an den SEA-Anzeigetexten oder optimieren die Instagram -Anzeigen für bessere Klickquoten und einen niedrigeren CPC (Cost per Click). Jede Verbesserung steigert den Umsatz, aber eben nur für die Kunden, die über diese Werbung auf deine Webseite stoßen. Angenommen, du steigerst die Conversion Rate deiner Instagram-Ads um zehn Prozent und diese Anzeigen stehen für 30 Prozent deines gesamten Umsatzes. Dann steigerst du deinen Umsatz lediglich um drei Prozent.

Wenn du die Conversion Rate auf deiner Webseite hingegen um zehn Prozent steigerst, erreichst du einen Conversion Uplift von zehn Prozent auf *alle* deine Webseitenbesucher, egal, woher sie kamen – ein deutlich größerer Hebel als die Verbesserung einzelner Marketingkampagnen.

Das Besondere an Conversion Optimierung liegt also darin, dass sie auf sämtliche vorherigen Marketingmaßnahmen einzahlt. Unabhängig davon, ob es sich um bezahlten Traffic, organischen Traffic, Direkt- oder Newsletterzugriffe handelt – Conversion Optimierung steigert die Conversions über alle Kanäle hinweg.

Conversion Optimierung nutzt den bestehenden Traffic effektiver und ermöglicht so eine profitablere Umsatzsteigerung.

Bei einer Erhöhung der Conversion Rate um zehn Prozent steigt auch der Umsatz entsprechend um zehn Prozent oder sogar mehr, wenn du gleichzeitig den Warenkorbwert erhöhst.

Die Conversion spielt somit die entscheidende Multiplikatorenrolle für deinen Umsatz: Eine marginale Erhöhung der Conversion Rate bedeutet meistens einen vielfach erhöhten Umsatz. Indem du optimierst, was bereits besteht - deine Webseite - steigerst du deinen Umsatz spürbar.

Anzahl Besucher	Conversion Rate	Durchschnittlicher Warenkorbwert	Umsatz
1.000.000	2,5 %	100 €	2.500.000 €
1.000.000	2,75 % (+10 %)	100 €	2.750.000 € (+ 250.000 €)

Abb. 8: Umsatzsteigerung durch Erhöhung der Conversion Rate.

2 Überproportional viel Gewinn

Neben der Umsatzsteigerung bieten die Verbesserungen der Conversion Rate für dein Unternehmen noch weitere Vorteile, wie das Beispiel von *MissPompadour* zeigt. *MissPompadour* ist ein Unternehmen, das sich auf den Verkauf von Wand- und Fliesenfarben für DIY-Projekte spezialisiert hat.

Angefangen hat das Unternehmen mit dem physischen Laden der Mutter eines der Gründer, in dem sie Wandfarben vor Ort anbot. Für die Expansion kamen zwei Möglichkeiten infrage: an Baumärkte zu verkaufen und dabei hohe Platzierungsgebühren in Kauf zu nehmen oder den Schritt in den E-Commerce zu wagen. Der Sohn entschied sich, das Unternehmen gemeinsam mit seinem besten Freund in die

Onlinewelt zu bringen. So hofften sie, die Marge erhöhen und ihre Marke ausbauen zu können.

Soweit der Plan. Wie gesagt, ist die Welt der Onlineshops ein hart umkämpftes Pflaster und Farben online zu verkaufen, stellte sich schwieriger heraus als gedacht. Wenn sie die Kunden überhaupt überzeugen konnten, auf ihrer Webseite einzukaufen, war der Warenkorbwert meist zu niedrig für einen guten Ertrag. So niedrig, dass sie mit den anderen Anbietern von Wandfarbe – großen Baumärkten beispielsweise – nicht mithalten konnten.

Das betraf zum Beispiel Gebote für Suchbegriffe, also bezahlte Werbung auf Suchmaschinen: Während *OBI* problemlos zwei Euro pro Klick bezahlen konnte und wollte, war das für *MissPompadour* nicht rentabel. Warum? Weil ihre Conversion Rate zu niedrig war. Die niedrige Conversion Rate führt dazu, dass die Werbung von *MissPompadour* weniger profitabel war und daher weniger oft ausgespielt wurde.

Somit konnte *MissPompadour* mit wertvollen potenziellen Kunden gar nicht erst in Kontakt treten, während *OBI* einen mehrfachen Wettbewerbsvorteil genoss: Weil ihre Kosten pro gewonnenem Kunden niedriger lagen, konnten sie es sich sogar leisten, das auf ihre Preise umzumünzen und ihre Produkte günstiger anzubieten. *MissPompadour* litt also darunter, dass ihre Werbung weniger oft den richtigen Kunden gegenüber ausgespielt wurde und zusätzlich hatten sie in ihrer Preissetzung keinerlei Spielraum.

Die Erkenntnis kam schnell: Die Optimierung ihrer Onlineanzeigen allein würde nicht ausreichen. Es war notwendig, das digitale Einkaufserlebnis zu optimieren, damit sich mehr potenzielle Kunden zum Kauf entschieden. Dadurch wäre *MissPompadour* in der Lage, auf teurere Suchbegriffe zu bieten und sie könnten ihre Gewinnmarge pro Produkt und Kunde erhöhen.

MissPompadour hat daher ein beträchtliches Marketingbudget in Conversion Optimierung investiert und gemeinsam mit LEAP/ ein eigenes A/B-Testing-Programm aufgebaut. Jede Verbesserung des Onlineshops im Rahmen der Conversion Optimierung führte zu einer

Steigerung der Conversion Rates und je höher diese stieg, desto mehr Gewinn konnte wieder in Conversion Optimierung oder den Kauf von zusätzlichem Traffic investiert werden – eine Aufwärtsspirale hatte begonnen. Am Ende stand ein enorm gesteigerter Profit, alles dank gezielter Investitionen in die Conversion Optimierung.

Dadurch nutzte *MissPompadour* den Zinseszinseffekt und erarbeitete sich einen bedeutenden Wettbewerbsvorteil. Heute spricht *MissPompadour*-Gründer Erik Reintjes davon, dass sie ein »Online unverkäufliches Produkt online verkaufen«[8] – und das ziemlich erfolgreich, weil sie da investiert haben, wo andere stehen bleiben.

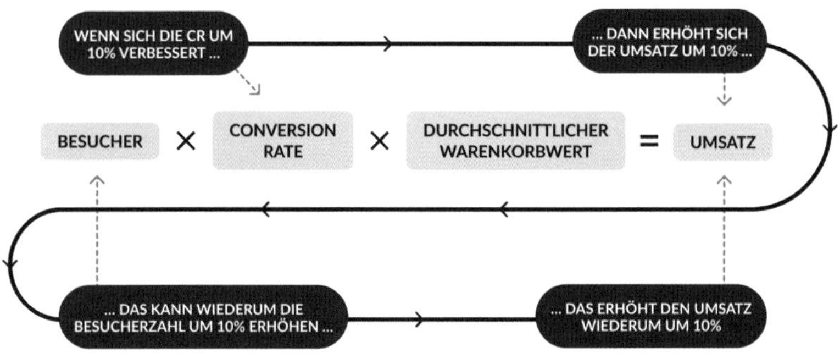

Abb. 9: Verdeutlichung des Zinseszinseffektes durch Conversion Optimierung.

Wenn du deine Verkäufe steigerst, erhöhst du deinen Umsatz, das ist klar. Nun fürchtest du aber vielleicht, dass die Umsätze zwar steigen, die Kosten für die Conversion Optimierung aber den Gewinn auffressen. Hier können wir dich beruhigen: Die Kosten steigen nicht proportional mit dem steigenden Umsatz. Variable Kosten wie Materialaufwände, Einstandspreise und Mitarbeiterkosten nehmen zwar zu, aber die Fixkosten wie Werbung oder Miete skalieren nicht im selben Ausmaß wie der Umsatz.

[8] https://www.linkedin.com/in/erik-reintjes-bb43091b2/, aufgerufen am 22.06.2024 um 14:21 Uhr

Steigt also dein Umsatz durch eine höhere Conversion Rate um zehn Prozent, ist es durchaus möglich, dass deine Gewinne um 20 Prozent oder sogar mehr zunehmen, wie du im folgenden Beispiel siehst.

Conversion Rate	Umsatz	Variable Kosten	Fixkosten	Gewinn
2,5 %	2.500.000 €	1.000.000 €	1.000.000 €	500.000 €
2,75 %	2.750.000 €	1.100.000 €	1.050.000 €	600.000 €

Abb. 10: Überproportionales Gewinnwachstum durch eine Steigerung der Conversion Rate.

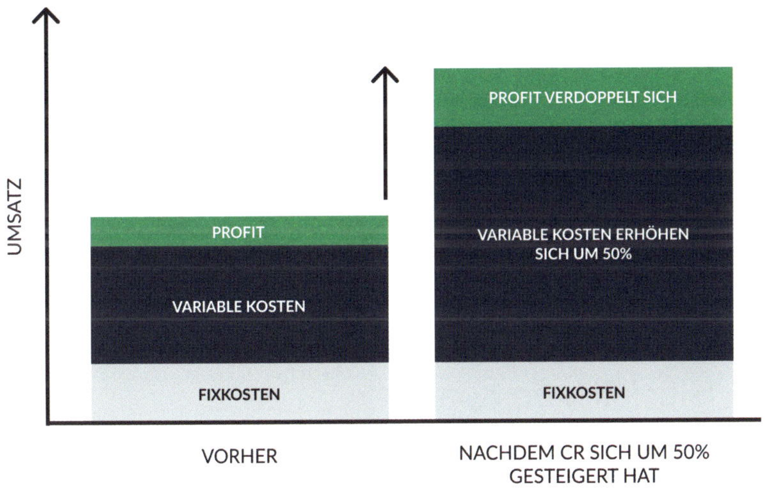

Abb. 11: Vergleich des Umsatzes und der Kosten vor und nach der Conversion Optimierung.

3 Profitables Wachstum

Wenn du mehr Geld verdienst, kannst du mehr Geld ausgeben, zum Beispiel für Marketing. Da bringt dir jeder Euro, den du investierst, bei einer hervorragenden Conversion Rate dann auch mehr Gewinn.

Besonders beim Schalten von Anzeigen auf Plattformen wie *Google*, *Facebook* und *Instagram* ist es wichtig, wie viel eine Anzeige pro Verkauf kostet. Basierend auf diesem Wert entscheidest du, ob die Anzeige profitabel und damit effektiv ist. Wenn dein Gewinn pro verkauftem Produkt steigt, erhöht sich auch die Grenze, bis zu der sich deine Werbung lohnt. Dadurch kannst du das Budget entsprechend anpassen, um beispielsweise wie im Fall von *MissPompadour* einen Konkurrenten von der Spitzenposition in den Suchergebnissen zu verdrängen und deine Wachstumskurve exponentiell auszubauen.

Diese Dynamik gilt nicht nur für bezahlte Anzeigen, sondern für alle Besucherkanäle. Investitionen in SEO können ein fantastisches Mittel sein, um die Erfolge aus Optimierungsmaßnahmen in nachhaltiges Wachstum zu investieren, da eine effektive SEO-Strategie für viele Onlineshops oftmals den mit Abstand rentabelsten Traffic generiert. Je nach Branche und Marktanforderungen kann auch die Erschließung neuer Segmente über Affiliate-Marketing eine sinnvolle Ergänzung sein, beispielsweise um Kunden von der Konkurrenz abzuwerben. Eine Steigerung des Gewinns über Conversion Optimierung eröffnet dir die Möglichkeit, mehr Geld in solche Kanäle zu investieren und sie möglichst rentabel zu operieren und zu optimieren, weil du die Performance innerhalb deines Shops fest im Griff hast.

4 Glücklichere Kunden

Deine Absicht ist es nicht nur, mehr abgeschlossene Käufe zu erzielen, sondern jeden Klick in eine gute Entscheidung für den Kunden zu verwandeln. Indem du den Kunden aktiv in die Optimierung eurer Webseite einbeziehst, stellst du sicher, dass er zum einen eine Kaufentscheidung trifft und zum anderen am Ende mit dieser Entscheidung zufrieden ist.

Möchtest du in die Tiefen der Conversion Optimierung einsteigen, kommst du deshalb um Kundenorientierung nicht herum. Du musst nicht nur den Markt verstehen, sondern auch deine Zielgruppe und ihre Bedürfnisse. Deine Kunden teilen dir ununterbrochen mit, was sie von dir wollen. Du musst nur lernen, zuzuhören und das Gehörte umzusetzen.

Das passiert bestenfalls sowohl durch direkte A/B-Tests als auch indirekt, indem du beispielsweise mit den Mitarbeitern sprichst, die im Kundenservice arbeiten und daher im engsten Austausch mit den Kunden stehen. Sie kennen die Kunden im Zweifel besser als der Vorstand oder der Webdesigner.

Bevor du annimmst, deine Zielgruppe zu verstehen, analysiere sie zuerst. Werte vorhandene Daten aus, befrage Kunden und Mitarbeiter mit direktem Kundenkontakt und verschaffe dir ein Bild der Kundenbedürfnisse. Im Fall von *MissPompadour* führten wir beinahe 80 A/B-Tests durch, um das Webseiten-Design herauszufiltern, das für die Kunden am besten funktionierte. Wir schauten uns an, wie sich Kunden auf der Webseite verhielten und welche Fragen sie im Kontakt mit dem Kundenservice stellten.

Auf Basis dieser Erkenntnisse entwickelst du dann Lösungen für tatsächliche Probleme, wie beispielsweise das Fehlen von Vertrauen. Um dem zu begegnen, eignet sich in einigen Fällen der Social Proof, etwa in Form von Produktbewertungen anderer Kunden. *Amazon* ist ein großer Vorreiter auf diesem Gebiet. Viele Kunden nutzen Amazon nicht nur, um Produkte zu kaufen, sondern auch, um Bewertungen zu lesen. Diese Kombination aus guten Bewertungen und kompetitiven Preisen macht *Amazon* derzeit unschlagbar.

Der Trend des Social Proof schwappt mittlerweile sogar vom Onlinemarkt wieder in den Offlinemarkt, was du unter anderem in den *MediaMarkt*-Filialen sehen kannst, in denen Onlinebewertungen an physischen Produktschildern angebracht sind.

MissPompadour profitierte ebenfalls von einer größeren Sichtbarkeit der Produktbewertungen, einer Trusted-Shops-Zertifizierung und einem Text, der die Beliebtheit der Produkte verdeutlicht. »49 Kunden kauften dieses Produkt im Verlauf der letzten sieben Tage«, heißt es nun beispielsweise auf der Seite einer Wandfarbe.

Außerdem fügten wir die Logos bekannter Zahlungsanbieter beim Check-out ein. Dadurch haben wir das Vertrauen der Kunden in *MissPompadour* gestärkt, denn die Kunden kennen diese gut, vertrauen ihnen und übertragen dieses Vertrauen dann auf die Marke.

Shops aller Art machen sich vertrauenserweckende Partnerschaften dieser Art zunutze. Beim Besuch in deinem örtlichen *REWE*-Markt hast du vielleicht einen Aufsteller mit dem *DFB*-Logo entdeckt. REWE ist offizieller Sponsor. Durch den Aufsteller wird bei dir Vertrauen erweckt, denn viele Menschen verknüpfen positive Assoziationen mit dem *DFB*. Vor allem stellt der Fußballbund eine sehr bekannte, positive Marke dar. Der Aufsteller hilft *REWE*, dem Supermarktbesucher als vertrauenswürdiger und relevanter zu erscheinen. Dasselbe Prinzip greift, wenn du den Freund eines Freundes kennenlernst – die neue Bekanntschaft hat automatisch einen Vertrauensvorschuss.

Ein weiteres Beispiel für den Effekt von Conversion Optimierung auf die Kundenzufriedenheit ist eine PC-Optimierungssoftware, die ihre Kündigungsraten senken wollte. Die Software hat die Aufgabe, schädliche Programme und dergleichen zu erkennen und loszuwerden. Das tat sie auch, aber, wie sich herausstellte, zu schnell! Die Kunden glaubten deshalb nicht, dass ihr PC wirklich von schädlicher Software befreit worden war. Die Software wurde folglich so angepasst, dass der Reinigungsprozess zwar genauso schnell lief, der neu hinzugefügte Fortschrittsbalken aber hinterherhinkte. Der PC war schon längst von unerwünschten Gästen befreit worden, der Fortschrittsbalken verkündete aber erst nach langsamen, beständigen Zwischenschritten einen späteren Erfolg der Reinigungsprozedur. Obwohl das zunächst kontraproduktiv erscheint, führte es letztendlich zu einer höheren Kundenzufriedenheit und damit zu weniger Kündigungen.

»Starte mit dem Kunden und arbeite rückwärts.«[9]

[9] https://www.inc.com/bill-murphy-jr/bezos-most-important-single-thing-focus-obsessively-on-customer.html, aufgerufen am 03.04.2024 um 13:23 Uhr

Wie so oft ist es in der Theorie ganz einfach: Wenn du auf die Bedürfnisse deiner Kunden eingehst und Hindernisse aus dem Weg räumst, sorgst du für eine angenehme Einkaufserfahrung. Das macht nicht nur die Kunden zufriedener mit deiner Webseite und deinem Angebot, sondern erhöht auch die Wahrscheinlichkeit, dass sie in Zukunft wieder bei dir einkaufen und ihre positiven Erfahrungen mit anderen teilen. Im weiteren Verlauf dieses Buchs zeigen wir dir, wie du aus der Theorie eine gewinnbringende Praxis machst.

5 Bessere SEO-Rankings

Was Kunden zufrieden macht, macht auch Suchmaschinen glücklich und wirkt sich damit stark auf organische Platzierungen aus. Denn Unternehmen wie *Google* streben stets danach, ihren Nutzern die bestmöglichen Ergebnisse zu präsentieren.

Eine wichtige Messgröße, um dieses Ziel zu erreichen, ist das Nutzerverhalten, sobald sie auf die Links in den Suchergebnissen klicken. Wenn die Nutzersignale positiv sind – wie eine niedrige Absprungrate, eine lange Verweildauer oder der Aufruf vieler Seiten –, nehmen Suchmaschinen das als Zeichen dafür, dass die Nutzer das gefunden haben, wonach sie suchten. In der Folge wird die Webseite in Zukunft für denselben Suchbegriff als relevant bestätigt und von den Suchmaschinen mit besseren Rankings belohnt.

Jede Änderung an der Webseite hat also das Potenzial, die Sichtbarkeit deiner Webseite in Suchmaschinen zu beeinflussen. Es ist eine weitverbreitete Fehlannahme, dass Änderungen entweder gut für *Google*-Rankings oder für die Conversion Rate sind, nicht aber für beides. Diese irrige Annahme verklärt die Disziplinen Conversion Optimierung und Suchmaschinenoptimierung zu Antagonisten.

Das Gegenteil ist der Fall. Zahlreiche größere *Google*-Updates der vergangenen Jahre belohnen die Webseiten mit besseren Rankings, die zeigen, dass sie den Suchenden das bessere Nutzererlebnis bieten.

Die Analyse der Gewinner und Verlierer eines *Google*-Core-Updates von 2019, durchgeführt von *Searchmetrics*, steht sinnbildlich für viele weitere Updates, die dieses Muster bestätigt haben:

GOOGLE CORE UPDATE 2019: USER SIGNALS DER WINNER & LOSER

Branche	Gewinner oder Verlierer	Time On Site	Seiten pro Besuch	Bounce Rate
Wetter	Gewinner	171	4,1	46 %
	Verlierer	74	3,0	52 %
Travel	Gewinner	312	5,2	31 %
	Verlierer	287	4,5	41 %
News & Media	Gewinner	160	2,9	58 %
	Verlierer	155	2,8	62 %
E-Commerce	Gewinner	160	2,9	58 %
	Verlierer	155	2,8	62 %
Video & Film	Gewinner	227	3,5	50 %
	Verlierer	157	2,1	68 %

Abb. 12: Die Auswertung des *Google*-Core-Updates 2019 zeigt, dass SEO und Conversion Optimierung keine Gegenspieler sind.

Zu den Gewinnern gehören in jeder Branche die Unternehmen, die ihre Konkurrenten in Bezug auf Nutzermetriken wie Verweildauer, Seiten pro Besuch und Absprungrate ausstechen konnten.

Auf einer benutzerfreundlichen Webseite kaufen also nicht nur mehr Menschen, sondern die Seite wird auch in den Suchergebnissen von *Google* sichtbarer – mit all den positiven Folgeeffekten.

6 Bessere Business-Entscheidungen

Es ist extrem schwierig, einen Supermarkt-Lieferdienst profitabel zu betreiben. Einige namhafte Unternehmen, wie *Amazon*, *Kaufland* und *Edeka* sind daran gescheitert und auch *REWE* zahlt vermutlich (noch) drauf.[10] Alle starteten in großen Städten, nahmen enorme Verluste in Kauf und hofften, dass durch Wachstum und größere Marktanteile das Geschäft irgendwann profitabel werden würde. Je stärker sie wuchsen, desto größer wurde das Minus und desto schneller ging ihnen das Geld aus. Viele mussten in der Folge aufgeben – insbesondere in einer Zeit, in der Venture-Capital nicht mehr so locker sitzt wie in der Vergangenheit.

Viele Unternehmen wie auch *REWE* dachten, dass den Kunden in erster Linie Flexibilität wichtig sei und der ihnen angebotene Service zu jeder Zeit verfügbar sein müsste, ähnlich wie ein Taxi. Also boten sie an jedem Werktag zu jeder Zeit eine Lieferung an und nahmen damit in Kauf, dass ein Lieferfahrzeug die gleiche Straße einmal morgens, einmal mittags und dann noch einmal abends anfahren musste – eine weitreichende und vor allem sehr teure Business-Entscheidung.

Picnic machte das anders. Sie wussten, dass der teuerste Part die Anlieferung in der Stadt zum Kunden war. Je größer die Stadt, desto schwieriger die Parksituation und desto länger die Wege. *Picnic* testete ihren Service zunächst in einer kleinen Stadt in den Niederlanden. Sie hatten lediglich vier Autos und wollten vorerst sehen, ob sie das profitabel betreiben können, bevor sie groß expandieren.

Sie stellten die Hypothese auf, dass den meisten Menschen die immense Flexibilität gar nicht so wichtig war, wie die Zuverlässigkeit und Planbarkeit des Services. Die Kunden konnten sich zum Beispiel bei *Picnic* nur aussuchen, ob sie die Lieferung montagmorgens, dienstagmittags oder mittwochabends bekommen. Dadurch mussten die Lieferfahrzeuge, anders als bei der Konkurrenz, nicht kreuz und quer

[10] https://www.foodable.de/blog/eine-kleine-geschichte-des-online-supermarkts-in-deutschland/, aufgerufen am 19.06.2024 um 19:07 Uhr

durch die Stadt fahren, waren viel effizienter und verursachten geringere Kosten.

Das Ergebnis des Tests war eindeutig: Die meisten Benutzer konnten problemlos auf den Luxus der persönlichen »Lebensmitteltaxis« verzichten und sich stattdessen an den Zeiten des »Lebensmittelbusses« orientieren. Sie müssten nur genau wissen, wann dieser Bus kommt.

Zusätzlich erstellte *Picnic* eine Warteliste und bot den Service in einem Stadtviertel erst dann an, wenn sich genügend Kunden dafür gemeldet hatten. So schaffte das Unternehmen es, einen extrem riskanten und umkämpften Markt zu erobern und gleichzeitig ein verhältnismäßig großes Risiko zu vermeiden.[11]

Du siehst, dass du sogar solche wichtigen und weitreichenden strategischen Entscheidungen validieren kannst, um dein Risiko zu begrenzen. Das funktioniert ebenso im Onlinemaßstab: So haben wir bei einem Kunden die Wirkung eines Online-Chats auf den Umsatz untersucht. Der Chat-Anbieter warb mit einer Steigerung der Conversion Rate um den Faktor 10 und verlangte eine Vergütung an jedem durchgeführten Chat. Weiter hat der Anbieter vorgeschlagen, dass der Chat nach einer bestimmten Verweildauer groß wird und dem Nutzer proaktiv Hilfe angeboten wird. Diese proaktive Kommunikation erhöhte die Anzahl der Gespräche deutlich. Das hörte sich für unseren Kunden erst einmal extrem gut an, da Nutzer der Chat-Funktion eine zehnmal höhere Conversion Rate aufzeigten als Nichtnutzer.

In einem A/B-Test haben wir dann die Frage nach Korrelation und Kausalität gestellt und den Chat für die Hälfte der Nutzer abgestellt – mit dem Ergebnis, dass die Nutzer in Summe auch ohne den Chat auf der Seite konvertierten. Sie nutzten dann beispielsweise häufiger Hilfeseiten oder andere Informationsangebote und brachen den Einkauf, entgegen der bestehenden Annahmen, ohne die Chat-Funktion

[11] https://www.supermarktblog.com/2018/02/19/picnics-founder-michiel-muller-about-moving-the-needle-for-online-grocery-shopping-in-europe/, aufgerufen am 19.06.2024 um 19:16 Uhr

nicht ab. Im Gegenzug sorgte die Variante mit dem proaktiven (oder auch aufdringlichen) Chat für eine deutliche Verschlechterung der Conversion Rate, da Nutzer durch die plötzliche Aufforderung zum Chat merkbar abgeschreckt wurden.

In Folge konnte unser Kunde massive Kosten für die angeblich dringend notwendige Chat-Funktion sparen und gleichzeitig einen schmerzhaften Downlift verhindern.

Wenn du also das nächste Mal einen vermeintlichen No-Brainer vor dir hast, solltest du dir unbedingt Folgendes vor Augen halten: Glaubst du, dass diese Änderung einen positiven Effekt haben wird oder weißt du es? Denn egal, ob es um eine Chat-Funktion, einen neuen Zahlungsdienstleister oder ein neues Versandangebot geht: Wenn du wirklich wissen willst, ob etwas einen positiven Effekt hat oder nur unnötige Kosten verursacht, dann musst du es testen. Am Ende zählt nicht die Einschätzung von dir oder deinem Team, sondern die Resonanz deiner Kunden.

Warum du genau jetzt starten solltest

Es gibt immer einen Grund, warum Unternehmen zögern, Conversion Optimierung richtig anzugehen:

- »Zuerst müssen wir XYZ machen.«
- »Davor brauchen wir ein neues System für die Verwaltung der Webseite.«
- »... ein neues System für das Produktinformationsmanagement.«
- »... einen neuen Zahlungsdienstleister anbinden.«
- »Wir müssen erst eine Überarbeitung der Webseite durchführen.«

Das sind alles legitime Versuche, die eigene Webseite zu verbessern, und das Gute daran ist: Andere Optimierungsmaßnahmen stehen nicht im Wettbewerb mit der Conversion Optimierung, sondern können sich selbstverständlich ebenfalls positiv auf die Conversion Rate auswirken. Zum Beispiel verbessert ein neuer Zahlungsdienstleister eventuell die Kaufabwicklung, wodurch mehr Kunden den Kauf abschließen und die Conversion Rate steigt.

Wichtiger ist aber, die Conversion Optimierung als Maßnahme nicht nur im Auge zu behalten, sondern als etwas zu sehen, das zu jeder Zeit stattfinden kann und muss. Denn Fakt ist: Wenn deine Conversion Rate zu niedrig ist, verpasst du Umsatzchancen und verursachst massive Kosten, weil du das Falsche tust – kurzum: Du minderst deine Rentabilität.

Das ist, als würdest du mit losen Schnürsenkeln einen Marathon laufen: Zusätzliches Training verbessert eventuell deine Bestzeit und eine gesunde Ernährung ist ebenfalls wichtig. Aber der volle Effekt der zusätzlichen Runden und des Magerquarks wird sich erst zeigen, wenn du dir endlich die Schnürsenkel bindest. Sobald du in vollem Schritt und sicher läufst, zahlen sich dann auch die anderen Maßnahmen doppelt und dreifach aus und du näherst dich deinem Ziel mit viel größeren Schritten.

Sobald du dich der Conversion Optimierung zuwendest, erarbeitest du dir im Vergleich zu allen anderen, die immer noch mit losen Schnürsenkeln dahinstolpern, einen steilen Wettbewerbsvorteil. Dann läufst du der Konkurrenz durch höhere Margen pro Warenkorb schlichtweg davon. Du setzt mehr Geld für Ads frei, stichst die Konkurrenz im Bieterwettbewerb um Suchbegriffe aus und kannst endlich auf die Suchbegriffe bieten, die deine Kunden wirklich verwenden und sie für dich beanspruchen.

Andersherum ist das Szenario deutlich weniger attraktiv: Wenn deine Konkurrenz auf Conversion Optimierung setzt, während du damit zögerst, bleibst du im Staub zurück. Mit einer zunehmenden Unsichtbarkeit durch teurer werdende Ads verlierst du weiter an Boden. Deine Konkurrenz kann ihre Preise senken und bleibt trotzdem profitabel, während du nicht in der Lage bist, mit den Preisreduktionen

Schritt zu halten. Die Konkurrenz bootet dich bei den wichtigsten Suchbegriffen aus, wodurch dich Kunden, die eigentlich bei dir kaufen würden, gar nicht erst finden. Letztendlich drängt dich die Konkurrenz unter Umständen ganz aus dem Markt.

Conversion Optimierung ist einer der effizientesten Hebel, die Anbieter nutzen können – und wer dies nicht tut, überlebt auf lange Sicht auch nicht. Worauf wartest du noch? Finde im nächsten Teil heraus, warum sich nur ein kleiner Prozentsatz eurer Besucher für einen Kauf entscheidet und was du dagegen tun kannst.

TEIL 3

FINDE HERAUS, WARUM DEINE KUNDEN NICHT KAUFEN

Bei der Suche nach den größten Optimierungsmöglichkeiten neigst du wie die meisten Menschen vermutlich dazu, »Pi mal Daumen« zu schätzen, wo es welche ungenutzten Potenziale geben könnte.

Dabei ist der persönliche Tunnelblick die natürliche Folge: Du siehst lediglich die Perspektive, die sich dir aus deinen eigenen Erfahrungen, deiner Ausbildung und deinem Bauchgefühl ergibt. In größeren Unternehmensstrukturen gipfelt dieses Verhalten im bereits erwähnten HiPPO-Syndrom (Highest Paid Person's Opinion). Falls du Chef bist, leg dieses Buch jetzt mal einen Moment zur Seite und schau sehr kritisch in den Spiegel. Ist da ein HiPPO zu sehen? Falls du Mitarbeiter bist, frag dich ebenso kritisch, ob du dich vielleicht aus Angst vor eigenen Entscheidungen oder der Sorge vor Konfrontationen einfach lieber auf deinen Chef verlässt. Wie auch immer das HiPPO entsteht, persönliche Meinungen und Entscheidungen ohne Einbezug der Kundenperspektive helfen euch nicht weiter.

Bestimmt warst du auch schon in der Situation, deine eigenen Ideen nicht verteidigen zu können, weil dir schlichtweg objektive Daten und Fakten fehlten. Vielleicht schlägt euer Marketingteam vor, die Startseite eures Onlineshops neu zu gestalten. »Wir wollen mal wieder frischen Wind in die Webseite bringen!«, äußern sie als Begründung, ohne in Worte und vor allem nicht in Zahlen fassen zu können, was genau verbessert werden soll oder ob eine Verbesserung überhaupt nötig ist. Ohne objektive Daten und Fakten über das Nutzerverhalten wird die Marketingabteilung Schwierigkeiten haben, diesen Vorschlag zu verteidigen – und du Schwierigkeiten, ihn abzuwehren.

> **Am Anfang jeder Veränderung stehen immer die Daten darüber, wie Nutzer tatsächlich mit der Seite interagieren.**

Denn genau das sollte Optimierung eben nicht sein: eine initiale Vermutung basierend auf dem eigenen Bauchgefühl. Damit tappst du im Dunkeln und stößt nur durch Zufall auf vielversprechende Änderungen. Stattdessen musst du systematisch Daten sammeln, konkrete Folgen daraus ableiten und deinen Scheinwerfer direkt auf das Optimierungspotenzial lenken, statt ihn ziellos durch die Nacht zu schwenken. Du willst weg von deiner eigenen Subjektivität und deinem persönlichen Bias, hin zur Objektivität und zu belastbaren und vor allem nachvollziehbaren Fakten.

Bauchgefühl und Führungshierarchien sind folglich nicht zielführend. Wie deckst du stattdessen Optimierungspotenzial in deinem Unternehmen auf? Ganz einfach: Bevor du dich damit befasst, Lösungen zu entwickeln, identifiziere das zugrundeliegende Problem. Dafür braucht es das Zusammenspiel aus drei Dimensionen: Datenanalyse, Expertenevaluation und Nutzerfeedback. Wie du diese Dimensionen individuell erschließt und schlussendlich gewinnbringend in deinem Unternehmen verankerst, werden wir im Folgenden beleuchten.

1 Mit den relevanten Daten die größten Hebel finden

Um deinen Shop gezielt zu optimieren, brauchst du zunächst Daten. Jetzt könntest du berechtigterweise die Frage stellen: Warum Daten? Warum der ganze Aufwand, wenn ich doch sowohl Bauchgefühl als auch gesunden Menschenverstand in meinem Arsenal habe?

Beantworten lässt sich diese Frage am besten anhand eines praktischen Beispiels aus dem Leben des John Snow. Nicht Jon von Game of Thrones, sondern der britische Mediziner und Spezialist für Anästhesie. Snow praktizierte um die Mitte des 19. Jahrhunderts in London und sah, wie sein Umfeld zunehmend unter dem Auftreten von Cholera litt.

Nach damaligem Wissensstand wurde Cholera über den Gestank in der Luft übertragen. Das erschien grundsätzlich logisch, allerdings deckte sich diese Übertragungsart für Snow nicht mit dem Auftreten der Erkrankungen. Leider fehlten ihm aber Beweise für eine andere Übertragungsart. Um dem Problem auf den Grund zu gehen, brauchte er Daten. Also fing Snow an, eine Karte zu erstellen, auf der er die durch Cholera bedingten Todesfälle einzeichnete. Dabei stellte sich heraus, dass sich die Todesfälle rund um eine ganz bestimmte Wasserpumpe an der damaligen Broad Street häuften.

Um diese Erkenntnis zu überprüfen, sprach der Arzt sowohl mit erkrankten als auch gesunden Menschen und stellte fest: Kranke Anwohner hatten Wasser aus der Pumpe getrunken, gesunde Anwohner nicht. Das stärkte seine Beweislage und er wandte sich an die zuständigen Behörden, um seine Hypothese zu validieren. Behörden machten die Wasserpumpe auf Dr. Snows Empfehlung hin unbrauchbar und siehe da: Tatsächlich kam der Cholera-Ausbruch im Bereich der Broad Street zum Stillstand. Ein voller Erfolg, welcher den britischen Arzt zu einem der Vorreiter der quantitativen Analyse machte.

Ohne seine Daten hätte Snow das Mysterium der Cholera-Übertragung wahrscheinlich niemals gelöst, denn selbst logische Zusammenhänge wie die Hygiene einer Wasserpumpe und die Erkrankung der daraus Trinkenden werden schnell abstrakt, wenn uns die dazugehörigen Datenpunkte fehlen.

Auch wenn dein Onlineshop mit dem London der 1850er wenig zu tun hat, die Zusammenhänge funktionieren ähnlich. Wenn du dir die vorhandenen Datenpunkte nicht genau anschaust und dich stattdessen auf oberflächliche Halbwahrheiten verlässt, dann läufst du das Risiko, dass du trotz richtiger Zielsetzung die falschen Dinge für deine Nutzer umsetzt. Um es mit Clive Humby auszudrücken:

»Data is the new oil.«

Berechtigterweise magst du jetzt fragen: Nur wo beginnen? Das Dickicht an Daten, das dein Unternehmen wahrscheinlich heute schon generiert, kann einem Dschungel gleichen und Respekt einflößen. Wenn du Daten aber richtig erhebst und auswertest, erlauben sie dir, eine mächtige Adlerperspektive einzunehmen. Beherrschst du die nachfolgenden Schritte, dann steigst du auf wie der König der Lüfte und erkennst aus der Vogelperspektive Muster und Strukturen, aber auch Anomalien und Auffälligkeiten.

Ein prominentes Werkzeug, das du vermutlich auch zur Datengenerierung verwendest, ist Google Analytics. Mithilfe von Webanalyse-Tools wie Google Analytics kannst du das Verhalten der Nutzer auf eurer Webseite detailliert untersuchen. Du kannst Metriken wie Absprungrate, Verweildauer und Klickpfade – auf welchem Wege, über welche Seiten eure Nutzer üblicherweise zum Check-out gelangen – analysieren. Und du kannst Schwachstellen aufdecken. Google Analytic spuckt nicht nur allerhand Daten aus, sondern setzt sie auch in Beziehung zueinander. Die Analyse von Daten ermöglicht es dir, Einblicke in die Interaktionen eurer Nutzer mit euren Webseiten, Apps und anderen digitalen Plattformen zu gewinnen. Diese Erkenntnisse nutzt du anschließend als Grundlage für die Optimierung eurer Marketingstrategien, die Verbesserung der Benutzererfahrung und die Steigerung der Conversion Rate.

Aber der Umgang mit Daten birgt auch seine Tücken. Wann sind die Daten wirklich aussagekräftig? Wo treten Verzerrungen auf und wie beurteilst du ihre Wichtigkeit? Vor allem: Kannst du den Daten überhaupt vertrauen? Und selbst, wenn du dich einen Schritt weiter wagst, stehst du vor neuen Herausforderungen, insbesondere wenn es um die Integration von Daten aus A/B-Testing-Tools geht. Wie kannst du die Ergebnisse dieser Tools mit euren eigenen Daten verknüpfen? Gehen wir dem Ganzen der Reihe nach auf den Grund.

Nutzen und Grenzen von Datenanalysen

Die Analyse der Daten (Data Analytics) verfolgt vor allem zwei Ziele:

1. Du deckst auf, wie eure Nutzer eure Webseite nutzen. Worauf klicken eure Nutzer und worauf nicht? Was passiert überhaupt auf eurer Webseite? Diese Analyse dient als Basis für die qualitative Analyse, die dann beantwortet, warum eure Nutzer mit bestimmten Elementen der Webseite interagieren, mit anderen wiederum nicht. Besonders interessant ist hier, an welchem Punkt der Webseite eure Nutzer oftmals aussteigen und den Kaufprozess abbrechen.

2. Du fokussierst dich auf die wichtigen Themen und Probleme. Daten erlauben dir eine sinnvolle Priorisierung. Durch sie kannst du die Größe eines Problems beziffern. Wenn zum Beispiel ein Fehler auftritt und die Bezahlung per Vorkasse nicht möglich ist, kannst du sehen, wie viele Nutzer versuchen, per Vorkasse zu bezahlen, diesen Fehler überhaupt bemerken und davon betroffen sind. Sind das 20 Prozent deiner relevanten Nutzerschaft oder nur ein Prozent? Wählen sie eine andere Zahlungsart oder brechen sie den Kaufprozess komplett ab? Mit dieser Information kannst du dieses Problem mit anderen vergleichen und entscheiden, welches du als Erstes angehst.

Sobald du im Unternehmen verankert hast, dass Daten euch bei der Entscheidungsfindung immens unter die Arme greifen, und Fans für datenbasiertes Problemlösen um dich geschart hast, willst du sichergehen, dass ihr euch über Daten auch fachmännisch verständigen könnt. Nicht jedes deiner Teammitglieder muss sich mit Daten im Detail auskennen, aber es hilft, wenn ihr alle ein grundlegendes Verständnis der relevanten Begriffe, besitzt. Die Conversion Rate haben wir bereits umfassend erläutert, hier ein paar weitere Begriffe:

Die **Engagement Rate** sagt euch, wie aktiv die Besucher auf eurer Webseite sind. Angenommen, ein Onlineshop verzeichnet täglich 10.000 Besucher. Innerhalb eines Tages führen diese Besucher insgesamt 3.000 Interaktionen aus, darunter Seitenaufrufe, Klicks auf Produktlinks, das Ansehen von Videos und so weiter. Die Engagement Rate für diesen Zeitraum berechnest du, indem du die Gesamtzahl der Interaktionen durch die Anzahl der Besucher teilst. In diesem Fall ergeben 3.000 Interaktionen geteilt durch 10.000 Interaktionen 30 Prozent. Das bedeutet, dass im Durchschnitt etwa jeder dritte Besucher eine Interaktion auf der Webseite ausführt. Die Engagement Rate von 30 Prozent zeigt somit das Maß der Aktivität und des Interesses der Besucher an der Webseite an. Je höher die Engagement Rate, desto aktiver und engagierter sind eure Besucher.

Ebenso ist es wichtig, zu wissen, was **Dimensionen** und **Metriken** sind. Dimensionen sind Eigenschaften oder Kategorien, die du analysieren möchtest, wie beispielsweise die Gerätekategorie (etwa Desktop oder

Mobil) oder der Traffic-Kanal (zum Beispiel organische Suche oder soziale Medien). Metriken sind die Kennzahlen, die du für diese Dimensionen analysieren möchtest, wie die Anzahl der Sitzungen, die Anzahl der Transaktionen oder das Umsatzvolumen.

Limitationen in der Datenanalyse bedeuten, dass du niemals Zugriff auf 100 Prozent der verfügbaren Daten hast, sondern stattdessen nur auf einen Teil. Du kannst dir Daten als einen kleinen Ausschnitt aus einem riesigen Gemälde vorstellen: Je nachdem, wie viele Daten dir zur Verfügung stehen, kannst du nur einen entsprechenden Bruchteil des Gesamtbildes sehen. Dadurch kannst du das Gesamtbild erahnen, mit deiner Interpretation aber auch leicht falschliegen – insbesondere wenn du annimmst, dass der von dir betrachtete Ausschnitt das Gesamtbild darstellt oder repräsentiert. Vielleicht kennst du die Geschichte von den blinden Männern, die einen Elefanten ertasten: Für den, der den Rüssel spürt, ist der Elefant eine Schlange. Der Mann, der das Elefantenbein umfasst, stellt sich einen Baum vor. Der Elefantenschweif hingegen erscheint einem anderen Blinden wie ein Pinsel und so weiter. Jeder hat einen Ausschnitt des Gleichen vor sich, sieht aber etwas völlig anderes.

So ist es auch bei Datenbeschränkungen. Die meisten gehen dabei direkt von den Browsern aus, die das Sammeln und Auswerten von Daten von Haus aus erschweren. Ein prominentes Beispiel für solche Techniken ist die Internet Tracking Prevention (ITP) des Safari-Browsers. Diese Funktion zielt darauf ab, das Tracking von Benutzern über verschiedene Webseiten hinweg zu unterbinden, indem sie die Speicherung von Cookies und anderen Daten einschränkt. Dadurch wird verhindert, dass du das Verhalten der Nutzer über längere Zeiträume hinweg verfolgen kannst.

Neben Safari verwenden auch andere gängige Browser ähnliche technische Maßnahmen. Diese Restriktionen werden immer häufiger und strikter angewendet, was dazu führt, dass sowohl die Qualität als auch die Quantität der verfügbaren Daten leidet.

Die **Qualität** der Daten leidet, wenn Informationen wie Cookies nach kurzer Zeit gelöscht werden und verloren gehen. Dadurch könntet ihr zum Beispiel wiederkehrende Nutzer, die sich in ihrem Verhalten oft stark von Neukunden unterscheiden, fälschlicherweise als neue Nutzer erfassen.

Die **Quantität** der Daten wird ebenfalls beeinträchtigt, da Internetnutzer zunehmend ihr Recht auf informationelle Selbstbestimmung wahrnehmen und der Verwendung von Tracking-Daten widersprechen. Infolgedessen fehlen dir am Ende des Tages die Daten von Kunden, die den »Opt-out« wählen und ohne Nachverfolgungsmöglichkeit auf eurer Webseite unterwegs sind.

Es ist wichtig, dass du dir dieser Einschränkungen bewusst bist. Je nach Szenario oder Umgebung der Webseite liegt möglicherweise nur ein Bruchteil der Daten vor. Nimm also niemals an, dass du auf dieser Basis alle notwendigen Schlussfolgerungen ziehen kannst.

»Korrelation ist nicht gleich Kausalität«, dieses grundlegende Konzept wird im ersten Semester eines Statistikstudiums vermittelt. Und doch fällt es uns im Umgang mit Daten schwer, diese Ebenen bewusst zu trennen. Wer diese Grundregel bei der Betrachtung der eigenen Daten missachtet, läuft schnell auf gedankliches Grundeis. Und das tut besonders dann weh, wenn aus diesem Trugschluss Fehlentscheidungen mit massiven (Opportunitäts-)Kosten hervorgehen.

Genau deshalb sind qualitative Analysen und die Validierung per A/B-Tests so wichtig: Entgegen der fehleranfälligen Interpretation der Daten testest du konkret die erkannten oder vermuteten Flaschenhälse und bestätigst oder widerlegst sie. So stellst du sicher, dass deine Entscheidungen auf soliden, validierten Erkenntnissen basieren und nicht auf durch Datenbeschränkungen verunstalteten Annahmen. Natürlich geht die Bedeutung von A/B-Testing weit über die Vervollständigung von Daten hinaus, worauf wir im weiteren Verlauf dieses Buches noch genauer eingehen. Für den Moment reicht es aber aus, Folgendes zu verstehen: Selbst, wenn du vollständige Daten vorliegen hast, musst du trotzdem mutmaßen und Annahmen treffen, die du dann anhand von A/B-Tests und Nutzertests validierst. Denn die Daten sagen dir nur, was passiert, aber nicht warum. Kurzum: Suche in euren Daten nach Korrelationen, nicht nach Kausalitäten.

Die wichtigsten Ausgangspunkte für Analysen

Nachdem du die Daten generiert hast, kannst du dich an die Analyse wagen – der wichtigste, aber auch herausforderndste Teil des Prozesses. Über deine E-Commerce-Webseite strömen jeden Tag Unmengen an Informationen: Klicks, Seitenaufrufe, Warenkorbabbrüche auf der einen und gespeicherte Favoriten auf der anderen Seite. Diese Daten sind wie Rohdiamanten – wertvoll, aber noch ungenutzt. Die Fülle an Daten kann Segen und Fluch zugleich sein. Einerseits bietet sie dir eine reichhaltige Informationsquelle, andererseits kann sie überwältigend sein und die eigentlichen Erkenntnisse verbergen. In der Realität erzeugt jedes Unternehmen Unmengen an Daten, aber es fehlt oft an Erfahrung und Know-how, um sie ordentlich auszuwerten. Genau hier kommt die systematische Datenanalyse ins Spiel.

Traffic-Kanäle

In Bezug auf die strategische Ausrichtung der Analyse betrachtest du zunächst den Traffic. Woher kommen eure Nutzer und was unterscheidet einen Weg vom anderen? Die verschiedenen Traffic-Kanäle entsprechen oft unterschiedlichen Phasen der Customer Journey, daher ist eine uneinheitliche Performance zwischen den Kanälen nicht ungewöhnlich. Es ist wichtig, dass du dir die Unterschiede zwischen den verschiedenen Kanälen bewusst machst.

Ein universeller Sachverhalt ist zum Beispiel der **Paid Traffic**, der stark auf Performance ausgerichtet ist. Daher sollte die Verkaufsleistung dieses Kanals entsprechend hoch sein. Die Conversion Rate und der Umsatz sollten sich im oberen Drittel im Vergleich zu allen anderen Kanälen befinden.

Ebenso verhält es sich mit **Direct Traffic**, nämlich Zugriffe, die direkt auf eure Webseite erfolgen. Ähnlich wie beim bezahlten Traffic wird auch hier eine hohe Conversionmotivation der Nutzer angenommen. Kunden, die aktiv die URL eurer Webseite in ihren Browser eingeben, zeigen in der Regel ein starkes Interesse am Unternehmen. Diese direkten Zugriffe sind oft ein Zeichen dafür, dass die Kunden bereits von der Marke gehört haben, wiederkehrende Nutzer sind, positive Erfahrungen gemacht haben oder gezielt nach bestimmten Produkten suchen. Es ist ratsam, die Metriken verschiedener Kanäle als prozentualen Anteil darzustellen. Wenn beispielsweise 40 Prozent des Traffics aus Kanal X stammen, könnten auch mindestens 40 Prozent der Transaktionen und des Umsatzes aus diesem Kanal kommen. Abweichungen von diesem optimalen Verhältnis sind ein Grund, genauer hinzuschauen und weitere Analysen durchzuführen.

Device Category

Eine weitere strategische Option besteht darin, euren Traffic nach Gerätekategorien zu zerlegen und zu überprüfen, inwiefern die Verhaltensweisen eurer Kunden sich je nach Gerätetyp unterscheiden. Immer mehr Konsumenten tätigen ihre Einkäufe vom Handy oder Tablet aus, wie die folgenden Statistiken zeigen:

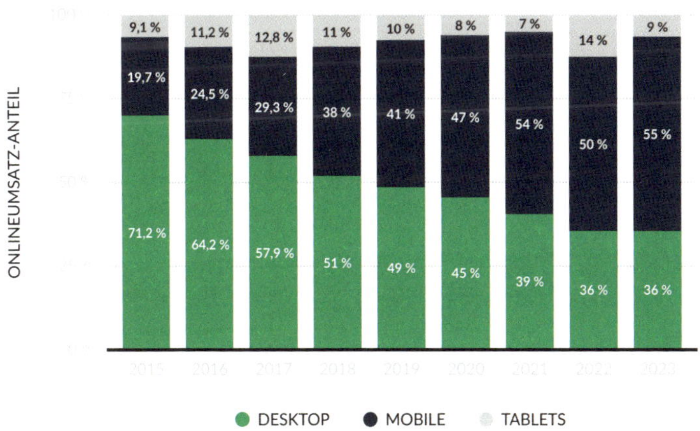

Abb. 13: Verteilung des Onlineumsatzes nach Endgeräten in DE 2015 bis 2023.[12]

[12] https://de.statista.com/statistik/daten/studie/857695/umfrage/verteilung-des-onlineumsatzes-nach-endgeraeten-in-deutschland/, aufgerufen am 19.06.2024 um 19:11 Uhr

Die Conversion Rate ist allerdings auf mobilen Endgeräten deutlich niedriger als bei Desktopgeräten. Eine Analyse von 15 E-Commerce-Unternehmen in den USA, die jeweils einen Jahresumsatz von mindestens 20 Millionen US-Dollar erzielten, zeigt auf, wie unterschiedlich die Conversion Rates ausfallen:

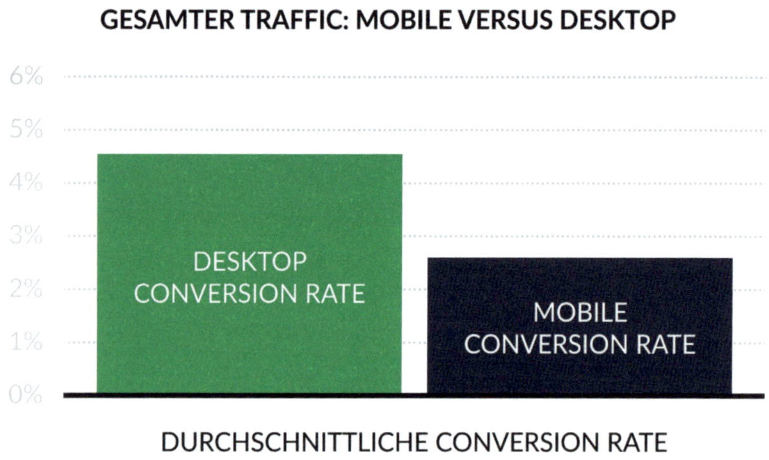

Abb. 14: Für Desktopgeräte wurde eine deutlich höhere Conversion Rate gemessen[13]

Das liegt teilweise daran, dass Nutzer oftmals auf dem Smartphone Produkte recherchieren, die sie später vom Desktop aus bestellen. Zwischen mobilen und Desktop-Endgeräten bestehen erhebliche Unterschiede in der Displaygröße und der allgemeinen Zugänglichkeit. Das führt zu einem deutlich schlechteren Nutzerverhalten auf mobilen Endgeräten, trotz eines höheren Traffics.

Wenn die Performance auf mobilen Endgeräten leidet, kann das aber auch daran liegen, dass die Webseite nicht ausreichend für mobile

[13] https://www.thesistesting.com/insights/benchmarking-mobile-vs-desktop-conversion-rates-via-google-analytics, https://www.linkedin.com/pulse/benchmarking-mobile-vs-desktop-conversion-rates-/, aufgerufen am 19.06.2024 um 19:09 Uhr

Endgeräte und die damit verbundenen Nutzungssituationen optimiert ist. Das führt zu einer Diskrepanz zwischen den Erwartungen der Nutzer und ihrer tatsächlichen Erfahrung. Potenzielle Kunden brechen den Einkauf ab, weil sie die Navigation der Webseite auf dem Handy als zu kompliziert empfinden und nicht aus Versehen statt vier neuer Autoreifen 44 bestellen wollen.

Um euren E-Commerce-Funnel erfolgreich zu optimieren, solltest du deshalb ein Verständnis für die Eigenheiten der verschiedenen Gerätekategorien entwickeln. Denn diese spielen eine zentrale Rolle bei der Interpretation des Nutzerverhaltens und ihrer Motivationen.

Wenn du 80 Prozent deines Umsatzes über mobile Endgeräte generierst, dann solltest du bei der Problemanalyse mit einem Smartphone auf deine Webseite schauen, statt über den hochauflösenden externen Bildschirm, den du sonst für deine Arbeit benutzt. Andersherum: Wenn du beispielsweise Büromaterial oder Busreisen verkaufst, dann wirst du eher 90 Prozent deines Umsatzes über Desktop-Geräte generieren. Dann ist eine »Mobile-First-Strategie« – entgegen des allgemeinen Trends – für dich nicht sinnvoll.

Content Grouping

Bei der Analyse ist es entscheidend, die Nutzung bestimmter Seiten genau unter die Lupe zu nehmen. Allerdings führt das isolierte Betrachten einzelner URLs oder Seitenpfade oft nicht zu aussagekräftigen Erkenntnissen. Was bringt es dir, zehn URLs aus einem Pool von 35.000 anzusehen? Es ist effektiver, Inhalte zu gruppieren und anschließend die Gruppen miteinander zu vergleichen.

Für E-Commerce-Unternehmen sind typische Gruppierungen die Startseite als die bedeutendste Einzel-URL, gefolgt von den Produktdetailseiten, Kategorieseiten, Suchergebnisseiten und möglicherweise Blog- oder Hilfeseiten. Diese Gruppierungen bieten dir eine solide Grundlage; je nach Webseite können noch weitere Kategorien relevant sein, etwa die Gruppierung der Produktdetailseiten innerhalb bestimmter Kategorien.

Sobald du die Kategorisierung abgeschlossen hast, kannst du die Gruppen als Ganzes betrachten und spezifische Metriken wie Seitenaufrufe pro Nutzer, Seitenaufrufe pro Session sowie Einstiegs- und Ausstiegsraten analysieren. So findest du heraus, auf welcher Seite deine Nutzer tatsächlich einsteigen – meist ist es nämlich nicht die Startseite. Zudem ermöglicht die Metrik der Seitenaufrufe pro Nutzer/Session es dir, auf der Ebene der Content Groupings wiederkehrende Seitentypen zu identifizieren, auf denen sich eure Nutzer während ihrer Sitzungen immer wieder bewegen. Häufig handelt es sich dabei um Kategorieseiten, von denen aus Nutzer auf Produktdetailseiten gelangen und dann zurückkehren, um das Spiel mit einer neuen Produktdetailseite zu wiederholen.

E-Commerce-Funnel

Der E-Commerce-Funnel ist einer der wichtigsten Analyseaspekte. Ein funktionstüchtiges Tracking vorausgesetzt, eröffnen sich dir hier äußerst wertvolle Möglichkeiten. Technisch betrachtet ist dieser Funnel die Summe einzelner Trackingpunkte, die gemeinsam den gesamten Nutzerweg durch den Kaufprozess abbilden. Die Analyse dieser Sequenz ermöglicht es dir, Engpässe oder Probleme zu identifizieren, die den Kaufprozess beeinträchtigen könnten, und entsprechende Maßnahmen zu ergreifen, um die Conversion Rate zu verbessern und das Einkaufserlebnis für deine Kunden zu optimieren.

Das Besondere daran ist, dass du die Entwicklung zwischen diesen Schritten im Detail analysieren kannst. Das ist besonders relevant im Hinblick auf viele A/B-Testideen, da verschiedene Heuristiken unser Verhalten in den verschiedenen Schritten ansprechen. Um Wirkung und Potenzial zu überprüfen, ist es daher entscheidend, auch auf diese Schritte zu achten. Wenn beispielsweise nach dem Hinzufügen eines Artikels zum Warenkorb kein anschließender Checkout erfolgt, deutet das beispielsweise darauf hin, dass es an einer gewissen Dringlichkeit mangelt. Der Nutzer hat ein gesteigertes Kaufinteresse, denkt aber beispielsweise, er könnte doch einfach morgen bestellen und vergisst sein Vorhaben dann eventuell. Dem könntest du begegnen, indem du Verlustaversion triggerst. Baust du in einem entsprechenden A/B-Test zum Beispiel einen Hinweis ein, der besagt, dass ein Artikel nur noch für kurze Zeit verfügbar ist, kannst du den Einfluss eines solchen Tests genau an dieser Stelle messen, da die Anzahl der folgenden Check-outs steigen sollte.

Der Grund könnte aber auch ein ganz anderer sein. Vielleicht ist der Kunde einfach noch unentschlossen, ob er das passende Produkt gewählt hat, oder er braucht weitere Informationen zur Lieferung. Bei Unentschlossenheit kannst du etwa die Cheering-Taktik einsetzen.

Unter **Cheering** versteht man, dass du deinen Kunden eine positive Bestätigung gibst, dass sie mit ihrem Kauf auf dem richtigen Weg sind. Das Prinzip kennst du von Fußballspielen: Das Publikum wird als zwölfter Mann bezeichnet, weil es mit seinem Jubel und der lautstarken Unterstützung für seine Lieblingsmannschaft hinsichtlich der Motivation den entscheidenden Ausschlag geben kann.

Auf ähnliche Weise kannst du deinen Nutzern kleine Hinweise geben, die als direkte Reaktion auf das Verhalten deiner Nutzer erfolgt. Bereits die Verwendung von Häkchen fällt in die Kategorie des Cheering – so haben deine Nutzer das Gefühl, dass sie etwas richtig machen, wenn sie ein Produkt oder eine Produktvariation auswählen. Wie bei vielen Dingen liegt der Teufel auch bei deinem E-Commerce-Funnel im Detail. Mit dem richtigen Tracking lassen sich aber selbst die kleinsten Details genau identifizieren, um gezielt an den Stellen mit dem größten Potenzial zu arbeiten.

Interne Suche

Ein äußerst bedeutsamer Aspekt innerhalb der Analyse ist die Auswertung der internen Suchfunktion, sofern ihr eine solche auf eurer Seite integriert habt. Hierbei geht es nicht nur darum, die bloße Nutzung der Suche zu erfassen, sondern auch ihren Einfluss auf das weitere Kaufverhalten nachzuweisen. Es ist insbesondere wichtig, die Conversion Rate ins Verhältnis zur Nutzung der Suche zu setzen. Dabei können Unterschiede je nach Endgerät und Suchbegriff auftreten.

Auf einer herkömmlichen Shoppingplattform, auf der Bekleidung und Schuhe angeboten werden, ist die Nutzung der Suche oft moderat und die Conversion Rate über die Suchfunktion, niedriger. Der Kunde findet mit etwas Glück die gesuchte Kategorie, zum Beispiel »Polo-T-Shirts«, aber unter Umständen kein weißes Polo-T-Shirt, das seinem Modegeschmack entspricht. Der Schwerpunkt liegt hier eher auf dem Durchstöbern und dem Entdecken von Produkten.

Im Gegensatz dazu weist ein Zubehörhändler für Autos oft eine stark ausgeprägte Nutzung der Suchfunktion auf. Hier benötigt der Kunde nicht irgendeinen Ölfilter, sondern einen spezifischen RIDEX 7O0079 Anschraubfilter und nichts anderes. Wenn der Kunde genau diesen Ölfilter mithilfe der Suche schnell findet, ist die Wahrscheinlichkeit sehr hoch, dass er ihn auch bestellt. Dementsprechend ist die Conversion Rate in diesem Fall für eine Suche nach Ölfilter »RIDEX 7O0079« vermutlich höher als die Conversion Rate für die Suche nach »weißes Polo-T-Shirt« im Vergleichsshop.

Eine weitere Möglichkeit bietet die Analyse der Suchnutzung nach Gerätetypen, um mögliche Auffälligkeiten zu erkennen, oder die Betrachtung der Suchbegriffe selbst: Indem du die Begriffe auswertest, kannst du mögliche Lücken im Sortiment aufdecken. Angenommen, du betreibst einen Onlineshop für Elektronikartikel. Dein Onlineshop hat eine breite Produktpalette, die von Fernsehern über Lautsprecher bis hin zu Haushaltsgeräten reicht. Während der Analyse der Suchbegriffe stellst du fest, dass viele Kunden nach Begriffen wie »Smart-Home-Beleuchtung« oder »Smart-Home-Sicherheit« suchen, obwohl diese Produkte bisher nicht explizit in eurem Sortiment enthalten sind. Eventuell schlussfolgerst du, dass es Zeit ist, das zu ändern.

Verknüpfung von Google Analytics und A/B-Testing

Für die bisher erwähnten Analysemethoden benötigst du ausschließlich Analytics. Die erfolgreichsten Onlineshops verknüpfen Analytics allerdings auch noch mit A/B-Testing-Tools, um das volle Optimierungspotenzial auszuschöpfen.

A/B-Testing-Tools bieten dir verschiedene Möglichkeiten, um Analytics und A/B-Tests miteinander zu verbinden und die Daten und Erkenntnisse deiner Experimente auch im Analytics-Tool verfügbar zu machen. Durch die Verbindung dieser beiden Ebenen kannst du zum Beispiel A/B-Tests durchführen, um die Effektivität von verschiedenen Call-to-Action-Buttons zu testen. Das A/B-Testing-Tool verfolgt die Leistung der unterschiedlichen Versionen des Buttons, während Google Analytics Daten darüber liefert, wie eure Nutzer mit den verschiedenen Versionen interagieren.

Im Detail heißt das, dass du im A/B-Testing-Tool aggregierte Daten siehst und ablesen kannst, welche Variante des Buttons hinsichtlich eurer Ziele besser funktioniert. Nehmen wir an, der Button soll eure Nutzer dazu motivieren, sich für ein kostenloses Webinar anzumelden. Je nachdem, wie der Button gestaltet ist und welchen Text du verwendest, fällt die Anmelderate höher oder niedriger aus. Das misst das A/B-Testing-Tool.

Im Analytics-Tool siehst du nicht nur aggregierte Daten, sondern kannst dir auch einzelne Sessions ansehen und so ein differenziertes Bild bekommen, inwiefern sich eure Nutzer anders verhalten haben, je nachdem, welchen Call-to-Action-Button sie gesehen haben. Zudem kannst du dir einzelne Bestellungen ansehen und beispielsweise Bestellungen mit einem außerordentlich hohen Bestellwert von der Testbewertung ausschließen. So verhinderst du, dass solche Ausreißer das Bild verfälschen. Ebenso kannst du mit sogenannten Heavy Users verfahren, die besonders oft eure Webseite besuchen und viele Sessions oder Bestellungen generiert haben. Auch diese kannst du im Analytics-Tool erkennen und für ein saubereres Bild ausschließen.

Die beiden Methoden zu verknüpfen ist ratsam, da Analytics-Tools oft tiefere Einblicke bieten können als die A/B-Testing-Tools selbst, vor allem wenn es darum geht, im Anschluss an einen A/B-Test zu verstehen, warum eine bestimmte Variante besser oder schlechter funktionierte.

Videokurs: Was du über Data Analytics im E-Commerce wissen musst

In diesem Abschnitt unseres Videokurses tauchen wir mit dir in die strategische Datenanalyse ein und befassen uns mit Strukturen für effektives Tracking. Nach einigen wichtigen Grundlagen behandeln wir den Bereich der Analysen und schaffen so das vorausgesetzte Verständnis von und für deine Daten.

In Verbindung damit wollen wir uns die Kunst des strategischen Vorgehens erschließen. Welche Potenziale und Erkenntnisse lassen sich in deinen Daten finden? Wo liegen die größten Potenziale? Und wie können wir über quantitative Analysen mit ihnen reale Mehrwerte schaffen? Schritt für Schritt tauchen wir tiefer in die verschiedenen Datenfacetten und erarbeiten uns dabei sowohl Verständnis als auch Sicherheit im Umgang mit komplexen Datenmengen. Dabei ist unser Blick immer auf einen maximalen Praxisbezug gerichtet, sodass du mit den Informationen dieses Kursteils unmittelbare Erfolge für deinen Alltag ableiten kannst: https://l.leap.de/teil3.1

SCAN MICH
Wenn du mehr über die Strukturen für effektives Tracking erfahren willst, dann geht es hier zum weiterführenden Videokurs.

2 Probleme mit einer Expertenevaluation aufdecken

Nachdem du im vorherigen Kapitel die quantitative Analyse kennengelernt und dabei wertvolle Einblicke gewonnen hast, ist es nun an der Zeit, die Lupe noch genauer anzulegen. Du hast festgestellt, dass an bestimmten Knotenpunkten eurer Customer Journey scheinbar Hürden auftreten. Die Daten haben dich beispielsweise darauf hingewiesen, dass der Warenkorb ein potenzielles Labyrinth darstellt, in dem jeder fünfte Kunde auf Nimmerwiedersehen verloren geht. Jetzt geht es darum, diese Erkenntnisse zu vertiefen und die Ursachen hinter den Zahlen zu enthüllen.

Im nächsten Abschnitt unseres Masterplans betreten wir deshalb das Terrain der Psychologie. Hierbei bedienen wir uns der heuristischen Analyse, einer Methode, die Expertenevaluationen und Hypothesenbildung kombiniert. Wenn die Datenanalyse gezeigt hat, dass es im Bereich des Warenkorbs ein Problem gibt, stellst du dir die Frage nach dem »Warum«: Was steckt dahinter? Welche psychologischen Faktoren tragen dazu bei, dass Nutzer an bestimmten Stellen im Nirwana verschwinden? Das heißt, du identifizierst nicht nur den Ort des Problems, sondern willst auch die tiefgreifenden Ursachen verstehen. Mach dich bereit, dich in die Welt des Kunden einzufühlen und die verborgenen Muster hinter dem Offensichtlichen zu entdecken.

Wie Menschen Entscheidungen treffen

Personen kaufen Produkte aus einem bestimmten Grund – weil sie sich davon eine bestimmte Lösung versprechen oder weil Bedürfnisse oder Ängste sie dazu treiben. Genau hier setzt unsere Methode an: Indem du dich in die Köpfe eurer potenziellen Kunden hineinversetzt und ihre Hoffnungen und Befürchtungen verstehst, kannst du gezielt Maßnahmen ergreifen, um sie zum Kauf zu motivieren.

Probleme aus der Kundenperspektive verstehen

Für den erfolgreichen Start in eine solche Evaluation beginnen wir mit einem Perspektivwechsel: Nimm bewusst die Position eurer Kunden und ihre Perspektive ein. Indem du selbst zum Kunden wirst, verstehst du besser, welche Anwendungsfälle relevant sind, welche Hoffnungen die Kunden mitbringen und welche Ängste sie möglicherweise haben. Dazu einige Überlegungen:

- **Anwendungsfälle:** Warum interessiere ich mich für das Produkt? Welche konkreten Situationen oder Bedürfnisse führen mich dazu, die Webseite zu besuchen? Möchte ich eine Hose kaufen, weil meine alte nicht mehr passt oder weil sich der Trend gewandelt hat?
- **Hoffnungen und Erwartungen:** Welche Hoffnungen verbinde ich mit dem Produkt? Hoffe ich, mit einer neuen Hose mein Outfit für ein Date abzurunden? Bin ich eher an niedrigen Versandkosten interessiert?
- **Ängste und Bedenken:** Welche Ängste könnten mich davon abhalten, das Produkt zu kaufen? Habe ich Bedenken, dass die Hose nicht passen könnte? Fürchte ich, dass die Bestellung nicht rechtzeitig bei mir zu Hause ankommt? Sorge ich mich um die Qualität oder Nachhaltigkeit des Materials?

Indem du dich in die Schuhe eurer Kunden begibst und ihre Erfahrungen nachempfindest, entwickelst du ein besseres Verständnis für ihre Bedürfnisse und Herausforderungen. Das wiederum ermöglicht es dir, gezielt an der Optimierung eurer Webseite zu arbeiten und eine bessere Benutzererfahrung zu schaffen. Manche Probleme auf einer Webseite lassen sich eben nicht vollständig verstehen, bis du sie selbst erlebt hast. Daher ist es von unschätzbarem Wert, tatsächlich zum Kunden bei euch zu werden. Bestell ein Produkt und durchlaufe den gesamten Prozess der Customer Journey.

Oftmals verhältst du dich allerdings nicht wie ein Erstkunde, wenn du euren eigenen Shop betrachtest, schließlich kennst du ihn schon. Du überspringst bestimmte Schritte, wie beispielsweise die Versandbedingungen oder die Auswahl der Zahlungsmethode. Ein hilfreicher Trick besteht daher darin, zunächst bei der Konkurrenz zu bestellen, da du dort den Bestellprozess noch nicht aus dem Effeff kennst. Dadurch wird dir eher bewusst, welche Fragen du dir an welcher Stelle des eigenen Bestellprozesses stellen musst. Kauf dabei natürlich nur etwas Kleines, Billiges. Es ist doch schließlich die Konkurrenz.

Durch den Kauf in einem anderen Shop erhältst du einen frischen Blick auf den Bestellvorgang. Die dort gewonnenen Erkenntnisse kannst du anschließend auf euren eigenen Shop übertragen. Wenn du dann bei euch bestellst, erhältst du eine neue Perspektive und deckst Probleme auf, die dir sonst vielleicht entgangen wären. Das ist eine praktische Methode, um sicherzustellen, dass euer Shop den Kundenbedürfnissen optimal gerecht wird und ein reibungsloses Einkaufserlebnis bietet.

Allerdings gilt auch hier wieder, dass eure Webseite auf euch, euer Angebot und eure Zielgruppe zugeschnitten sein muss. Inspirationen holen bei der Konkurrenz – ja. Vorgänge kopieren – nein.

Angenommen, dein Unternehmen verkauft Möbel online. Du bist dir bewusst, dass alle Möbel eurer Firma so verpackt werden, dass sie den Standardmaßen in deutschen Treppenhäusern entsprechen und problemlos vom Spediteur bis in den höchsten Stock transportiert werden können. Diese Information siehst du als selbstverständlich an. Daher ist dir auch nicht aufgefallen, dass sie auf eurer Produktdetailseite nicht erwähnt wird. Dein potenzieller Kunde kennt diese Details aber nicht und könnte den Kauf abbrechen, weil er sich nicht sicher ist, ob das Sofa durch sein Treppenhaus passt, da er nicht weiß, wie breit die Verpackung sein wird.

Sobald du bei der Konkurrenz bestellst, stellst du dir diese Fragen schon eher. Da du nicht im Voraus weißt, wie die Konkurrenz ihre Möbelstücke verpackt und liefert, suchst du nach dieser Information. Erst dadurch fällt dir auf, wie wichtig es ist, diese Frage auch auf eurer Webseite vorwegzunehmen und zu beantworten.

Fogg-Behaviour-Modell

Es gibt vielfältige Aspekte, die die Kaufentscheidung eurer Kunden beeinflussen. Das Fogg-Behaviour-Modell, entwickelt vom renommierten Verhaltensforscher Dr. B. J. Fogg, bietet dir einen Rahmen, um zu verstehen, unter welchen Bedingungen Menschen aktiv werden und handeln und wann nicht. Das Modell identifiziert drei

Hauptfaktoren, die das menschliche Verhalten beeinflussen: Motivation, Fähigkeit und Auslöser. Laut diesem Modell tritt das gewünschte Verhalten auf, wenn die drei Elemente gleichzeitig vorhanden sind.[14]

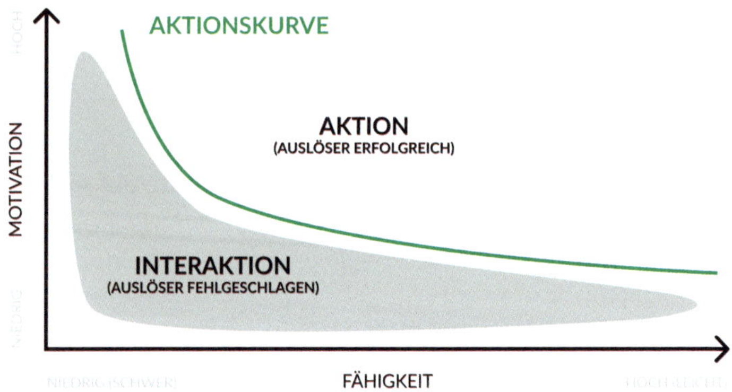

Abb. 15: Das Fogg-Behaviour-Modell beschreibt das Zusammenspiel von Motivation, Fähigkeit (Ability) und Auslöser (Trigger).

Gemäß dem Modell wird eine Tätigkeit auch dann ausgeführt, selbst wenn jemand nicht gerade darauf brennt, solange die Handlung für die Fähigkeiten der Person einfach genug ist. Auf der anderen Seite reichen auch begrenzte Fähigkeiten aus, um das gewünschte Verhalten hervorzurufen, wenn die Motivation hoch genug ausfällt. Wir kennen das alle, wenn man zum Beispiel beim ersten Date mit seinen Kochkünsten beeindrucken möchte. Dann willst du unbedingt dieses eine spezielle Gericht kochen, das auf *Chefkoch.de* so gut bewertet ist, und ignorierst, dass deine Fähigkeiten vielleicht für Béchamelsauce doch nicht ausreichen. Trotz aller Herausforderungen bleibst du entschlossen bei der Sache und schaffst es, dein Date zu beeindrucken – Motivation triumphiert über begrenzte Fähigkeiten.

Auf ähnliche Weise lässt sich das Fogg-Behaviour-Modell auf das Verhalten eurer Kunden anwenden. Ein konkretes Beispiel dafür könnte die Anmeldung zu einem Newsletter sein:

[14] https://behaviormodel.org/, aufgerufen am 20.04.2024 um 13:29 Uhr

Beispiel Motivation: Ein Besucher der Webseite ist dazu motiviert, sich beim Newsletter anzumelden, weil du ihm im Gegenzug exklusive Angebote versprichst. Die Motivation wird durch Hoffnungen auf Rabatte beeinflusst und dann kümmert es ihn auch nicht, dass er die Anmeldung noch einmal separat bestätigen muss.

Beispiel Fähigkeit: Ein Kunde meldet sich für den Newsletter an, weil der Anmeldeprozess leicht zu verstehen und auszuführen ist und nur wenige Sekunden in Anspruch nimmt.

Beispiel Auslöser: Eine Pop-up-Benachrichtigung fordert den Besucher zum Abonnieren des Newsletters auf und bietet einen Rabattcode im Austausch für die Anmeldung zum Newsletter an.

In diesem Beispiel zeigt das Fogg-Behaviour-Modell, wie Motivation, Fähigkeit und Auslöser zusammenwirken, um das gewünschte Verhalten, nämlich die Anmeldung zum Newsletter, zu beeinflussen. Ein klarer Anmeldeprozess, der leicht verständlich ist, kombiniert mit einem attraktiven Angebot und einem deutlichen Auslöser, erhöht die Wahrscheinlichkeit, dass Besucher sich für den Newsletter anmelden.

Indem du das Modell anwendest, verstehst du besser, warum Nutzer bestimmte Aktionen auf deiner Webseite (nicht) ausführen. Du analysierst in dem Zusammenhang, welche Motivationen sie antreiben, welche Fähigkeiten sie besitzen und welche Auslöser sie beeinflussen. Auf dieser Grundlage kannst du gezielte Maßnahmen ergreifen, um das gewünschte Verhalten zu fördern und die Nutzererfahrung zu verbessern. Weil sie so wichtig sind, lass uns genauer auf die drei Einflussfaktoren – Motivation, Fähigkeiten, Auslöser – eingehen:

Motivation

Jeder Mensch hat eine andere Motivation. Der innere Antrieb einer Person bestimmt darüber, ob eine Handlung ausgeführt wird oder nicht. Vielleicht möchte jemand ein Produkt kaufen, weil es ein bestimmtes Versprechen erfüllt oder weil es seine Bedürfnisse befriedigt. Die Art der Motivation kann stark variieren. Beispielsweise erfolgt der Kauf einer neuen Druckerpatrone meist aus verhältnismäßig rationalen Gründen – dem Drucker ist die Farbe ausgegangen und der Kunde möchte ein Dokument ausdrucken. Trotzdem spielen selbst bei einem vergleichsweise rationalen Einkauf wie einer Druckerpatrone Emotionen eine Rolle. Der Kunde möchte sichergehen, dass die Druckerpatrone mit seinem bestehenden Drucker funktioniert. Er entscheidet sich letzten Endes vielleicht doch für die Originalpatrone, aus Angst, dass die günstigeren Patronen anderer Anbieter am Ende nicht kompatibel sind und womöglich seinen Drucker ruinieren. Außerdem überlegt der Kunde, ob er nicht gleich auf Vorrat kaufen soll, um sich den Aufwand beim nächsten Mal zu sparen, gleichzeitig sorgt er sich aber auch, dass dann die Druckerpatronen austrocknen, wenn er sie zu Hause lagert. Selbst eine vergleichsweise standardisierte Druckerpatrone kann also eine ganze Kette an Ängsten und anderen Emotionen auslösen und so manchen Kunden in ein Wechselbad der Gefühle stürzen – vielleicht braucht er die Druckerpatrone ja auch, um den Kaufvertrag für sein Eigenheim auszudrucken!

Im Bereich der Kleidung oder der Verbrauchsgegenstände spielen emotionale Gründe noch eine viel größere Rolle. Vielleicht kauft jemand eine neue Jeans, weil er keine Hose mehr hat – eine ganz praktische Motivation. Möglich ist aber auch, dass den Kunden die Hoffnung antreibt, beim nächsten Date oder Meeting einen besseren Eindruck zu hinterlassen. Dann besteht ein bewährter Ansatz darin, diese Hoffnungen zu untermauern. Durch das Schaffen von Vertrauen und das Ansprechen emotionaler Bedürfnisse senkst du die Hemmschwellen und ebnest den Weg zum Kauf.

Beachte dabei Folgendes: Die Psychologie lehrt uns, dass Angst ein deutlich stärkerer Motivator ist als Hoffnung.[15] Der Drang, etwas zu vermeiden oder sich von etwas Negativem zu distanzieren, hat weitreichendere Effekte als die Hoffnung auf ein positives Ergebnis.

[15] Daniel Kahneman und Amos Tversky: Prospect Theory: An Analysis of Decision under Risk. The Econometric Society, 1979. https://doi.org/10.2307/1914185, aufgerufen am 04.06.2024 um 15:59 Uhr

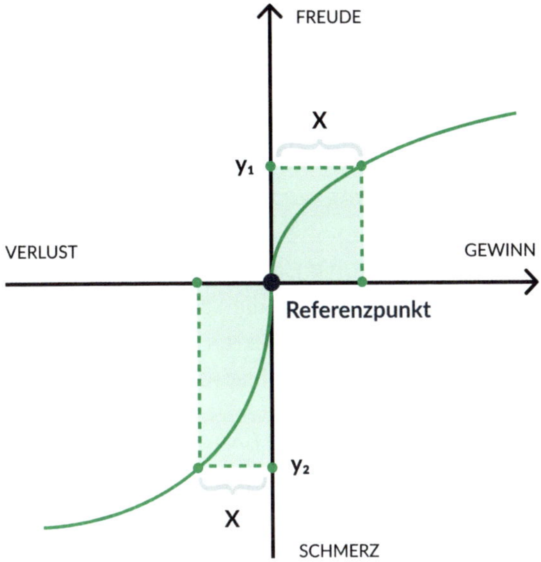

Abb. 16: Schmerz beeinflusst die Motivationskurve stärker als Hoffnung.

Somit ist es entscheidend, diese emotionalen Triggerpunkte zu erkennen und in deine Strategien einzubeziehen. Damit meinen wir nicht, dass du deine Kunden in Weltendstimmung versetzen sollst, damit sie ihr gesamtes Erspartes in deinem Shop lassen. Sieh dir lediglich an, an welchen Stellen es sinnvoll ist, gezielt Emotionen zu wecken, um dem Kunden die Kaufentscheidung zu erleichtern. Kunden möchten sich sicher fühlen, dass sie die richtige Entscheidung treffen, ohne dabei Zeit oder Geld zu verschwenden. Ein ausgewogenes Zusammenspiel von Hoffnung und Angst trägt zu einer positiven und vertrauensvollen Kauferfahrung bei.

Fähigkeit

Bei der Frage nach den Fähigkeiten geht es darum, wie leicht oder schwer es für eure Kunden ist, eine bestimmte Handlung auszuführen. Klicken sie zum Beispiel auf »Jetzt kaufen«, bezahlen und bekommen das gewünschte Softwareprodukt in Sekundenschnelle? Oder tut sich zwischen ihnen und dem neuesten *Adobe Photoshop* eine digitale

Chinesische Mauer auf? In vielen Fällen kommt es zu Hürden, die dem Kunden den Weg zum Kaufabschluss versperren. Dann kann der Kunde noch so motiviert sein; wenn der Kaufprozess zu kompliziert oder unübersichtlich ist, wird er ihn wahrscheinlich nicht abschließen.

Die Fähigkeit, eine Handlung auszuführen, ist also genauso wichtig wie die Motivation. Stell dir vor, ein Kollege hat dir ein neues Fotobearbeitungsprogramm empfohlen, das dir bei deiner Hobbyfotografie viel Zeit ersparen könnte. Du rufst die Webseite auf, voller Interesse, die Software zu verstehen und im besten Fall zu bestellen. Aber leider stolperst du verloren über die Webseite, findest nicht die richtigen Informationen und verstehst nicht, welches der fünf Abo-Modelle für dich nun das passende ist. Du weißt noch nicht einmal, ob sie mit deinem Betriebssystem funktioniert oder nicht. Als du dich aus purer Verzweiflung für das zweitgünstigste Abo entschieden hast, siehst du im Check-out, dass dein Kreditkartenanbieter nicht akzeptiert wird, du hast aber keine andere Kreditkarte zur Hand. Deine Fähigkeit zu bezahlen ist also schlichtweg nicht gegeben. Nach 27 Minuten Verwirrung, die sich mindestens doppelt so lang angefühlt haben, ziehst du schließlich unvollendeter Dinge von dannen. Da hättest du stattdessen auch eine komplette Folge Californication anschauen können. Frustrierend, oder? Ein klarer Fall, wie die Komplexität einer Webseite dazu führt, dass Kunden den Kaufprozess aufgrund mangelnder Fähigkeiten abbrechen.

An vielen Punkten im Laufe der Customer Journey muss die Motivation besonders hoch sein, damit der Kunde trotz technischer oder sonstiger Herausforderungen dranbleibt. Ansonsten folgt der Abbruch. Du hast sicher selbst bereits erlebt, dass du einen Onlinekauf abbrichst, weil in irgendeinem Schritt Informationen von dir gefordert werden, die du entweder nicht zur Hand hast oder die dich einfach nur nerven, weil sie dir überflüssig erscheinen.

Wenn der Prozess dagegen reibungslos verläuft, ist der Kauf ein Kinderspiel. Du klickst dich durch, wählst deine bevorzugte Zahlungsmethode und der Kauf ist im Nullkommanichts abgeschlossen.

> **Je zügiger und unkomplizierter der Prozess, desto geringer ist die Wahrscheinlichkeit, dass eine Bestellung abgebrochen wird.**

In der Offlinewelt ist das anders. Wenn du einen Laden besuchst, investierst du Zeit und Energie, um dorthin zu gelangen und das zu finden, was du suchst. Selbst wenn das gesuchte Produkt nicht verfügbar ist, tendierst du dazu, etwas Ähnliches zu kaufen, um das Gefühl des Erfolgs zu haben, nachdem du bereits deine Zeit für die Anfahrt investiert hast.

Online hingegen entfällt das. Du hast bei Weitem nicht so viel Aufwand und Zeit oder Energie investiert und praktisch keine Opportunitätskosten. Es ist leicht, zurück zu *Google* zu gehen und bei einem anderen Anbieter zu bestellen, wenn der beispielsweise deine bevorzugte Zahlungsmethode oder Versandart anbietet.

Die Entscheidungsfindung geschieht online also viel einfacher und schneller. Diese Einfachheit setzt sich idealerweise auf der Webseite selbst fort. Das Ziel sollte sein, die Webseite so einfach und benutzerfreundlich wie möglich zu gestalten, sodass sie wenig Fähigkeiten vom Kunden fordert. Selbst bei technisch hochkomplexen Produkten sollte das Produkt zumindest im Überblick so simpel wie möglich zusammengefasst sein. Schließlich ist oft der Entscheider nicht gleichzeitig der Anwender des Produkts. Ein Beispiel dafür könnte sein, dass ein Produkt von einem Office-Manager bestellt, aber tatsächlich vorrangig vom Rest des Teams genutzt wird. Beispielsweise bestellt der Office-Manager jede Menge Stifte, Ordner und ähnlichen Bürobedarf. Die Webseite eines entsprechenden Anbieters sollte sich also nicht vorrangig an einzelne Mitarbeiter richten, die für sich bestellen, sondern an Office-Manager.

Jeder Kunde möchte ein Einkaufserlebnis, das mühelos und intuitiv ist. Er möchte sich entspannt zurücklehnen können, während er sich durch den Bestellprozess navigiert. Beim idealen Einkaufserlebnis – insbesondere, wenn es sich um eine Kommodität wie Schuhe handelt – entspannt der Kunde und könnte theoretisch nebenbei sogar mit einem Freund plaudern, während er seine neuen Lieblingssneaker auswählt und bestellt.

Stell dir also vor, der Kunde stößt auf deinen Onlineshop, der mit übersichtlichem Layout und klaren Informationen begeistert. Innerhalb von Sekunden findet er, was er sucht, überprüft die Versandkosten, sieht, dass alles passt, und klickt auf »Zur Kasse«. Er wählt seinen gewohnten Zahlungsanbieter, wodurch Zahlungsinformationen und Adresse automatisch übernommen werden. In weniger als einer Minute ist der Kauf abgeschlossen und das Produkt kurz darauf auf dem Weg zu ihm. Das ist das ideale Einkaufserlebnis, das du deinen Kunden bieten solltest.

Auslöser

Nun haben wir uns Motivation und Fähigkeiten angeschaut – bleibt nur noch der Auslöser. Ohne den geht es nicht. Auslöser oder Reiz bringen den Kunden dazu, eine Handlung auszuführen. Auslöser gibt es dabei allerhand. Hier unterscheiden wir zwischen internen und externen Auslösern.

Externe Auslöser

Hierunter fallen insbesondere Rabatte und Belohnungen. Ein wirksamer Weg, einen Kunden zum Kauf zu bewegen, ist zum Beispiel die Nutzung von Belohnungssystemen, wie beim *McDonald's* Monopoly. Das ist eine immer wiederkehrende Werbeaktion, die dem Spiel Monopoly nachempfunden ist und bei der die Kunden Spielmarken mit bestimmten Menüpunkten erhalten, die sie einlösen können. Die Aussicht darauf, tolle Preise zu gewinnen, hat vielleicht auch dich dazu verleitet, mehr Big Macs, Milchshakes oder Cola zu kaufen, als du es normalerweise tun würdest, nur um an der Aktion teilzunehmen.

Belohnungssysteme können auch online effektiv eingesetzt werden, um die Kaufmotivation zu steigern. Sieh dir nur die vielen Gutscheine oder Rabatte an, als Belohnung für bestimmte Aktionen, wie die Anmeldung zu einem Newsletter. Ein Pop-up bietet dir womöglich einen reduzierten Preis, wenn du den Kaufprozess sofort abschließt. Die Aussicht auf einen Rabatt erhöht die Dringlichkeit für den Nutzer, die Kaufentscheidung schneller zu treffen und nicht damit zu warten.

Reize und externe Auslöser im Kaufprozess beeinflussen sowohl die kurzfristige Kaufentscheidung als auch die langfristige Kundenbindung. Durch gezielte Belohnungssysteme und Angebote motivierst du eure Nutzer zum Kauf und zur Markentreue.

Interne Auslöser

Darunter versteht man, dass beim Nutzer ein konkreter Bedarf für ein Produkt besteht, er das Produkt also wirklich braucht. Ein Beispiel wäre, dass ein Kunde sich daran erinnert, dass morgen der Geburtstag seiner Partnerin ist und er schnell online geht, um einen Spa-Gutschein zu bestellen. Der Bedarf muss nicht dringend sein, ein anderes Beispiel könnte sein, dass jemand Urlaub eingereicht hat und sich nun auf die Suche nach passenden Angeboten macht, um in einem halben Jahr drei Wochen in der Sonne zu verbringen.

Zusammenfassend zum Fogg-Behaviour-Modell ist es gut zu wissen, dass alle drei Faktoren – Motivation, Fähigkeiten und Auslöser – gegeben sein müssen, damit es zu einer Aktion kommt. Durch das Abbauen von Barrieren und die Befähigung des Nutzers sowie dem Liefern von Anreizen machst du Handlungen wahrscheinlicher oder unwahrscheinlicher, je nachdem, was du anstrebst.

Leitfragen für eine Expertenevaluation

Was kannst du neben der Steigerung der Motivation tun, damit die Wahrscheinlichkeit einer Conversion steigt? Es gibt grundsätzliche Fragestellungen, auf die eure Webseite klare Antworten bieten muss, um in der digitalen Welt mitzuspielen. Wie das Fundament eines Hauses muss das Fundament einer Webseite solide sein, um das gesamte Konstrukt zu stützen. Die folgenden sieben Fragen treiben deinen Kunden im Kaufprozess um. Dementsprechend sollte deine Webseite immer eine gute Antwort auf sie liefern:

Bin ich hier richtig?

Hier geht es darum, dass die Navigation durch den Kaufprozess für den Nutzer stimmig ist. Ein Negativbeispiel dafür wäre, dass der Webseitenbesucher auf »Jetzt kaufen« klickt und erst einmal auf einer Seite landet, wo im Detail die Produktvorteile erläutert werden, anstatt direkt auf der Seite anzukommen, wo er seine Bestellung tätigen kann. Während der gesamten Customer Journey soll der Besucher das Gefühl haben, dass er wie ein Schiff auf ruhiger See in Richtung Hafen steuert, und sich möglichst nie verloren fühlen.

Warum sollte ich hier bleiben?

Der Bestellprozess sollte den Besucher in Bann halten, sodass er stets weiß, warum er sich in welchem Schritt befindet. Wenn der Webseitenbesucher beispielsweise als Privatkunde bestellt und auf einmal im Check-out-Prozess erläutert wird, wie Geschäftskunden Zugang zu Sonderkonditionen für Unternehmen erhalten, ist das für den Nutzer nicht relevant. Durch möglichst relevante Informationen, die den Nutzer wie Leitplanken zum Warenkorb und Kaufabschluss lenken, minimierst du die Abbruchquote.

What's in it for me?

Der Besucher der Webseite fragt sich zu Beginn des Kaufprozesses vor allem: Bietet mir dieses Produkt einen klaren Mehrwert? Die Webseite muss deshalb die Unique Selling Proposition (USP) klar verständlich auf den Punkt bringen. Was macht das Produkt kaufenswert? Niemand kauft gerne die Katze im Sack, außer es handelt sich um ein Lotterieticket. Und selbst bei dem erfährst du genau, mit wie vielen Chancen du am Spiel teilnimmst, welche Gewinnwahrscheinlichkeit besteht und wie hoch der Jackpot ist.

Ein Beispiel für die Auswirkungen einer klaren Überschrift ist der Fall eines LEAP/-Kunden aus dem SaaS-Bereich. Zunächst hatte die Webseite eine generische Überschrift, die besagte, dass ihre Software dabei helfe, Thumbnails für *YouTube* selbst auszuwählen. Diese Formulierung umschrieb die Vorteile des Produkts nur sehr unklar.

Durch die Durchführung eines A/B-Tests stellte der Betreiber fest, dass eine klare Überschrift die Anmelderate zum Testen des Softwareproduktes um 400 Prozent steigerte. Statt einer generischen Aussage – »Mit dieser Software kannst du Thumbnails für *YouTube* selbst auswählen« – erfuhren Besucher der Webseite nun: »Mit einem guten Thumbnail erhöhst du deine Klickraten um 300 Prozent!« Hier wird direkt klar, welchen Mehrwert das Produkt bietet. Das weckt das Interesse der Nutzer, die nach genau diesem Mehrwert suchen.

Kann ich der Seite vertrauen?

Nutzer besuchen am liebsten vertrauenswürdige und zuverlässige Webseiten, ja, sogar bei Pornografie, insbesondere dann, wenn sie Geld für etwas ausgeben. Viele Dinge können das Vertrauen in deine Seite untergraben.

Wenn du anhand von Umfragen und Absprungraten bemerkst, dass eure Nutzer nicht ausreichend Vertrauen haben, stellst du dir zunächst die Frage: Fehlt das Vertrauen in eure Marke beziehungsweise eure Webseite an sich oder in eure Produkte?

Ein Beispiel für mangelndes Vertrauen in euren Onlineshop generell wäre, wenn die Rücksendebedingungen auf eurer Webseite nur schwer zu finden sind. Ist ein Nutzer besorgt, dass das Produkt nicht passt, kann aber die Rücksendebedingungen nicht finden, wird er das Risiko des Kaufs wahrscheinlich nicht eingehen.

Ein Positivbeispiel in diesem Kontext ist die Nutzung des »For-Free-Effekts«, bei dem die Rücksendung kostenlos ist. Das schafft Vertrauen, da der Nutzer weiß, dass er keine zusätzlichen Kosten tragen muss, falls er mit dem Kauf nicht zufrieden ist. Transparente Kommunikation und klare Informationen stärken das Vertrauen der Kunden und erhöhen die Wahrscheinlichkeit, dass sie auf der Seite bleiben und konvertieren.

Wenn du hingegen feststellst, dass eurer Marke vertraut wird, den Produkten aber nicht, stellt sich die Frage, wie du das Vertrauen in euer Sortiment gezielt erhöhen kannst. Solltest du Kundenbewertungen hinzufügen, Testimonials verwenden, die Anzahl der Verkäufe anderer Kunden anzeigen oder Social-Media-Follower präsentieren? Das können alles Möglichkeiten sein, je nach Kundengruppe. In anderen Fällen hilft auch die Einbindung von Studien, die beispielsweise die Effektivität eines Produkts bestätigen. Ganz klassisch stellt auch eine Geld-zurück-Garantie bei Unzufriedenheit einen hilfreichen Schlüssel dar, um euren Nutzern zu verdeutlichen, dass sie kein Geld verschwendet haben, falls ihnen die Produkte nicht zusagen. Es gibt unzählige Möglichkeiten, das Vertrauensproblem anzugehen, aber nur manche werden funktionieren. Daher ist es wichtig, herauszufinden, welche Variante sich am besten für eure Zielgruppe eignet.

Kann ich dem Claim vertrauen?

Eure Webseite stellt verschiedene Claims auf, also bestimmte Versprechen. Wenn eine hohe Vergleichbarkeit gegeben ist, geht es vordergründig darum, dass sich die Eigenaussage mit der anderer Suchergebnisse deckt. Ein Unternehmen wie *MediaMarkt*, das das gleiche Produkt wie ein anderer Elektronikfachhandel verkauft, setzt auf den Preis als Differenzierungsmerkmal. Wenn ein solches Unternehmen behauptet, dass ihre Fernseherdie günstigsten sind, sollten Nutzerrecherchen bei der Konkurrenz diesen Claim decken.

Bei einzigartigen, weniger leicht vergleichbaren und komplexeren Produkten geht es eher um das Emotionale und das Schaffen eines einzigartigen Wertversprechens, um sich von der Konkurrenz abzuheben. Die Vergleichbarkeit ist deutlich geringer, daher benötigt das Produkt besondere Merkmale, um Kunden zu überzeugen. iPhones, die doppelt so teuer sind wie die Konkurrenzprodukte, müssen eine extra starke emotionale Aufladung haben, um sich zu verkaufen. *Apple* hat es zur Perfektion gebracht, ihre Kunden von ihren Claims zu überzeugen. Das weiß jeder, der schon einmal mit einem überzeugten *Apple*-Nutzer gesprochen hat.

Sind die Produkte gut genug?

Um sicherzustellen, dass die Produkte als attraktiv wahrgenommen werden, müssen sie qualitative Mindestanforderungen erfüllen. Außerdem ist es wichtig, dass auch die Produktbilder die Qualität angemessen vermitteln. Da der Nutzer das Produkt erst dann in den Händen halten wird, wenn er es geliefert bekommt, sollten die Produktbilder die Qualität des Produkts möglichst gut wiedergeben. Eine weitere wichtige Referenz für viele Kunden sind Produktbewertungen, die bestätigen, dass andere Kunden eine positive Erfahrung mit dem Produkt gemacht haben. Solche Kundenbewertungen spiegeln oftmals glaubwürdiger wider, wie lange ein Produkt zum Beispiel hält und wie gut es dem alltäglichen Gebrauch standhält.

Weiß ich, was ich als Nächstes tun soll?

Jegliche Ablenkungen, die den Nutzer vom eigentlichen Conversion-Ziel ablenken könnten, solltet ihr vermeiden. Beispielsweise kann eine falsche Platzierung von Navigationselementen auf einer Webseite dazu führen, dass sich Nutzer nicht sofort orientieren können und unter Umständen auf der Landingpage landen, wo sie doch eigentlich zum Warenkorb wollten. Wenn Nutzer erst nach unten scrollen müssen, um zum Warenkorb zu gelangen, lenkt das vielleicht ihre Aufmerksamkeit von der eigentlichen Kaufabsicht ab und verringert die Wahrscheinlichkeit, dass sie den Kauf abschließen. Daher ist es wichtig, sicherzustellen, dass die Navigationselemente und Buttons klar sichtbar, leicht zugänglich und sinnvoll platziert sind. Nimm deine Kunden an die Hand und führe sie durch den Kauf wie Hänsel und Gretel: Statt sich im finsteren und bitterkalten Wald zu verirren, sollten sie sich auf einer Autobahn mit blinkenden Neonschildern wiederfinden, die sie in die richtige Richtung lenken.

In den bisherigen Kapiteln in diesem Teil hast du erfahren, wie du den Bedürfnissen deiner Nutzer ein großes Stück näher kommst. Das Fogg-Behaviour-Modell ist hierfür nur eines von vielen Modellen, die du zurate ziehen kannst. Es hilft dir, deine Webseite aus Sicht deiner potenziellen und bestehenden Kunden zu sehen – statt von der Webseite ausgehend in Richtung Kunden zu schauen, drehst du den Spieß um.

Das Tolle an all diesen Strategien: Sie sind unglaublich wichtig, aber gleichzeitig nicht sehr kostenintensiv. Mit anderen Worten, du kannst auf ausgesprochen günstige Art und Weise die Nutzererfahrung deutlich steigern. Da du allerdings mit vielen Annahmen arbeitest und einige blinde Flecken nicht zu vermeiden sein werden, ist es wichtig, dass du zusätzlich im direkten Austausch mit den Kunden einen Realitätscheck machst. Wie du dabei am besten vorgehst, erfährst du im nächsten Kapitel.

Videokurs: So deckst du Probleme deiner Nutzer mit einer Expertenevaluation richtig auf

Dieser Kursteil behandelt einen Deep Dive in die menschliche Entscheidungsfindung. Wir zeigen dir anhand unseres internen Frameworks, welches wir für die Problemanalyse unserer E-Commerce-Kunden gemeinsam mit Unternehmen der Top 100 im DACH-Raum entwickelt haben, wie du den Anforderungen deiner Nutzer systematisiert auf den Grund gehst und die Probleme der Nutzer identifizierst, die sie vom Kauf abhalten. Wenn du besser verstehen willst, warum deine Kunden bei dir kaufen oder warum eben nicht, dann solltest du dir das unbedingt ansehen: https://l.leap.de/teil3.2

SCAN MICH
Wenn du besser verstehen willst, warum deine Kunden bei dir kaufen oder warum eben nicht, dann geht es hier zum weiterführenden Videokurs.

3 Probleme mit Hilfe der Nutzer entlarven

Du hast nun bereits Probleme und Potenziale auf deiner Webseite erkannt und evaluiert. Jetzt geht es darum, wie du im direkten Austausch mit deinen Nutzern sowie durch deren Beobachtung noch umfassender in die Welt deiner Nutzer eintauchst. Wir widmen uns also der qualitativen Analyse.

Im direkten Gespräch mit den Nutzern verstehst du ihre Probleme und Präferenzen, Bedürfnisse und Fähigkeiten. Obwohl quantitative Analysen bereits Einblicke in unsere Zielgruppe gewähren, wird erst bei der Umsetzung deiner Ideen deutlich, wie genau eure Zielgruppe »tickt«. Die Verschmelzung von quantitativer und qualitativer Analyse ermöglicht es dir, die Erfolgsaussichten deiner Optimierungsmaßnahmen erheblich zu steigern.

Abb. 17: Fundierte Hypothesen basieren sowohl auf quantitativen als auch auf qualitativen Daten.

Betriebsblindheit vernebelt die Sicht

Die Herausforderung besteht darin, dass dir deine Erfahrung und deine Vertrautheit mit eurer Webseite schlicht die Sicht auf die Bedürfnisse eurer Nutzer verstellt. Betriebsblindheit ist ein Phänomen, das in vielen Unternehmen auftritt, insbesondere wenn es um die Nutzererfahrung geht. Vornehmlich beim eigenen Projekt, an dem man bereits lange Zeit arbeitet, neigen wir alle zum voreingenommenen Blick. Wir haben uns so sehr mit einem System vertraut gemacht, dass wir potenzielle Probleme oder Verbesserungsmöglichkeiten übersehen. Das erleben wir oft mit Kunden, die davon ausgehen, dass alles reibungslos funktioniert, weil sie das System kennen. Sogar ein Selbsttest der Webseite hilft in so einem Fall kaum weiter. Daher ist es entscheidend, die Seite von Personen verwenden zu lassen, die nicht mit den Abläufen vertraut sind.

Ein Projekt mit unserem Kunden *Intersport* zeigte genau das: Als führender Sportartikelhersteller hat *Intersport* eine erfolgreiche Webseite und auf den ersten Blick schien alles reibungslos zu funktionieren. Die Seite lief gut und die KPIs wurden erreicht, doch hier lag der Knackpunkt: Bei genauem Hinsehen fielen uns kleine Unstimmigkeiten auf, die sowohl wir als auch *Intersport* aufgrund von Betriebsblindheit übersehen hatten. Ein Usability-Test zeigte konkrete Verbesserungspotenziale auf.

Zum Beispiel wollte eine Nutzerin im Onlineshop von *Intersport* Schuhe in Größe 39 filtern. Nachdem sie die Filter angewendet hatte, erhielt sie Ergebnisse, klickte auf ein Paar und stellte fest, dass nicht ihre Größe ausgewählt war, sondern eine andere. Obwohl das für sie kein großes Problem darstellte und sie trotzdem im Prozess weitermachte, stellte sich die Frage: Warum war nicht ihre Größe ausgewählt? Solche Erkenntnisse wären durch quantitative Analysen allein nicht aufgedeckt worden.

Die Auswirkungen sind zweifach: Erstens führt die falsche Größenangabe dazu, dass Kunden den Kauf abbrechen, da sie möglicherweise denken, dass ihre gewünschte Größe nicht verfügbar ist. Dadurch geht potenzieller Umsatz verloren. Zum anderen entstehen unnötige Kosten für das Unternehmen. Ein Beispiel: Ein Kunde wählt online die falsche Größe aus, da die Webseite die falsche Vorauswahl getroffen hat. Das Produkt wird geliefert, passt aber nicht. Der Kunde schickt es zurück, was zusätzliche Kosten zur Folge hat, und zwar Versand, Rücksendung und Arbeitsaufwand im Lager.

Dieser zusätzliche Arbeitsaufwand und die entstehenden Kosten sowie der Verlust von möglichen Kunden können allesamt vermieden werden, wenn die Webseite von Anfang an korrekt, also auf den Nutzer zugeschnitten, programmiert ist. Solche Probleme mögen dir übertrieben kleinlich erscheinen, du darfst aber nicht vergessen, dass sich die Konkurrenz ständig weiterentwickelt und verbessert – und im Zweifel auf Kleinigkeiten wie diese achtet. Um wettbewerbsfähig zu bleiben, müsst ihr auch kontinuierlich besser werden, mit einer gewissen Detailversessenheit.

Langfristig entwickeln sich selbst kleine Probleme zu hässlichen Gremlins, wenn sie lange genug gefüttert werden. Dadurch geht nicht nur potenzieller Umsatz verloren, sondern ein Unternehmen verliert auch das Vertrauen der Kunden und büßt eventuell Marktanteile ein.

Und hier das goldene Einhorn unter den Idealvorstellungen unseres Beispiels: Die optimale Lösung stellt sogar sicher, dass die richtige Größe im nächsten Schritt des Bestellprozesses vorgeschlagen wird. Genau das hat *Intersport* getestet. Der Test war äußerst erfolgreich und zeigte, wie du dank einer Personalisierung die Nutzererfahrung verbesserst und die Conversion Rate steigerst. Die Webseite analysiert nun, welche Schuhgröße die Benutzer in den Warenkorb gelegt haben, und verwendet diese Information, um automatisch die entsprechende Größe für weitere Produkte vorzuschlagen.

Diese Methode spiegelt genau die Prinzipien wider, die wir im vorherigen Kapitel angesprochen haben: Du machst eine gewünschte Handlung so einfach wie möglich und setzt gleichzeitig die richtigen Anreize. Nutzerbefragungen und A/B-Testing sind dafür entscheidende Instrumente. Ohne diese Methoden würdest du möglicherweise gar nicht erkennen, dass die falsche Größe angezeigt wird, oder du schätzt die Relevanz des Problems nicht richtig ein. Mit ihnen identifizierst du solche Probleme und ihre Auswirkungen auf die Conversion und den Umsatz. Vor allem stellst du fest, ob dich Betriebsblindheit von etwas Relevantem ablenkt oder ob etwas nur ein kleiner Schönheitsfehler ohne relevante Bedeutung ist. Letztendlich liegt der Teufel im Detail und die Details werden nur ersichtlich, wenn euch von außen jemand die Brille der Betriebsblindheit abnimmt.

Methoden, um deine Nutzer besser zu verstehen

Es gibt verschiedene Methoden, die dir dabei helfen können, deine Zielgruppe besser zu verstehen und ihre Bedürfnisse und Vorlieben zu ermitteln. Im Folgenden erhältst du einen Überblick über alle gängigen Methoden.

Usability-Tests / Nutzertests

Nutzer werden gebeten, bestimmte Aufgaben auszuführen, wie das Finden eines bestimmten Produkts, das Hinzufügen zum Warenkorb und das Abschließen des Kaufs. Während die Nutzer diese Aufgaben ausführen, beobachten die Forscher ihr Verhalten genau und stellen Fragen, um ihre Entscheidungen und Handlungen zu verstehen.

Beispiel: Ein E-Commerce-Unternehmen möchte die Benutzererfahrung auf seiner Webseite verbessern. Sie entscheiden sich dafür, Usability-Tests durchzuführen, um die Gründe hinter dem Verhalten der Nutzer in bestimmten Bereichen zu verstehen. Durch diese Tests gewinnt das Unternehmen wichtige Erkenntnisse darüber, warum die Nutzer bestimmte Aktionen ausführen oder Schwierigkeiten haben, Aufgaben zu erledigen. Auf dieser Grundlage können dann gezielte Verbesserungen vorgenommen werden, um die Benutzererfahrung insgesamt zu optimieren.

Card Sorting / Tree Testing

Durch das Sortieren von Karten kannst du herausfinden, wie gut deine Navigation funktioniert oder eine neue Navigation erstellen. Du visualisierst sie auf deiner Webseite durch physische Karten.

Beispiel: Du bist der Inhaber einer Webseite für eine Vielzahl von Reisezielen und du möchtest sicherstellen, dass deine Navigation intuitiv ist und den Nutzern ein nahtloses Erlebnis bietet. Du entscheidest dich für Card Sorting und Tree Testing, um das zu überprüfen.

Du bittest eine Gruppe von Testpersonen, Karten mit verschiedenen Reisezielen und Reisearten (Pauschalreise, Kreuzfahrt, Single-Reise etc.) zu sortieren und sie in logische Kategorien zu unterteilen. Auf diese Weise findest du heraus, wie die Nutzer die Navigationsoptionen mental organisieren und welche Gruppierungen ihnen am sinnvollsten erscheinen.

Nachdem du die Ergebnisse des Card Sorting analysiert hast, führst du Tree Testing durch: Hierbei präsentierst du den Testpersonen eine Navigationsstruktur ohne grafische Elemente und bittest sie, bestimmte Aufgaben auszuführen, wie etwa das Finden eines Reiseziels. Dadurch stellst du fest, wie effektiv deine Navigation ist und ob die Testpersonen die gewünschten Ziele mühelos finden können.

Basierend auf den Ergebnissen nimmst du entsprechende Anpassungen an deiner Navigation vor, um sicherzustellen, dass sie den Bedürfnissen und Erwartungen der Nutzer entspricht und ein reibungsloses Navigieren auf deiner Webseite ermöglicht.

5-Sekunden-Test

Mit diesem Test kannst du einen möglichst objektiven ersten Eindruck der Seite ermitteln.

Beispiel: Du bist dabei, eine neue Webseite für deinen Onlineshop zu gestalten. Bevor du sie veröffentlichst, möchtest du sicherstellen, dass der erste Eindruck, den potenzielle Kunden von deiner Seite erhalten, positiv ist. Hier kommt der 5-Sekunden-Test ins Spiel: Du bittest eine Gruppe von Testpersonen, sich deine Webseite für genau fünf Sekunden anzusehen, bevor sie sie wieder aus dem Blickfeld nehmen. Anschließend fragst du sie, welche Elemente oder Informationen ihnen besonders aufgefallen sind oder welche Botschaft sie erhalten haben. Dieser Test ermöglicht es dir, potenzielle Schwachstellen in deinem Design frühzeitig zu erkennen.

Panel-Umfrage

Eine Umfrage wird erstellt und an Personen gesendet, die der Zielgruppe entsprechen, um ihre Vorlieben zu erfragen.

Beispiel: Du bist Teil eines Teams, das eine neue Fitness-Plattform entwickelt. Um die Vorlieben und Bedürfnisse potenzieller Nutzer besser zu verstehen, führt ihr eine Panel-Umfrage durch. Ihr erstellt eine Umfrage, die an Personen gesendet wird, die eurer Zielgruppe entsprechen – zum Beispiel Menschen im Alter von 25 bis 40 Jahren, die regelmäßig Sport treiben oder daran interessiert sind. Dabei fragt ihr nach ihren aktuellen Fitnessgewohnheiten, ihren Vorlieben bezüglich Trainingsarten, Funktionen auf einer Fitness-Plattform, Zeiten, Sportarten und vielem mehr. Durch die Auswertung der Antworten gewinnt ihr wertvolle Einblicke, die euch dabei helfen, eure Plattform gezielt an die Bedürfnisse eurer Zielgruppe anzupassen.

Du kannst mithilfe von OnPage-Umfragen gleich die Nutzer auf deiner eigenen Webseite befragen. Viele Mouse-Tracking- und Session-Recording-Tools bieten eine entsprechende Funktionalität an. Achte auf eine ausreichende Menge an Traffic, um stichhaltige Ergebnisse zu generieren.

Scroll- und Heatmaps

Eine visuelle Darstellung des Verhaltens der Nutzer auf der Webseite, ähnlich einer Wärmebildkamera, um zu sehen, welchen Elementen auf der Seite die Nutzer Beachtung schenken und welchen nicht.

Beispiel: Du betreibst einen Onlineshop für Sportbekleidung und möchtest verstehen, welche Inhalte die Besucher interessieren. Nachdem du die Heatmap-Analyse durchgeführt hast, stellst du fest, dass die meisten Nutzer auf der Produktdetailseite nicht bis zur Produktbeschreibung scrollen. Auch siehst du, dass sie versuchen, auf das Markenlogo zu klicken, um möglicherweise weitere Produkte der Marke anzusehen. So hast du zwei Ansatzpunkte, die du angehen kannst, um die Bedürfnisse deiner Zielgruppe besser zu erfüllen.

Grundregeln für Nutzerbefragungen

Um sicherzustellen, dass du Nutzerstudien objektiv und ergebnisorientiert durchführst, solltest du verschiedene Regeln berücksichtigen:

Achte darauf, keine Voreingenommenheit bei den Nutzern durch die Art deiner Aufgaben oder Fragen zu erzeugen. Randomisiere die Reihenfolge der präsentierten Designs. So vermeidest du, dass du bei den Nutzern einen Bias erzeugst, der zu Reihenfolgeeffekten führt.

Beispiel: Du möchtest die Benutzerfreundlichkeit einer neuen E-Commerce-Webseite testen. Wenn du allen Testteilnehmern zuerst das konventionelle Design zeigst und dann das neuartige, könnten sie dazu geneigt sein, das zweite Design besser zu bewerten, einfach, weil es anders ist und sie nach etwas Neuem suchen. Indem du jedoch die Reihenfolge der Designs randomisierst und einige Teilnehmer zuerst das neue und andere zuerst das konventionelle Design sehen lässt, vermeidest du, dass dieser Reihenfolgeeffekt die Bewertungen beeinflusst. So stellst du sicher, dass deine Ergebnisse nicht verzerrt werden, und erhältst ein objektives Bild davon, welches Design tatsächlich die beste Benutzererfahrung bietet.

Stelle keine suggestiven Fragen.

Beispiel: Vermeide Formulierungen wie »Sie empfinden die Navigation zum Warenkorb als zu lang, oder?« Das beeinflusst die Antwort. Die dazugehörige Antwort lautete dann automatisch: »Ja, jetzt, wo Sie das sagen, finde ich auch, dass es zu lange dauert, zum Warenkorb zu gelangen, das stimmt.«

Vermeide geschlossene Fragen (»Ja/Nein«-Fragen)

Stelle offene Fragen, die die Teilnehmer ermutigen, mehr zu erzählen. Nur so erhältst du alle Informationen der Versuchspersonen.

Beispiel: Du führst eine Umfrage durch, um Nutzerfeedback zu einem neuen Produkt zu sammeln. Wenn du geschlossene Fragen stellst wie »Gefällt Ihnen das Produkt?« oder »Würden Sie das Produkt kaufen?«, könnten die Teilnehmer dazu neigen, lediglich mit »Ja« oder »Nein« zu antworten, ohne ihre Gedanken oder Gefühle ausführlicher zu erklären. Doch wenn du offene Fragen verwendest, wie »Was denken Sie über das Produkt?« oder »Können Sie uns mehr darüber erzählen, warum Sie das Produkt mögen oder nicht mögen?«, ermutigst du die Teilnehmer dazu, ihre Meinungen ausführlicher darzulegen. So erhältst du alle Informationen, die die Versuchspersonen zu bieten haben, und gewinnst ein tieferes Verständnis für ihre Perspektiven.

Behandle die Ergebnisse ehrlich

Du kannst dir natürlich in die eigene Tasche lügen und die Ergebnisse schönen, dann erzielst du die Ergebnisse, die du dir erhofft hattest, statt Ergebnisse, die du für echte Verbesserungen nutzen kannst. Quantitative Methoden zwingen dich zur Objektivität, bei qualitativen Methoden musst du dich selbst der Unvoreingenommenheit verpflichten. Idealerweise gehst du mit dem gleichen Forschergeist in eine qualitative Analyse, den ein Einjähriger an den Tag legt, der zum ersten Mal Sand analysiert: voller Neugier und mit allen Sinnen.

Beispiel: Du bist Inhaber eines Online-Lebensmittellieferdienstes und hast kürzlich eine Nutzerumfrage zur Benutzerfreundlichkeit deiner Webseite durchgeführt. Die Umfrageergebnisse zeigen, dass viele Nutzer Schwierigkeiten haben, bestimmte Produkte zu finden und den Bestellvorgang abzuschließen. Einige bemängeln auch die lange Ladezeit der Webseite und die Unübersichtlichkeit des Menüs. Trotz dieser klaren Hinweise auf Verbesserungspotenzial entscheidest du dich dazu, in deinem Bericht nur das Lob deiner Kunden zur Vielfalt der angebotenen Produkte und zur attraktiven Gestaltung der Landingpage hervorzuheben.

In der Folgezeit vernachlässigst du die Probleme, die von den Nutzern gemeldet wurden, und konzentrierst dich stattdessen auf das positive Feedback zur Startseite und zum Produktangebot. Kurzfristig mag es so aussehen, als wäre deine Webseite ein großer Erfolg, aber langfristig ignorierst du die tatsächlichen Schwierigkeiten, die deine Kunden frustrieren und davon abhalten, erneut bei dir zu bestellen.

Wähle die Durchführungsmethode sorgfältig aus

Entscheide, ob du einen moderierten oder unmoderierten Usability-Test durchführen möchtest, je nach den Anforderungen der Studie.

Bei unmoderierten Tests erhalten die Teilnehmer lediglich textbasierte Anweisungen und führen die Aufgaben eigenständig aus, während sie ihre Gedanken laut äußern. Das ermöglicht es, die spontanen Reaktionen und Überlegungen der Nutzer in Echtzeit zu erfassen.

Im Gegensatz dazu ermöglichen moderierte Tests einen direkten Dialog zwischen dem Forscher und der Testperson. Hierbei hat der Moderator die Möglichkeit, Fragen zu stellen, Unklarheiten zu klären und tiefer in bestimmte Reaktionen oder Feedbacks einzutauchen. Durch diesen direkten Austausch können wichtige Informationen gewonnen werden, die möglicherweise bei unmoderierten Tests verborgen bleiben würden, wie zum Beispiel überraschende Reaktionen, die eine nähere Erklärung erfordern.

Triff die richtige Zielgruppe

Verwende Teilnehmer, die die Art von Webseite besuchen würden, um verfälschte Ergebnisse zu vermeiden.

Beispiel: Du möchtest die Benutzererfahrung einer Dating-Plattform verbessern. Es wäre kontraproduktiv, Teilnehmer für deine Studie auszuwählen, die normalerweise nie Dating-Webseiten verwenden. Stattdessen solltest du gezielt Personen ansprechen, die tatsächlich deine Zielgruppe repräsentieren, um verlässliche und relevante Ergebnisse zu erhalten. Indem du die richtigen Personen befragst, vermeidest du verfälschte Ergebnisse und stellst sicher, dass deine Studie aussagekräftige Einblicke in das Nutzerverhalten liefert.

Setze klare Szenarien und Aufgaben

So gehst du die Forschungsfrage besonders präzise an.

Beispiel: Du möchtest die Nutzerfreundlichkeit deiner neuen E-Commerce-Webseite verbessern. Anstatt allgemeine Fragen zu stellen, wie »Was halten Sie von unserer Webseite?«, gibst du klare Szenarien und Aufgaben vor. Du könntest zum Beispiel die Testperson bitten, ein bestimmtes Produkt zu finden, es in den Warenkorb zu legen, an eine Paketstation liefern zu lassen und mit *PayPal* zu bezahlen. Durch die präzise Aufgabenstellung findest du heraus, welche Bereiche der Webseite verbessert werden müssen, um ein reibungsloses Einkaufserlebnis zu gewährleisten.

Es ist ratsam, qualitative Methoden in den Arbeitsablauf zu integrieren und ausreichend Zeit zu investieren, um mögliche Fallstricke zu erkennen und zu meistern. Jeder Schritt zur Verbesserung der Erfolgschancen trägt zur Steigerung der Qualität deines Optimierungsprogramms und des entsprechenden Return on Investment bei. Nutze daher alle verfügbaren Mittel, um deinen Erfolg mit der Hilfe eurer Nutzer nachhaltig zu steigern.

Videokurs: Probleme mithilfe von Nutzern entlarven – Dein Methodenarsenal für optimierte User Experience

Was ist der Unterschied zwischen einer durchschnittlichen und einer hervorragenden Nutzererfahrung? Die einen behaupten, ihre Kunden zu kennen. Die anderen interagieren mit ihnen, um eine qualitative Datenbasis für ihre Entscheidungen zu entwickeln. Dieser Kursteil bietet einen Deep Dive in einige der wichtigsten UX-Research-Methoden, welche die systematische Auswertung der Anforderungen und Bedürfnisse deiner Nutzer ermöglichen und deine Kompetenzen in der quantitativen Analyse um wesentliche Werkzeuge ergänzen: **https://l.leap.de/teil3.3**

SCAN MICH
Wenn du mehr über einige der wichtigsten UX Research Methoden erfahren willst, dann geht es hier zum weiterführenden Videokurs.

TEIL 4

DEINE ZIELGRUPPE VERSTEHEN, UM DIE PASSENDEN LÖSUNGEN ZU ENTWICKELN

Nachdem du dank einer Kombination aus Daten, Expertenevaluation und Austausch mit deinen Nutzern die Probleme deiner Webseite identifiziert hast, kannst du nun mit dem Finger auf sie zeigen. Es handelt sich nicht mehr um einen unklaren Schatten, der über eurer Webseite und euren Umsatzzahlen liegt, sondern um eine konkrete Engstelle, die es zu bewältigen gilt. Du hast einen mitunter sehr tiefen Graben vor dir liegen, über den du eine Brücke für deine Webseitenbesucher bauen möchtest. Doch wie löst du diese Problemstelle am besten und verwandelst zaghafte Webseitenbesucher in überzeugte Kunden? Oder, abstrakter gefragt: Wie entwickelst du überhaupt eine gute Lösung?

Eines der anschaulichsten Beispiele für eine Antwort auf diese Frage geht auf das Phänomen des sogenannten »Survivorship Bias« zurück, zu Deutsch »Überlebenden-Irrtum«. Der Begriff bezeichnet eine kognitive Verzerrung und basiert auf den Anstrengungen des US-Militärs und der Arbeit des ungarisch-amerikanischen Mathematikers Abraham Wald im Zweiten Weltkrieg. Das Militär analysierte durch Gefechte entstandene Schäden an Flugzeugen, um die Überlebensfähigkeit der amerikanischen Flieger mit gezielten Ergänzungen der Panzerung zu erhöhen.

Das Militär stellte fest, dass bestimmte Bereiche der Flugzeuge häufiger Treffer aufwiesen, und entschloss kurzerhand, diese Bereiche gezielt zu verstärken, um das vorhandene Problem zu lösen. Wald argumentierte jedoch, dass es sich dabei um einen Trugschluss handelte: Es wurden nämlich nur Flugzeuge betrachtet, die nicht kritisch getroffen wurden und zurückkehren konnten. Wenn ein Flugzeug trotz vieler Treffer in einem bestimmten Bereich erfolgreich zurückkehren konnte, dann waren genau diese Bereiche weniger kritisch und bedurften keiner gesonderten Panzerung. Stattdessen waren es genau die Bereiche, wo die Rückkehrer nicht getroffen worden waren, welche im Gefecht für kritische Schäden und Abstürze sorgten und welche es für die Überlebensfähigkeit zu stärken galt.

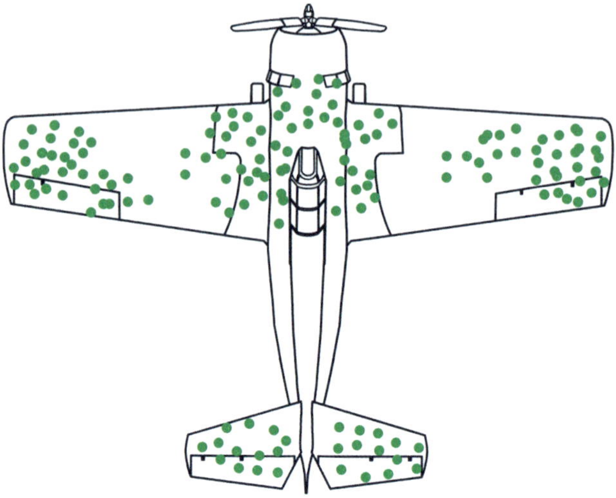

Abb. 18: Wir sehen die Verteilung der Einschusslöcher der zurückgekehrten Flugzeuge, welche die Armee für ihre ursprüngliche Schlussfolgerung verwendete und Abraham Wald bei der Entwicklung seiner indirekten Erhebungsanalyse half.

Das erhöhte nicht nur die Chancen der amerikanischen Piloten, sondern macht auch deutlich, dass wir uns auf der Suche nach einer Lösung schnell verleiten lassen. Walds Analyse zeigt, dass eine eingeschränkte Datenmenge oder ein Fokus auf die sichtbarsten Variablen eines Problems nicht ausreicht, um eine gezielte Lösung zu entwickeln – auch, wenn diese Lösung gleichermaßen logisch und intuitiv erscheint.

Die Suche nach Lösungen für unsere Probleme stellt eine massive Herausforderung dar, zumindest, wenn du auf der Suche nach einer richtigen und wirkungsvollen Lösung bist. Um die Optimierung bestmöglich umzusetzen, solltest du die Bedürfnisse deiner Zielgruppe einbeziehen. Welche Art von Lösung ist in ihren Augen die überzeugendste? Anders gesagt, du stellst sicher, dass du eine Brücke baust, die deinen Besuchern, die zu deiner Webseite hinüberwandern, zusagt, also nicht zu steil und nicht zu rutschig ist. Von der eleganten Stahlbrücke bis zur filigranen Glasbrücke ist alles möglich – du musst nur herausfinden, was deine Zielgruppe braucht.

1 Ihr seid nicht die Zielgruppe

Wieso fällt es uns überhaupt so schwer, unsere Nutzer besser zu verstehen? Wir vergessen in unseren Positionen hinter den Kulissen gerne mal die Perspektive des Nutzers – genau die ist aber so wichtig, um den Nutzern eine gute Erfahrung zu bieten. Doch selbst wenn wir versuchen, sie bewusst einzunehmen, gelingt das oft nicht. Wir wissen zu viel über unsere Produkte und Prozesse, haben ein anderes Wertesystem und wenn wir im Meetingraum mit den Kollegen sitzen und über Ideen diskutieren, dann sind wir in diesem Moment alles andere als in der Situation, in der sich der Nutzer befindet.

Geschäftsführer und insbesondere Gründer und langjährige Mitarbeiter verstehen ihr Produkt oft sehr gut und kennen die entscheidenden Alleinstellungsmerkmale aus dem Effeff. Sie vergessen dabei, dass neue Nutzer ihre Produkte zum ersten Mal sehen und in den meisten Fällen ganz anders denken als die Firmenmitglieder selbst. Das ist in etwa so, als ob jemand neu zu einer Gruppe dazustößt, die sich bereits gut kennt. Anstatt sich zuerst vorzustellen, reden die bereits Befreundeten einfach weiter und tauschen sich über den neuesten Klatsch und Tratsch zu Personen und Themen aus, die dem Neuankömmling vollkommen fremd sind. »Und dann hat sie ihn einfach vor die Tür gesetzt!«, ist der erste Satz, den die neue Person mitbekommt. Wenn die Themen vollkommen unverständlich erscheinen, wird die neue Person sich lieber wieder umdrehen und einen Gesprächspartner suchen, der einen leichteren Konversationseinstieg verspricht.

Ein weiterer Grund, weshalb E-Commerce-Unternehmen Zielgruppen oft falsch identifizieren und ansprechen, ist, dass sich die Zielgruppe bei einem wachsenden Unternehmen ändert. Wenn du dein Unternehmen selbst gegründet hast oder als einer der ersten Mitarbeiter am Anfang dazugestoßen bist, hast du zunächst direkt mit der Zielgruppe interagiert. Auf Messen und Veranstaltungen hast du Erfahrungen im direkten Gespräch mit Interessenten gesammelt. Du hast dir oft die Frage gestellt: Wen nehmen wir als unsere Zielgruppe wahr? Wen sprechen wir an? Welche Produkte sollen wir vertreiben?

Das Beispiel eines fiktiven Unternehmens verdeutlicht diese Dynamik: *FutureGear* hat sich auf die Herstellung und den Vertrieb von Wearable-Technologie spezialisiert, also technisches Equipment wie Smartwatches oder Smartglasses. Als das Unternehmen gegründet wurde, war die Zielgruppe hauptsächlich technikaffin und jung, auf der Suche nach innovativen Gadgets für den Alltag. Die Gründer waren davon motiviert, Produkte anzubieten, die sie selbst mit Leidenschaft verwendeten.

Die Gründer und ersten Mitarbeiter von *FutureGear* verbrachten viel Zeit damit, auf Technikmessen und Veranstaltungen mit potenziellen Abnehmern zu interagieren, um direktes Feedback zu erhalten. Basierend auf diesen Erfahrungen entwickelten sie Wearables und Marketingstrategien, die auf ein junges, technikbegeistertes Publikum ausgerichtet sind.

In den Folgejahren wächst das Unternehmen, führt neue Produkte ein und der Markt verbreitert sich allmählich – Wearables finden auch beim Mainstream zunehmend Anklang. Aus der Nerdnische heraus entwickeln sich Tracking-Uhren und Co. allmählich zum Weihnachtsgeschenk für jedermann. Damit verändert sich auch die Zielgruppe. Nun spricht das Unternehmen zum Beispiel auch ältere Generationen an, die weniger technikaffin sind und einen höheren Wert auf Komfort und Gesundheitsüberwachung legen.

Die ursprüngliche Herangehensweise, die auf persönlichen Erfahrungen und subjektiven Einschätzungen basierte, ist nicht mehr ausreichend, um die sich verändernde Zielgruppe präzise zu adressieren. *FutureGear* kann sich nicht mehr darauf verlassen, dass sich die Kundenbedürfnisse größtenteils mit Ihren eigenen überschneiden. Stattdessen ist es angebracht, die Kunden gezielt zu beobachten und zu befragen.

Wenn du die gesamte Bevölkerung nach ihren Kriterien für die Auswahl eines Paar Schuhe befragen würdest, würdest du eine Vielzahl unterschiedlicher Antworten erhalten. Einige sind auf grelle Farben und stylisches Design aus, während für andere der Komfort und die

Passform entscheidend sind. Wieder andere legen Wert auf Langlebigkeit und Funktionalität, während manche einen unauffälligen Schuh bevorzugen, den sie auch im Büro tragen können.

Diese Vielfalt an Präferenzen ist zwar interessant, aber für die Betreiber eines Onlineshops für Barfußschuhe nur bedingt hilfreich. Denn deren Zielgruppe unterscheidet sich stark von der Durchschnittspopulation und ist deutlich spezifischer. Barfußschuhliebhaber sind wahrscheinlich gerne draußen unterwegs, achten auf ihre Gesundheit und räsonieren mit dem Thema Nachhaltigkeit. Deshalb ist es wichtig, die Kommunikation gezielt auf die spezifischen Zielgruppen auszurichten. Formulierungen wie der Natur ganz nah« und der Fokus auf mögliche Alleinstellungsmerkmale wie recycelte Materialien, klimaneutrale Herstellung oder Fußgesundheit nimmt die Zielgruppe der Barfußschuhfans wahrscheinlich besser auf als die Betonung der Kombinierbarkeit des Schuhs mit anderen Kleidungsstücken oder seiner Eleganz für Geschäftsreisen.

Zudem ist es entscheidend, dass das gesammelte Wissen über die Zielgruppe auch an den richtigen Stellen im Unternehmen verankert ist, nämlich dort, wo die Webseite gestaltet wird. Es reicht nicht, die richtigen Produkte zu entwickeln oder einzukaufen und die Marke zu den passenden Werten zu positionieren. Die entscheidende Interaktion mit der Marke, das finale »Verkaufsgespräch« findet auf der Webseite statt. Und hier ist es genauso wichtig, dass die verantwortlichen Product Owner, Designer, Editoren und Programmierer die Zielgruppe und ihre Bedürfnisse kennen.

Die Realität sieht oftmals anders aus. Die Webseite wird von externen Agenturen gestaltet, die zwar über Expertise im Webdesign verfügen, aber nicht das gleiche Verständnis für die Zielgruppe haben wie das Unternehmen selbst. Eine solche Agentur kennt sich bestens darin aus, welche Optimierungen bei der Mehrheit der Webseiten funktionieren. Sie weiß aber nicht, welche Anpassungen die Zielgruppe einer spezifischen Webseite ansprechen. Das Ergebnis ist daher ein Onlineshop, der die Mehrheit aller Konsumenten irgendwie anspricht, die *relevante* Zielgruppe jedoch nicht besonders.

2 Zielgruppe ableiten mit System

Du hast jetzt gesehen, warum oft an der Zielgruppe vorbeigearbeitet wird. Wenn du das verinnerlicht hast, folgt die Frage: »Wie bilde ich relevante Zielgruppen?«, gefolgt von: »Und wie trage ich diese effektiv ins Unternehmen?«

Fangen wir mit der zweiten Frage an, weil diese leichter zu beantworten ist. Die Lösung liegt in der Erstellung sogenannter (Customer) Personas, um das Wissen um die relevanten Zielgruppen an einem Ort zu bündeln und im Unternehmen zu teilen. Das sind Steckbriefe von fiktiven Personen, die jeweils einem Idealbild deiner Zielgruppen entsprechen. Sie beinhalten die wichtigsten Informationen, wie Ziele und Motive, Bedürfnisse und Herausforderungen und helfen euch so dabei, in die Welt eurer Zielgruppen einzutauchen und Produkte und Seiten zu gestalten, die zur Zielgruppe passen.

In den meisten Fällen setzt sich die potenzielle Käuferschicht einer E-Commerce-Webseite aus mehr als nur einer Zielgruppe zusammen, also ist es sinnvoll, auch mehrere Personas zu entwickeln. Diese sollten möglichst spezifisch und überschneidungsfrei sein.

Die Personas haben zwangsläufig einen Namen, ein Geschlecht und ein Alter. Diese Eigenschaften sind meist die Ersten, die vergeben werden. Wie du gleich sehen wirst, spielen die demografischen Aspekte jedoch eine untergeordnete Rolle. Viel wichtiger ist: Wie tickt diese Persona? Was ist ihr wichtig und was treibt sie an? In welcher konkreten Situation befindet sie sich? Wofür braucht sie dein Produkt? Was veranlasst sie dazu, über einen Kauf nachzudenken? Und zuletzt: Wie viel Vorwissen bringt sie mit? Was weiß sie bereits und was nicht?

Schauen wir uns diese Fragen im Detail an.

Unterschiedliche Wertesysteme und Motive

Je besser du das Wertesystem und die Motive deiner Personas fassen kannst, desto wirksamer gelingt die Ansprache. Zwei 25-jährige Studenten, die gerne reisen, auf ihre Ernährung achten und regelmäßig Sport treiben, können gänzlich unterschiedliche Persönlichkeiten verkörpern. Es ist wichtig, dass du diese Vielfalt erkennst und in deine Zielgruppenrecherche einbeziehst.

Um das zu verdeutlichen, betrachten wir zwei Beispiele: Einerseits einen 25-jährigen BWL-Studenten, der jeden Morgen joggt, ins Fitnessstudio geht und danach Hähnchen mit Brokkoli isst. Er reist gerne und viel und möchte unbedingt einmal einen Roadtrip an der Westküste der USA erleben. Und andererseits einen 25-jährigen Geografiestudenten, dem Nachhaltigkeit und Natur wichtig sind und der davon träumt, mit dem Rad bis nach Istanbul zu fahren. In seiner Freizeit bouldert er gerne und bevorzugt vegane Ernährung mit regionalen Zutaten. Beide Personen passen auf die ursprüngliche Beschreibung: Sie haben eine Vorliebe für Reisen, gesundes Essen und sportliche Aktivitäten. Die genaue Ausprägung der jeweiligen Interessen macht jedoch den entscheidenden Unterschied.

Diese beiden Personen haben offensichtlich unterschiedliche Lebensstile, Interessen und Ziele. Der BWL-Student strebt eine steile Karriere in einem großen Unternehmen an und möchte in seinen wenigen Urlauben so viel wie möglich in kurzer Zeit erleben. Seine Kaufentscheidungen sind vermutlich von Prestige, Effizienz und einem modernen Lebensstil geprägt. Im Gegensatz dazu legt der Geografiestudent Wert auf Nachhaltigkeit, Naturverbundenheit und Abenteuer. Seine Kaufentscheidungen sind von ethischen Überlegungen, Umweltbewusstsein und einem Streben nach persönlichem Wachstum beeinflusst.

Indem du die Werte und Motive eurer Zielgruppe verstehst, kannst du ihre Bedürfnisse besser ansprechen und ihnen Produkte und Dienstleistungen anbieten, die ihren individuellen Lebensstilen und Überzeugungen entsprechen. Das ermöglicht es dir, eine tiefere Verbindung zu eurer Zielgruppe zu entwickeln und langfristige Kundenbeziehungen aufzubauen, die auf gegenseitigem Vertrauen und Verständnis basieren.

Limbic® Map

Es ist dabei unerlässlich, dass du nicht nur quantitative Daten betrachtest, sondern auch qualitative Informationen in die Zielgruppenanalyse einbeziehst. Ein klassisches Instrument dafür stellt die Limbic® Map dar, die verschiedene Zielgruppen nach ihren emotionalen und psychologischen Bedürfnissen segmentiert:

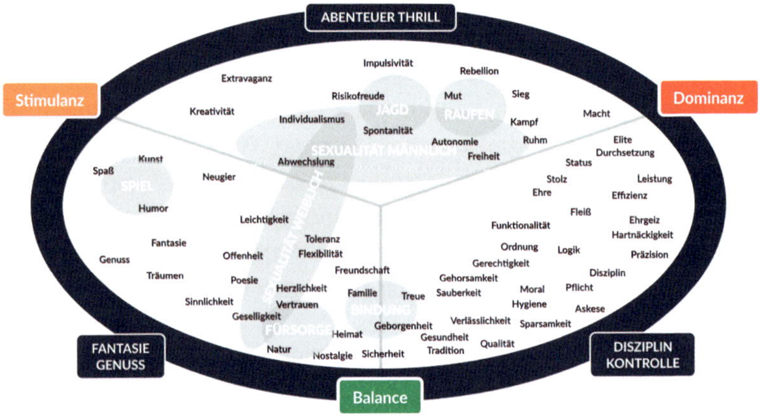

Abb. 19: Die Limbic® Map segmentiert Zielgruppen basierend auf ihren emotionalen und psychologischen Bedürfnissen.

Die Limbic® Map basiert auf der Annahme, dass Menschen bestimmte emotionale Grundmotive haben, die ihr Verhalten und ihre Entscheidungen beeinflussen. Stellen wir uns vor, ein Autohersteller möchte eine neue Marketingkampagne für sein neues Elektroauto starten. Um die Kampagne effektiv zu gestalten, muss das Unternehmen die unterschiedlichen Bedürfnisse und Motivationen seiner potenziellen Kunden verstehen.

Durch die Nutzung der Limbic® Map kann der Autohersteller die Zielgruppe in verschiedene Segmente aufteilen, basierend auf ihren emotionalen Grundmotiven. Zum Beispiel werden einige potenzielle Kunden von einem starken Bedürfnis nach Sicherheit und Stabilität geleitet. Für sie sind Aspekte wie Zuverlässigkeit, Komfort und Sicherheit des Elektroautos von entscheidender Bedeutung.

Andere potenzielle Kunden sind hingegen von einem Bedürfnis nach Innovation und Individualität geleitet. Für sie sind Aspekte wie Technologie, Design und das Image des Elektroautos von größter Bedeutung.

Durch die Segmentierung ermöglicht die Limbic® Map eine präzise Zielgruppenansprache, indem sie tiefergehende Einblicke in die emotionalen und psychologischen Bedürfnisse eurer Kunden liefert.

Mithilfe der Limbic® Map betrachtest du nicht nur die Oberfläche, sondern legst wie ein Archäologe auch die verborgenen Schätze der Psyche frei. Du erhältst Einblicke in die unteren Schichten der Emotionen und psychologischen Bedürfnisse eurer Kunden. Mit ihrer Hilfe sprichst du gezielt die Sehnsüchte und Wünsche deiner Zielgruppe an. Dadurch erlangst du nicht nur eine präzisere Ausrichtung deiner Marketingstrategien, sondern erweckst auch eine tiefe Verbundenheit und Loyalität zu deiner Marke.[16]

Motivkompass®

Ein weiteres Hilfsmittel ist der sogenannte Motivkompass®.[17] Je nachdem, welche Motive eurer Zielgruppe am wichtigsten sind, teilst du sie der grünen, blauen, gelben oder roten Zielgruppe zu:

[16] Dr. Häusel, Hans-Georg: Die wissenschaftliche Fundierung des Limbic® Ansatzes. München, 2011.

[17] https://mimikresonanz.com/wp-content/uploads/2016/10/PK-4-2016-Eilert.pdf, aufgerufen am 18.06.2024 um 12:34 Uhr

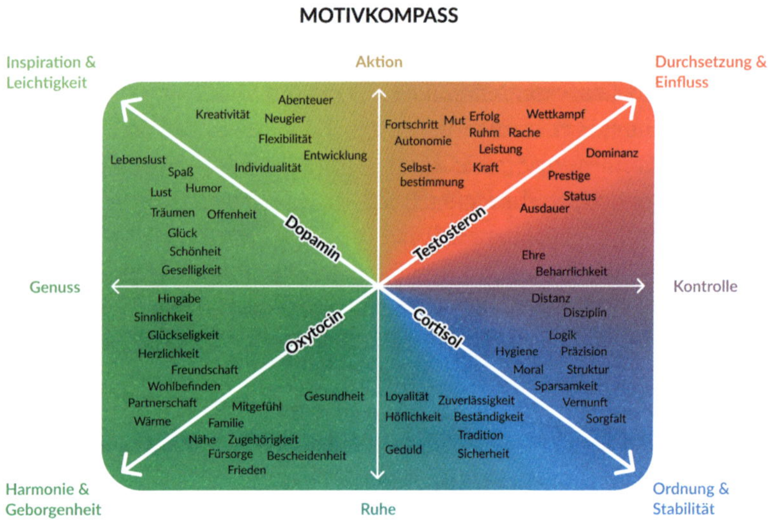

Abb. 20: Der Motivkompass® beschreibt, welche Motive der jeweiligen Zielgruppe wichtig sind.

Wenn du davon ausgehst, dass bestimmte Nutzer beispielsweise besonders viel Wert auf Leichtigkeit, Inspiration, Kreativität, Spaß und Lebenslust legen, dann kannst du annehmen, dass sie stark auf Situationen reagieren, die mit positiven Emotionen und Glücksgefühlen verbunden sind. Das könnte darauf hinweisen, dass diese Nutzer besonders empfänglich für Inhalte und Erlebnisse sind, die die Ausschüttung von Dopamin im Gehirn stimulieren. Diese Hormone werden im Motivkompass® im metaphorischen Sinne zur Charakterisierung der Zielgruppen eingesetzt.

Ein beliebtes Beispiel, das diese Unterschiede verdeutlicht, sind Werbetexte für dasselbe Produkt, die sich jedoch an unterschiedliche Zielgruppen richten. Schauen wir uns eine Anzeige für Brot an:

- Für eine auf *Durchsetzung und Einfluss* ausgerichtete rote Zielgruppe könnte der Text den Fokus auf die Leistungsaspekte des Brotes legen: »Dieses Brot enthält zehn Prozent mehr Protein als herkömmliches Brot, extra viele Körner, Energie und Power.«

Die Betonung liegt hier auf den funktionellen Aspekten des Brotes, die dazu beitragen können, die körperliche Leistungsfähigkeit zu steigern.

- Hingegen könnte der Text für eine grüne Zielgruppe auf der Suche nach *Harmonie und Geborgenheit* eher die nachhaltigen und gesundheitsfördernden Eigenschaften des Brotes hervorheben: »Genieße unser Getreide aus regionaler Produktion, frei von Zusatzstoffen und nach traditionellem Rezept hergestellt. Unsere kurzen Transportwege sichern Frische und Qualität, während wir mit nachhaltiger Verpackung die Umwelt schonen. Erlebe vollwertigen Genuss, leicht bekömmlich und gut für dich und unsere Welt.« Hier steht die Verantwortung gegenüber der Umwelt und der eigenen Gesundheit im Vordergrund, was für diese Zielgruppe von hoher Bedeutung ist.

Nun fragst du dich vielleicht, ob das nicht zu stark vereinfacht ist – die meisten Menschen sind keine puren Hedonisten oder streben ausschließlich nach Performance um jeden Preis. Und natürlich hast du recht, dass sich eure Nutzer nicht nur in einem einzelnen Bereich bewegen, sondern verschiedene Ausprägungen und Schwerpunkte in unterschiedlichen Dimensionen aufweisen können. Manche Menschen suchen stark nach Inspiration und Leichtigkeit, streben aber gleichzeitig auch nach Stabilität und Ordnung.

Diese Vielfalt in den Bedürfnissen und Vorlieben der Nutzer musst du erkennen und entsprechend berücksichtigen, um ein umfassendes Verständnis ihrer Anforderungen zu gewährleisten. Eine detaillierte Auseinandersetzung mit deinen Nutzern und dem Motivkompass® wird dir zeigen, wo du heute schon richtig liegst und wo deine Annahmen an der Realität deiner Zielgruppe vorbeigehen.

Die Differenz dieser Messungen ist das Potenzial- und Umsatz-Delta, das du mit einer guten Motivanalyse erschließen kannst. Woher weißt du, ob deine Zielgruppe auf Stabilität und Ordnung aus ist oder ganz andere Werte als wichtig erachtet? Dafür kannst du das gesamte in Teil 3 genannte Arsenal der Kundenbeobachtung und Befragung heranziehen.

Wie dramatisch die Auswirkungen sein können, wenn die Zielgruppe eines Unternehmens im Motivkompass® richtig erfasst und die Webseite auf Basis dieser Erkenntnisse iteriert wird, zeigt das Beispiel des auf den Verkauf von Reisprodukten spezialisierten Onlineshops *Reishunger*:

Zunächst sprach *Reishunger* seine Kunden falsch an, weil sie in der falschen Ecke des Motivkompass® verortet wurden. Es wurde angenommen, dass es sich hauptsächlich um performance- und dominanzorientierte Kunden handelt, die schnell und effizient gesundes Essen zubereiten möchten. Das entspricht der roten Zielgruppe im Motivkompass®. Diese fälschliche Annahme führte zu einer Ansprache, die darauf abzielte, die funktionalen Aspekte des Produkts hervorzuheben, wie beispielsweise die Zeitersparnis und die Qualität des Reises.

Reishunger führte in Zusammenarbeit mit LEAP/ einige Tests durch, um die angenommene Zielgruppe besser anzusprechen. Es zeigte sich, dass ein Fokus auf den Genussfaktor und die Möglichkeit, ein köstliches Reisgericht mit Freunden zu teilen, deutlich bessere Ergebnisse erzielte als ein Hervorheben des zeitsparenden Abo-Angebots.

Es kristallisierte sich heraus, dass die tatsächliche Zielgruppe von *Reishunger* eher Menschen sind, die eine Urlaubsnostalgie erleben möchten. Beispielsweise handelt es sich um Menschen, die eine Asienreise unternommen haben und nun ein Curry möglichst authentisch nachkochen möchten, um gemeinsam mit ihren Freunden in Reiseerinnerungen zu schwelgen. Sie suchen nach Lebensmitteln, die ihnen ein Gefühl von Authentizität und Genuss vermitteln und ihnen helfen, Erinnerungen an kulinarische Erlebnisse aufleben zu lassen. Statt Durchsetzung und Einfluss (rot) geht es dieser Zielgruppe vielmehr um Harmonie und Geborgenheit (grün) sowie Inspiration und Leichtigkeit (gelb).

Auf Basis dieser Erkenntnisse nahm *Reishunger* gezielte Anpassungen an der Webseite vor, die darauf abzielten, die emotionalen Aspekte des Produkts stärker hervorzuheben und die Bedürfnisse und Vorlieben der Zielgruppe besser zu erfüllen. Das Ergebnis kann sich sehen lassen. Benjamin, damaliger CCO (Chief Customer Officer) von *Reishunger* resümierte die ersten sechs Monate der Zusammenarbeit mit LEAP/ so: »*Umsatz-Uplift bisher: mittlerer siebenstelliger Betrag pro Jahr.*«

Videokurs: Psychologie und Motivation: Die wirkungsvollsten Heuristiken zur Lösung der Probleme der Nutzer

Ein gefundenes Problem bedeutet noch keine Lösung. Dieser Teil des Kurses zeigt dir, wie du auf Basis der gefundenen Probleme zielgerichtete Ideen generierst und welche Faktoren du für eine nutzerorientierte Optimierung unbedingt beachten solltest. Dabei liegt der Fokus auf den wirkungsvollsten psychologischen Denkabkürzungen (Heuristiken), die wir zur Steigerung der Kaufmotivation der Nutzer einsetzen können. Dieses Vorgehen erhöht nicht nur die Erfolgswahrscheinlichkeit deiner Tests, sondern auch das damit verbundene Uplift-Potenzial: **https://l.leap.de/teil4.1**

SCAN MICH
Wenn du mehr über wirkungsvollsten Heuristiken zur Lösung der Nutzerprobleme erfahren willst, dann geht es hier zum weiterführenden Videokurs.

Der Kontext

Das Wertesystem deiner Kunden zu kennen, ist ein wichtiger Schritt. Während sich die Werte eines Menschen nicht von heute auf morgen grundlegend verändern, können die Motive sehr wohl von Situation zu Situation stark variieren. Daher ist es wichtig, stets den Kontext zu berücksichtigen.

Eine inspirierende Perspektive dafür stammt von Clayton Christensen, einem der maßgeblichen Köpfe hinter der Entwicklung des Job-to-be-Done-Frameworks. Er und sein Team haben sich gefragt: Warum kaufen die Nutzer ein bestimmtes Produkt? Und welche Aufgaben wollen sie damit erledigen? Christensens Antwort auf diese Frage lautet wie folgt:

»Die Tatsache, dass man zwischen 18 und 35 Jahre alt ist und einen Hochschulabschluss hat, führt nicht dazu, dass man ein Produkt kauft. [...]. Es kann mit der Entscheidung korreliert sein, aber es verursacht sie nicht. [...]. Wir haben erkannt, dass der kausale Mechanismus hinter einem Kauf lautet: ›Oh, ich habe eine Aufgabe zu erledigen‹. Und es hat sich herausgestellt, dass dies einem Unternehmen wirklich hilft, Produkte zu entwickeln, die die Leute kaufen wollen.«[18]

Ein klassisches Beispiel, um die Jobs-to-be-Done-Denkweise zu verdeutlichen, stellt das Milchshake-Beispiel von Christensen dar: Stell dir vor, ein und derselbe Mann kauft an zwei verschiedenen Tagen einen Milchshake. Einmal morgens unter der Woche und einmal mittags am Wochenende. Kauft er in beiden Fällen für beide Gelegenheiten dasselbe Produkt? Mitnichten.

Unter der Woche kauft er den Milchshake, um sich die lange Fahrt zur Arbeit zu versüßen und sich währenddessen zu beschäftigen. Daher benötigt er eine möglichst große Portion, die zähflüssig ist und einen dünnen Strohhalm hat, damit er möglichst lange damit zu tun hat. Außerdem soll der Milchshake ihn bis zum Mittag satt halten. Als Alternativen kommen eine Banane, ein Bagel oder ein Snickers infrage, aber keine davon erfüllt seinen Wunsch nach einem süßen, lang anhaltenden Genuss so gut wie der Milchshake.

Am Wochenende ist er dagegen mit seinen Kindern unterwegs und kauft den Milchshake als Nachtisch für sein Kind. Dabei soll es schnell gehen, weil er nicht zu lange auf das Kind warten möchte.

[18] https://hbswk.hbs.edu/item/clay-christensens-milkshake-marketing, aufgerufen am 05.05.2024 um 12:34 Uhr

Daher benötigt er eine kleine Portion mit einem breiten Strohhalm und einer dünnen Konsistenz. Andere Desserts kommen als Alternativen infrage, aber sicherlich kein Bagel. Dieses Beispiel wirkt im ersten Moment mitunter abstrakt – zumindest, wenn du nicht zufällig Experte für Milchshakes bist – beruht aber auf einer echten Zusammenarbeit Christensens mit einem Fast-Food-Anbieter und resultierte in der signifikanten Steigerung der Verkäufe, basierend auf der gewonnenen Perspektive. Dieser Erfolg verdeutlicht, wie wichtig es ist, den jeweiligen Kontext der Nutzer zu verstehen, um sie effektiv zu segmentieren und ihnen passende Angebote zu machen. In diesem Fall würde es wenig Sinn ergeben, nach Berufstätigen oder Vätern zu segmentieren, da diese in beide Kategorien passen würden. Die Motivlage jedoch würde sich je nach Wochentag oder Uhrzeit unterscheiden.

Diese Sichtweise hilft dir nicht nur, passende Produkte zu entwickeln, sondern auch zielgerichtete Produkte, Preise oder Services für den jeweiligen Nutzer auf eine Weise anzubieten, die ihm in der jeweiligen Situation zusagt. Es macht einen gewaltigen Unterschied, ob eine Frau für sich ein neues Flakon ihres Lieblingsdufts nachkauft, oder ob sie ihrer Freundin ein Geschenk machen möchte und für sie nach einem passenden Duft sucht. Für den ersten Use Case reicht es aus, wenn der Weg zum gewünschten Parfum möglichst kurz ist. Weiterführende Informationen oder ausführliche Beratungen sind nicht notwendig. Beim zweiten Use Case ist zusätzlicher Content enorm hilfreich. Ausführliche Beschreibungen, wie ein Parfum riecht, zu welchen Anlässen oder Jahreszeiten es besonders geeignet ist oder zu welchen Kleidungsstilen es besonders passt, können dabei helfen, das passende Geschenk zu finden.

Die Zusammenarbeit mit einem LEAP/-Kunden aus dem Energiesektor macht die Vorteile einer solchen Vorgehensweise besonders deutlich: Das Unternehmen segmentiert seine Kunden nach dem Wechselanlass. So weiß es, dass Kunden, die umgezogen sind, eine geringere Preiselastizität haben.Sie müssen sich um einen Stromvertrag kümmern, genauso wie um andere Haushaltsverträge, wie zum Beispiel um einen Internetanbieter. Sie haben vieles, dass sie in kürzester Zeit regeln müssen, sie haben keinen Referenzpreis und können ihren neuen Stromverbrauch nur schwer einschätzen. Häufig ist der Umzug sogar mit einer neuen Lebenssituation verbunden: Zusammenziehen mit dem Partner, die Geburt eines Kindes oder Umzug aufgrund einer Trennung etc. Menschen in einer Umzugssituation ist es vor allem wichtig, dass alles möglichst schnell und reibungslos funktioniert.

Andere Energiekunden, die nicht umziehen, haben beispielsweise eine Preisanpassung bekommen und wollen wissen, ob sie den Strom nicht woanders auch günstiger beziehen könnten. Sie kennen ihren Verbrauch und haben einen Referenzpreis. Sie müssen den Anbieter nicht wechseln und tun dies nur dann, wenn sie beim neuen Anbieter ein besseres Angebot bekommen. Diese Gruppe hat eine wesentlich höhere Preiselastizität und ist zeitlich unabhängiger.

Unter Berücksichtigung dieser beiden Use Cases können nun unterschiedliche Produkte abgeleitet werden. Für den ersten Use Case kann der Energieversorger ein Produkt anbieten, das etwas teurer ist, dafür jedoch eine größere Flexibilität ermöglicht. Für den zweiten Use Case ist ein Produkt interessant, das preislich günstiger ist, dafür kann es aber durchaus eine längere Vertragslaufzeit haben und damit mehr Planungssicherheit für den Versorger bieten.

Die verschiedenen Stufen der Customer Awareness

Verstehst du Werte und Kontext, dann weißt du, in welcher konkreten Situation sich deine Zielgruppe befindet. Aber wie viel weiß sie über dich und dein Produkt? Hier hilft die Customer Awareness Journey.

Sie beschreibt den Prozess, den ein potenzieller Kunde durchläuft, wenn er von der Existenz eures Produkts oder eurer Dienstleistung erfährt, bis hin zum Kauf und möglicherweise darüber hinaus zur Kundenbindung und -loyalität. Je nachdem, wo sich eure Nutzer auf dieser Reise befinden, haben sie unterschiedliche Fragen und Bedürfnisse, die du in der inhaltlichen Gestaltung eurer Webseite und in euren Marketingaktivitäten berücksichtigen solltest. Es gibt drei entscheidende Stufen dieser Journey, die wir genauer betrachten: Ein Kunde ist *problem aware*, also sich des Problems bewusst, *solution aware*, kennt also bereits die Lösung, die er braucht, oder *product aware*, weiß also auch bereits, welches Produkt ihm die Lösung bietet.[19]

Problem aware: Nutzer in dieser Phase haben ein Problem erkannt, sind sich jedoch bislang nicht sicher, wie sie es lösen können.

Beispiel: Ein Hausbesitzer erwägt, in eine neue Stadt zu ziehen, weil dort sein Partner wohnt. Er ist sich jedoch nicht sicher, wie er seine Wohnsituation am besten lösen kann. Soll er sein Haus verkaufen? Oder vermieten? Oder doch lieber im Haus wohnen bleiben und regelmäßig zu seinem Partner pendeln?

Solution aware: Nutzer in dieser Stufe haben nicht nur das Problem erkannt, sondern auch eine Vorstellung davon, wie es gelöst werden kann.

Beispiel: Der Hausbesitzer hat noch einmal mit seinem Partner alle vorstellbaren Lösungswege besprochen und entschieden, dass sie zusammenziehen möchten und er sein Haus verkauft. Er fragt daher im Bekanntenkreis, ob jemand Interessenten kennt oder ihm einen Makler empfehlen kann.

Product aware: In dieser Phase haben die Nutzer bereits spezifische Anbieter oder Produkte im Blick, die ihnen bei der Lösung ihres Problems helfen können. Sie haben möglicherweise Werbung oder Informationen zu einem bestimmten Anbieter gesehen oder gehört, der ihre Bedürfnisse adressiert.

Beispiel: Ein Nachbar weist den Hausbesitzer auf einen Makler hin, mit dem er positive Erfahrungen gemacht hat. Der Hausbesitzer sucht daher online weitere Informationen zu diesem Makler und beschließt, ihn anzurufen, um einen Kennenlerntermin zu vereinbaren.

[19] https://copyblogger.com/blog-selling/#, aufgerufen am 03.05.2024 um 12:34 Uhr

Um effektiv mit Nutzern in verschiedenen Stadien der Awareness Journey zu kommunizieren, musst du ihre Fragen und Bedürfnisse verstehen und sie entsprechend adressieren. Eine wichtige Strategie dafür ist der *Message Match*, bei dem du eure Botschaften genau auf die Fragen und Überlegungen der Nutzer abstimmst. Wenn ein Nutzer beispielsweise darüber nachdenkt, sein Haus zu verkaufen, aber sich nicht sicher ist, ob Vermieten nicht doch die bessere Lösung wäre, sollte die Überschrift genau diesen inneren Dialog ansprechen und dem Kunden eine Lösung anbieten: »Ist jetzt der richtige Zeitpunkt, um zu verkaufen? – Jetzt Immobilienwert unverbindlich prüfen.«

Weiterhin ist es wichtig, dass du Informationen bereitstellst, die zu dem jeweiligen Stadium der Awareness Journey passen. Wenn ein Nutzer nach dem richtigen Wanderschuh für eine Alpenüberquerung mit Plattfüßen sucht, benötigt er keine allgemeinen Informationen darüber, warum Sandalen oder Sneaker für sein alpines Unterfangen ungeeignet sind. Stattdessen sollte der Content gezielt auf seine Bedürfnisse und Probleme eingehen und ihm dabei helfen, die passenden Wanderschuhe zu finden. Indem du die Awareness Journey eurer Nutzer genau im Blick behältst und eure Kommunikation entsprechend anpasst, kannst du eure Kunden effektiv auf ihrem Weg unterstützen und ihnen die Lösungen bieten, nach denen sie suchen.

Wie findest du heraus, welche Art von Nutzern eure Zielgruppe darstellen und welche Bedürfnisse sie haben? Kurz: Sprich mit ihnen oder mit Menschen, die direkten Kundenkontakt haben. Online- oder Offline-Befragungen, wie in Teil 3 beschrieben, können ein probates Mittel sein, um einen tiefergehenden Einblick in das Selbstverständnis und die daraus resultierenden Anforderungen eurer Kunden zu erhalten. Genauso könntest du dich auch mit eurem Customer Support austauschen. Schließlich haben die Menschen dort täglich Kundenkontakt.

Wenn du die drei Aspekte »Phase in der Customer Awareness Journey«, »Wertesystem« und »Kontext« berücksichtigst, bist du bestens gerüstet, um effektive Personas zu erstellen und die Bedürfnisse deiner Zielgruppen bestmöglich zu erfüllen.

Videokurs: Wie du mit einer Zielgruppenanalyse mehr aus deinen Nutzerdaten herausholst

Wenn du hier angekommen bist, dann hast du bereits gelesen, wie du Daten zur Aktivität deiner Nutzer generierst und in der Ideenfindung nutzt. Was du dir zu diesem Zeitpunkt unbedingt vor Augen führen solltest, ist die Heterogenität deiner Nutzer und die damit verbundene Komplexität in der Auswertung. Je besser du deine Zielgruppe verstehst und systematisierst, desto höher wird auch der Ertrag im Umgang mit diesen Daten ausfallen. Dieser Abschnitt unseres Videokurses zeigt dir, wie du eine umfassende Zielgruppenanalyse umsetzt und welche Methodiken dir neue Möglichkeiten in der Auswertung eröffnen: **https://l.leap.de/teil4.2**

SCAN MICH
Wenn du lernen willst, wie auch dir die Zielgruppenanalyse weiterhelfen kann, gehe direkt hier zum weiterführenden Videokurs.

TEIL 5

PRIORISIERUNG – AUS VIELEN LÖSUNGEN DIE BESTEN WÄHLEN

Nun hast du eine Fülle von Ideen, ausgerichtet auf eine mit System abgeleitete Zielgruppe, generiert. Aber nicht alle Ideen sind gleich gut und nicht alle verdienen es, die begrenzten Ressourcen zu erhalten, die euch zur Verfügung stehen. Um eure Ressourcen bestmöglich zu nutzen, musst du die identifizierten Lösungen priorisieren.

In diesem Kapitel beschäftigen wir uns deshalb damit, wie du die Spreu vom Weizen trennst und das Richtige tust, indem du Ideen gewichtest. Du möchtest nur diejenigen Ideen angehen, die das größte Potenzial haben und gleichzeitig den geringsten Aufwand verursachen – klingt nach eierlegender Wollmilchsau, ist aber mit dem richtigen Modell umsetzbar und der Maßstab, nach dem du für die zukünftige Routine deines Unternehmens streben solltest. Bei unserem Kunden *Sovendus* lagen zunächst 80 Testideen auf dem Tisch. Letzten Endes identifizierten wir die 47 vielversprechendsten Ideen und 38 Prozent davon stellten sich als erfolgreich heraus.

Wie haben wir das gemacht? Wir haben Priorisierungsmodelle eingesetzt, die du in diesem Kapitel kennenlernst. Eine kluge Priorisierung hilft dir, deine Bemühungen auf die Projekte zu konzentrieren, die dir den größten Nutzen und die höchste Erfolgswahrscheinlichkeit bringen. Gleichzeitig sparst du deinen Teams immense Ressourcen, Zeit und Geld. Auf diese Weise erzielst du den bestmöglichen Impact.

1 Darum überhaupt priorisieren

»Der Unterschied zwischen erfolgreichen Menschen und sehr erfolgreichen Menschen ist, dass sehr erfolgreiche Menschen zu fast allem Nein sagen.«[20]

Dieses Zitat stammt aus der Biografie des legendären Investors und CEO von Berkshire Hathaway, Warren Buffett. Es passt perfekt zu

[20] Schroeder, Alice: The Snowball: Warren Buffett and the Business of Life. Bantam Books, 2008.

seinem Ruf an der Wall Street, denn Buffett ist besonders dafür bekannt, viel häufiger »Nein« als »Ja« zu sagen. Er weiß, dass herausragende Ergebnisse nur dann möglich sind, wenn er sich auf die ertragreichsten Chancen konzentriert und potenzielle Ablenkungen auf dem Weg zu seinem Ziel konsequent ausschließt.

Warren Buffett hat diese Einstellung in seiner sogenannten 20-Slot-Regel[21] systematisiert. Diese Regel besagt: Stell dir vor, dass du in deinem ganzen Leben nur 20 Investitionsmöglichkeiten hast. Diese Einschränkung zwingt dich, jede Entscheidung sorgfältig zu überdenken und nur die besten Chancen zu nutzen. Wenn du Zeit, Geld oder Energie in etwas anderes als die besten Möglichkeiten investierst, senkst du nicht nur deine Erfolgschancen, sondern auch das Gesamtpotenzial, das du über alle Entscheidungen hinweg erreichen kannst.

Dabei ist Buffet nur einer von vielen: Steve Jobs, welcher die Produktpalette von *Apple* nach seiner Rückkehr zum Konzern reduzierte; Satya Nadella, der *Microsoft* im Zuge ihrer Cloud-first Strategie erfolgreich transformiert hat und nun verstärkt Künstliche Intelligenz besetzt; oder Sara Blakely, welche ihr Unternehmen *Spanx* im Jahr 2000 mit gerade einmal 5.000 US-Dollar startete und mit ihrem klaren Fokus auf das Kernprodukt Shapewear bis heute zu einem Marktwert von über 1,2 Mrd. US-Dollar entwickelte.

Alle genannten Entscheider standen grundsätzlich vor der gleichen Herausforderung wie du: Es gibt eine schier unendliche Anzahl an Dingen, die du tun kannst. Dieser Unmenge an Möglichkeiten steht aber eine finite Menge an Zeit, Geld und Energie gegenüber, die du und dein Team in die Weiterentwicklung eures Geschäfts investieren könnt. Du verfügst nur über eine bestimmte Anzahl von Analysten, Designern und vor allem Entwicklern, die dir für die Umsetzung deiner unternehmerischen Vision zur Verfügung stehen. Also musst du unbedingt herausfinden, welche Ideen vielversprechend sind und welche nicht. Basierend auf Daten, Expertenevaluationen, Austausch

[21] Hagstrom, Robert G.: The Warren Buffett Portfolio: Mastering the Power of the Focus Investment Strategy. Wiley, 1999.

mit deinen Nutzern und Zielgruppenanalysen entwickelst du Hypothesen, die du testen kannst. Auf diese Weise kannst du objektiv und empirisch prüfen, welchen Einfluss spezifische Webseitenveränderungen auf deinen Umsatz haben.

Damit du diese Effekte sehen und statistisch nachweisen kannst, müssen ausreichend viele Kunden die Ideen gesehen haben. Diese Anforderung stellt für viele Unternehmen eine wesentliche Limitation für die Anzahl der möglichen Tests dar, da Tests bei einer geringeren Nutzeranzahl oftmals vier oder mehr Wochen laufen müssen, bis die notwendige Stichprobengröße erreicht wird. Das bedeutet, dass in solchen Fällen umso genauer auf die intelligente Priorisierung der Tests geachtet werden muss – auch, wenn es Möglichkeiten gibt, die Anzahl der Tests auf anderen Wegen zu erhöhen. Welche das sind, erfährst du in Kapitel 7.

Angenommen, du kannst pro Jahr zehn Tests durchführen – dafür reichen deine internen Ressourcen. Du hast zehn Testideen entwickelt, die zunächst alle sinnvoll erscheinen. Bei einer durchschnittlichen Erfolgsrate von 30 Prozent würden in unserem fiktiven Beispiel drei dieser Ideen deinen Umsatz steigern, und zwar jeweils um fünf Prozent. Drei weitere Ideen würden deinen Umsatz allerdings verringern, und zwar ebenfalls um fünf Prozent. Die restlichen Ideen hätten keinen Einfluss auf deinen Umsatz.

Du kannst das vergleichen mit der Suche nach Juwelen in einer Schatztruhe: Du möchtest die wertvollsten Juwelen zutage befördern und verkaufen. Allerdings sind auch viele wertlose Glassteine in der Truhe, die nur auf den ersten Blick nach Juwelen aussehen. Die zu verkaufen, schädigt deinen Ruf. Nur Juwelen bringen dir Gewinn ein. Ob sich unter den Glasklunkern ein Edelstein verbirgt oder nicht, zeigt sich erst, wenn du sie unter der Lupe betrachtest.

Wenn du **alle Ideen ungetestet implementierst**, landest du am Ende bestenfalls bei einer Nullbilanz. Die positiven Resultate würden durch die negativen Resultate ausgeglichen. Du würdest also nicht einmal den Ressourceneinsatz, den du für die Implementierung benötigt hast, wieder einspielen. Dann würdest du eine Handvoll Steine mit ein paar verborgenen Juwelen dazwischen in der Hand halten und den Leuten anbieten, weißt aber noch nicht einmal, was wert hat und was nicht.

Wenn du dagegen **alle Ideen testest** und nur die drei Sieger korrekt erkennst und implementierst, würdest du immerhin einen Umsatzzuwachs von 15 Prozent verzeichnen. Du hast dann jeden einzelnen Stein bis ins kleinste Detail genau untersucht, selbst wenn er auf den ersten Blick wie Trödel erschien, und so alle Juwelen gefunden. Das hat einiges an Zeit in Anspruch genommen, aber immerhin weißt du jetzt, welche Steine wertvoll sind und welche nicht.

Wäre es nicht klüger, **direkt auszusortieren**, sodass du nicht alle zehn Ideen testest, sondern nur die drei vielversprechendsten? Unter diesen Ideen findest du, sagen wir, einen Gewinner. Nach den ersten drei Tests würdest du das Ganze wiederholen und möglicherweise einen weiteren Gewinner finden. Auf diese Weise könntest du ein doppelt so schnelles Umsatzwachstum erreichen, verglichen mit einer nicht priorisierten Vorgehensweise, weil du in der Hälfte der Zeit bereits lukrative Ideen gefunden hast, die du direkt umsetzen kannst. So setzt du deine Ressourcen effektiv ein und lässt alles, was nicht direkt vielversprechend aussieht, links liegen.

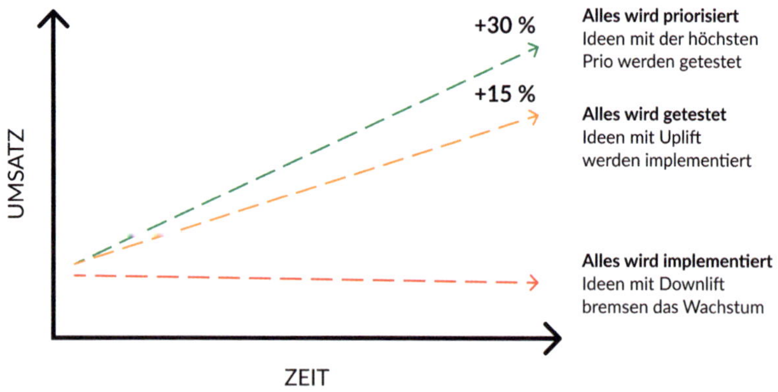

Abb. 21: Eine Strategie, bei der du alle Ideen testest und nur die positiven übernimmst, ist der blinden Implementierung aller Ideen überlegen. Doppelt so viel Wachstum erreichst du in diesem fiktiven Beispiel, wenn du bereits beim Testen die vielversprechendsten Ideen priorisierst und nur diese das Licht der Welt erblicken.

Wenn es um Conversion Optimierung geht, setzen viele Onlineshopbetreiber falsche Prioritäten. Sie denken, sie müssten zunächst noch einige grundlegende Verbesserungen angehen, zum Beispiel: »Wir müssen erst die Ladezeit unserer Webseite verbessern, bevor wir damit beginnen können, die Conversion Rate zu steigern!« Dabei verfolgt das Projekt, die Ladezeit zu verbessern, dasselbe Ziel wie die Optimierung der Conversion Rate – allerdings ohne eine vorherige gründliche Analyse und Priorisierung der Probleme!

Diese Onlineshopbetreiber haben möglicherweise übersehen, dass die Ladezeit tatsächlich nicht der einzige und wichtigste Faktor ist, der den Umsatz beeinflusst. Vielleicht gibt es andere, sogar schwerwiegendere Gründe, warum potenzielle Kunden nicht in ihren Shops bestellen.

Diese Ursachen könnten einfacher und schneller zu beheben sein als die Ladezeit und wären für den Kunden möglicherweise sogar schneller sichtbar. Solche Anpassungen würden sich auch schneller positiv auf den Umsatz auswirken als die Verbesserung der Ladezeit.

Angenommen, das Projekt zur Verbesserung der Ladezeit dauert drei Monate und führt zu einer Senkung der Ladezeit um eine Sekunde, was die Conversion Rate um fünf Prozent steigert. Doch in der gleichen Zeit könnte das Unternehmen vielleicht sechs andere Probleme angehen, die jeweils innerhalb von zwei Wochen gelöst sein könnten und die Conversion Rate insgesamt um zehn Prozent steigern würden. In diesem Fall resultieren Opportunitätskosten in Höhe von fünf Prozent des Umsatzes.

Vielleicht ist es also nicht die beste Entscheidung, die Ladezeit zuerst anzugehen. Oder doch? Woher weißt du überhaupt, welche Ideen vielversprechend sind und sich zu testen lohnen?

2 So gelingt eine effektive Priorisierung

Die Priorisierung von Optimierungsideen lässt sich gut mit einem Investment vergleichen: Du strebst danach, mit deinem Einsatz die bestmögliche Rendite zu erzielen. Die zentralen Fragen, die du dir stellen solltest, lauten deshalb:

Welchen Nutzen bringt die Umsetzung einer Idee? Das ist der Impact, zum Beispiel eine Conversion- oder Umsatzsteigerung, die das Projekt voraussichtlich erbringen wird.

Welche Kosten sind mit der Umsetzung verbunden (und möglicherweise mit dem Betrieb)? Das entspricht dem Aufwand für die Realisierung.

Die Ressourcenrendite, die du aus einem Projekt erhältst, berechnest du dann anhand der Formel Impact / Aufwand.

Es ist oft möglich, die Aufwände relativ präzise einzuschätzen, indem die Zeitaufwände für Konzeption, Design und Programmierung berücksichtigt werden. Jedoch gestaltet sich die Vorhersage des erwarteten Impacts schwieriger. Hier spielen zwei Faktoren eine Rolle:

Die **Größe des Hebels** beziehungsweise des potenziellen Uplifts: Wie viele deiner potenziellen Käufer sind davon betroffen?

Die **Eintrittswahrscheinlichkeit**, dass es überhaupt einen Uplift gibt: Wie wahrscheinlich ist es, dass die Lösung die gewünschten Ergebnisse liefert?

Eine gründliche Analyse dieser Faktoren hilft, die potenzielle Rendite eines Projekts besser einzuschätzen und die bestmögliche Entscheidung bezüglich der Priorisierung zu treffen. Dafür nutzt du zum Beispiel die folgenden Modelle.

Vor- und Nachteile bestehender Prio-Modelle

Wie so oft gibt es keine singuläre Wahrheit oder ein perfektes System, sondern vielmehr eine Handvoll unterschiedlicher Modelle mit individuellen Stärken, Schwächen und damit auch eigenen Anwendungsfällen (auch, wenn wir unser eigens entwickeltes LEAP/-Priorisierungsmodell als besonders effizient und zuverlässig erachten). Um dir bei der Auswahl des für dich geeignetsten Modells zu helfen, findest du im Folgenden eine Auswahl dieser Modelle für eine sinnvolle Priorisierung.

Die frühesten Prio-Modelle

Die ersten Priorisierungsmodelle, wie zum Beispiel das ICE-Modell, entwickelt von Sean Ellis, dem Gründer von *GrowthHackers.com*, zeichnen sich durch ihre Einfachheit aus und enthalten die drei bereits angesprochenen Elemente: Impact, Aufwand und Eintrittswahrscheinlichkeit. Das Charmante an ihnen ist ihre einfache Anwendbarkeit.

Das **ICE-Scoring-Modell** dient dazu, Features und Ideen zu priorisieren, indem du jedem Projekt drei numerische Werte zuweist. Diese Werte sind Impact, Confidence und Ease. Du bewertest jedes Projekt anhand dieser Werte und das Ergebnis der Bewertungen wird als ICE-Score des Projekts bezeichnet.

Impact: Inwieweit wird das Projekt die Hauptmetrik beeinflussen, die verändert werden soll?

Confidence: Wie sicher ist es, dass das Projekt tatsächlich den vorhergesagten Einfluss haben wird?

Ease: Wie viel Aufwand ist erforderlich, um das Projekt abzuschließen?[22]

[22] https://blog.growthhackers.com/the-practical-advantage-of-the-ice-score-as-a-test-prioritization-framework-cdd5f0808d64, aufgerufen am 21.04.2024 um 13:04 Uhr

Am Ende werden die drei Werte miteinander addiert und durch drei geteilt und – voilà – du erhältst den ICE-Score. Auf diese Weise kannst du Features rasch und effizient priorisieren.

Nehmen wir zum Beispiel eine Hypothese, die einen Impact von 7, eine Confidence von 6 und eine Ease von 5 hat. Im Gegensatz dazu hat eine andere Hypothese einen Impact von 9, eine Confidence von 7 und eine Ease von 5. Durch die Berechnung dieser Werte erhältst du einen ICE-Score von 6 für das erste und 7 für das zweite Projekt.

Das Element mit dem höchsten Score erhält die oberste Priorität. So einfach ist das. Es werden also alle drei Elemente der Gleichung gleichwertig behandelt, im Gegensatz zu einem gewichteten Scoring-Modell.

Das größte Manko solcher Priorisierungsmodelle liegt darin, dass sie oft eins zu eins übernommen werden und eine Auswertung der Faktoren, die in die Gesamtbewertung einfließen, ziemlich subjektiv ist. Darin besteht genau das Dilemma: Wenn du im Vorfeld wüsstest, welche Ideen erfolgreich sein werden und welche nicht, könntest du dir A/B-Tests ohnehin sparen. Ideengeber, die an der Priorisierung beteiligt sind, neigen dazu, den Impact ihrer eigenen Ideen zu überschätzen. Du kennst sicher den Effekt, dass du deine eigenen Ideen vor allem am Anfang überragend findest. Das führt in solchen Modellen zwangsweise zu Verzerrungen und beeinträchtigt die Objektivität der Bewertung.

Dennoch sollte man den Wert solcher Scoring-Modelle nicht unterschätzen, insbesondere, wenn man noch am Anfang steht. Genauso wie überhaupt zu testen schon ein riesiger Fortschritt gegenüber blinder Implementierung ist, so ist selbst eine vereinfachte Priorisierung besser, als von vornherein auf Priorisierung zu verzichten. Insbesondere mit Blick auf die einfache Anwendung bietet das eine gute Basis, um schnell eine Priorisierung zu erarbeiten, vor allem wenn der bestehende Bias einzelner Akteure durch einen Abgleich mit mehreren Mitarbeitern abgeschwächt wird.

Die zweite Generation

Es gibt auch detaillierte Priorisierungsmodelle wie das von CXL, einer CRO-Wissensplattform aus den USA, die vom Serienunternehmer Peep Laja gegründet wurde.

Das von CXL entwickelte **PXL-Modell** stellt zehn Fragen, die fast ausschließlich mit »Ja« oder »Nein« beantwortet werden sollen:

1. *Ist die Änderung im sichtbaren Bereich? (Ja: 1, Nein: 0)*
2. *Innerhalb von fünf Sekunden erkennbar? (Ja: 2, Nein: 0)*
3. *Wird ein Element hinzugefügt oder entfernt? (Ja: 2, Nein: 0)*
4. *Entwickelt, um die Nutzermotivation zu erhöhen? (Ja: 1, Nein: 0)*
5. *Wird der Test auf stark frequentierten Seiten durchgeführt? (Ja: 1, Nein: 0)*
6. *Bearbeitet ein Problem, das durch Nutzertests entdeckt wurde? (Ja: 1, Nein: 0)*
7. *Bearbeitet ein Problem, das durch qualitative Rückmeldungen (Umfragen, Abstimmungen, Interviews) entdeckt wurde? (Ja: 1, Nein: 0)*
8. *Bearbeitet Erkenntnisse, die durch digitale Analysen gefunden wurden? (Ja: 1, Nein: 0)*
9. *Wird durch Mausverfolgung, Heatmaps oder Eye-Tracking unterstützt? (Ja: 1, Nein: 0)*
10. *Leichtigkeit der Implementierung (weniger als 4 Stunden = 3, bis zu 8 Stunden = 2, unter 2 Tagen = 1, mehr = 0)*[23]

Die Summe der Antworten auf diese Fragen ergibt dann den Score.

[23] https://cxl.com/blog/better-way-prioritize-ab-tests/#h-introducing-pxl-framework, aufgerufen am 20.04.2024 um 08:34 Uhr

PXL PRIORITIZATION FRAMEWORK BY CONVERSION XL

Test hypothesis: Is it …	Above the fold?	Noticable within 5 sec? (2 or 0)	Adding or removing an element? (2 or 0)	Designed to increase user motivation?	Running on high traffic page(s)?	Addressing an issue discovered via user testing?	Addressing an issue discoverd via qualitative feedback (surveys, polls, interviews)?	Addressing insights found via digital analytics?	Supported by mouse tracking heat maps or eye tracking?	Ease of implementation (less than 4 hrs = 3, up to 8 hrs = 2, under 2 days = 1, more = 0	Result
Re-structure and re-write the copy on the Tour page	1	2	2	1	1	1	1	1	0	2	12
Reverse the order of the home page content blocks	1	2	0	0	1	0	0	1	0	3	8
Increase body copy font size for mobile	0	2	0	0	1	0	0	0	0	2	5

Abb. 22: Drei Beispielprojekte werden anhand des PXL-Modells durch Beantwortung von zehn Fragen mit einem Priorisierungs-Score bewertet.[24]

Die Vorteile von granularen Modellen wie dem PXL-Modell liegen auf der Hand: Sie sind wesentlich objektiver. Jede Frage für sich kannst du leicht beantworten und das Modell berücksichtigt Faktoren, die die Erfolgswahrscheinlichkeit beeinflussen, wie Sichtbarkeit, Einfluss auf die Motivation und den Umfang der Evidenz. Somit ist das PXL-Modell nur unwesentlich komplexer in der Anwendung als beispielsweise das ICE-Modell, löst aber das Problem der subjektiven Wahrnehmung.

Trotzdem weisen auch diese granularen Modelle einige Schwächen auf. Die Gewichtung ist fraglich, da ein starker Fokus auf Ideen liegt, die durch qualitatives Nutzerfeedback gewonnen wurden. Dabei entstehen oft Ideen, die den Aufwand auf dem Weg zur Conversion minimieren, aber selten die Motivation der Nutzer steigern. Psychologie spielt hier keine große Rolle, obwohl Tests, bei denen die Motivation gesteigert wird, erfahrungsgemäß eine höhere Erfolgsrate haben als Tests, die den Aufwand für die Nutzer reduzieren. Das Uplift-Potenzial hat nur ein sehr geringes Gewicht und verbirgt sich hinter der Frage: »Findet der Test auf einer stark besuchten Seite statt?« Wenn also auf einer Seite getestet wird, die alle passieren müssen, wie zum Beispiel eine Produktdetailseite, gibt es maximal einen Punkt mehr im Vergleich zu einem Test im Impressum, obwohl der Umsatzhebel im Impressum gegen null tendiert.

[24] ebd.

Neueste Ansätze

Neuere Ansätze wie das Modell von GoodUI gehen einen Schritt weiter und lernen dazu. Sie sammeln die Erfolgsquoten von ähnlichen Tests und schlagen somit »Common Practices« vor. Mit anderen Worten: Nehmen wir an, ein solches Modell hat zehn Tests gesammelt, bei denen die Eingabefelder eines einseitigen Formulars auf mehrere Seiten verteilt wurden. Das wird als Chunking bezeichnet: Die Informationen werden in mehrere Teile – sogenannte »Chunks« – aufgeteilt. Wenn dieses Muster in sieben von zehn Tests erfolgreich war, dann schlägt das Modell vor, diese Idee gegenüber einer Idee zu bevorzugen, die in nur vier von zehn Tests erfolgreich war.[25]

Davon profitieren Unternehmen, die auf eine umfassende Testing-Historie zurückgreifen können und so eine kritische Masse an Tests erreichen, mit der sie das Priorisierungsmodell füttern können. Also beispielsweise eine Agentur. Außerdem führt ein solches Modell dazu, dass sich die Webseiten angleichen und die Qualität und Nutzerfreundlichkeit insgesamt steigt. Alle »kopieren«, was sich bei einer signifikanten Anzahl an Tests als positiv herausgestellt hat.

Ein Nachteil dieses Ansatzes ist jedoch, dass er keine Branchenunterschiede berücksichtigt. Eine Webseitengestaltung, die in der Reiseindustrie die Nutzerzufriedenheit steigert, ist unter Umständen bei einem Onlineshop für Hundefutter nicht zielführend. Zudem spielt es bei diesem Modell keine Rolle, ob ein vorhandenes Nutzerproblem gelöst wird oder nicht.

Das LEAP/-Priorisierungsmodell

LEAP/ hat ein Priorisierungsmodell entwickelt, das die Stärken der bereits erwähnten Modelle kombiniert. Dieses Modell bildet eine möglichst objektive Erfolgswahrscheinlichkeit ab, die auf Erfahrungen aus vorangegangenen Tests basiert. Zusätzlich zieht es auch das

[25] https://goodui.org/blog/towards-better-experiment-prioritization-with-less-guess work-and-more-honesty/, aufgerufen am 18.06.2024 um 08:34 Uhr

Uplift-Potenzial (den Umsatzhebel) sowie den Aufwand in Betracht. Der Priorisierungs-Score wird durch folgende Formel bestimmt:

$$\frac{\textbf{(Erfolgschance x Hebel)}}{\textbf{Aufwand}}$$

Für die Beurteilung der Erfolgswahrscheinlichkeit stellst du dir in diesem Modell die folgenden Fragen:

Sichtbarkeit: Wird das Element, das die Verhaltensänderung bewirken soll, überhaupt wahrgenommen? Hier hilft der 5-Sekunden-Test. Wenn eine Änderung nicht wahrgenommen wird, kann sie auch nicht wirken. Dabei ist es nicht unbedingt erforderlich, dass das Element groß ist oder im sichtbaren Bereich liegt. Ein Pflichtfeld am Ende eines Formulars hat zum Beispiel eine hohe Sichtbarkeit und muss »überwunden werden«, um fortzufahren.

Unterschied zum Status quo (Kontrast): Hier geht es darum, wie tiefgreifend die Änderung ist. Wenn Elemente hinzugefügt oder entfernt werden, ist der Kontrast tendenziell höher. Genauso kann die Anpassung einer bestehenden Vorteilskommunikation einen hohen Kontrast haben, wenn endlich die Vorteile genannt werden, die bei eurer Zielgruppe räsonieren.

Qualitative oder quantitative Datengrundlage: Gibt es eine solche, die belegt, dass ein Problem besteht? Etwa Nutzertests, Umfragen, Heatmaps, Erkenntnisse aus vorangegangenen Tests oder Tracking-Tests.

Entfernung in der Customer Journey zur Bestellung: Tests auf der Homepage, bei denen die Interessenten noch kein Produkt ausgewählt haben, haben erfahrungsgemäß eine geringere Erfolgswahrscheinlichkeit (bezogen auf das Conversion-Ziel »Bestellung«) als Tests, die später im Kaufentscheidungsprozess, zum Beispiel im Warenkorb, durchgeführt werden. Zudem ist es dort einfacher, kleinere Effekte nachzuweisen.

Als Agentur haben wir den Vorteil, dass wir auf die Ergebnisse von mehr als 2.700 Tests zurückgreifen können. Das ermöglicht uns, zusätzlich zu prüfen, ob eine Heuristik oder ein Prinzip verwendet wird, das bereits oft erfolgreich getestet wurde und das idealerweise in derselben Branche.

Für das **Uplift-Potenzial** betrachten wir die Größe des Segments, das von der Idee betroffen ist. Diese wird zum einen durch den Ort (Webseite) bestimmt, an dem die Idee getestet wird. So sehen oft weniger als 50 Prozent der Kunden eine Produktliste. Ein Uplift auf den Umsatz von zehn Prozent hier würde einen Gesamt-Uplift von fünf Prozent bedeuten. Den Header einer Webseite hingegen, der seitenübergreifend angezeigt wird, sehen alle Kunden früher oder später. Ein Uplift von zehn Prozent dort bedeutet einen Uplift von zehn Prozent auf den Gesamtumsatz.

Beim **Aufwand** betrachten wir die folgenden Faktoren: Aufwand für Konzeption, Aufwand für Design, Aufwand für Programmierung und sonstiger Aufwand, zum Beispiel für Abstimmungen, wenn ein Thema »politisch schwierig« ist, oder für Wartung.

Für jede Frage gibt es Punkte auf einer Skala von 1 bis 4. Diese werden addiert und gemäß der Formel mit dem Uplift-Potenzial und dem Aufwand ins Verhältnis gesetzt. Schon hast du eine hieb- und stichfeste Priorisierung, die alle wichtigen Aspekte berücksichtigt.

Ideen veredeln

Selbst in einem holistischen Priorisierungsmodell lohnt es sich, nicht blind dem Endergebnis zu folgen. Am Ende steht kein konkreter Erfolgswert oder Return on Investment, sondern lediglich ein Gesamt-Score. Dieser ermöglicht es dir, verschiedene Ideen miteinander zu vergleichen. Es ist aber auch sinnvoll, die einzelnen Faktoren zu betrachten und aus ihnen weitere Schritte abzuleiten.

Angenommen, nach einem Priorisierungsworkshop erhältst du das folgende Ergebnis:

Testidee	Erfolgschance	Hebel	Aufwand	Score
Idee 1	3	1,0	1,00	3,00
Idee 2	6	1,0	2,50	2,40
Idee 3	2	0,8	1,00	1,60
Idee 4	9	0,5	3,00	1,50
Idee 5	7	0,2	2,00	0,70

Abb. 23: Ein beispielhafter Vergleich verschiedener Priorisierungs-Scores. Eine solche Priorisierung hilft dir dabei, die mitunter schwer greifbaren Mehrwerte deiner Testideen zu strukturieren.

Klar ist, dass du Idee 5 streichen kannst, da der Hebel zu gering ist. Ebenso ist offensichtlich, dass Idee 3 im Vergleich zu Idee 1 unterlegen ist.

Idee 4 ist jedoch äußerst vielversprechend. Sie weist eine hohe Erfolgschance auf, jedoch auch einen entsprechend hohen Aufwand. An diesem Punkt solltest du dich fragen: Kann die Idee so angepasst werden, dass der Aufwand verringert wird, ohne die Erfolgschance zu stark zu beeinträchtigen?

Im E-Commerce-Kontext könnte es beispielsweise darum gehen, hochauflösende Produktbilder einzuführen. Der Aufwand ist erheblich, insbesondere wenn es um Tausende von Produkten geht. Eine Möglichkeit wäre, dass du die Änderung zunächst nur für die Top 10 Prozent der Produkte umsetzt, die vermutlich bereits mehr als die Hälfte des Umsatzes generieren. Anhand dieser Produkte kannst du die Idee validieren. Wenn sich herausstellt, dass hochauflösende Bilder die Nutzerzufriedenheit erhöhen, kannst du die Umsetzung auf andere Produkte ausweiten, mit der Gewissheit, dass sich der Aufwand lohnt.

Für Idee 3 lohnt es sich, genauer auf die Erfolgschance zu schauen. Liegt der niedrige Score beispielsweise daran, dass die Änderung nicht wahrgenommen wird, könntest du überlegen, wie du die Sichtbarkeit erhöhen kannst. Nehmen wir an, es geht um die Platzierung einer Anzeige. Es gibt verschiedene Möglichkeiten, die Anzeigenplatzierung zu verbessern:

Anzeigen weiter oben platzieren: Nutzer nehmen Anzeigen weiter oben schneller wahr, da sie nicht erst durch die gesamte Seite scrollen müssen.

An der Stelle einblenden, wo Nutzer hinschauen und nachdenken (beim Call-to-Action): Durch das Einblenden von Anzeigen an strategischen Stellen, wie beispielsweise neben einem Call-to-Action-Button, sprichst du Nutzer direkt an, während sie aktiv über eine Handlung nachdenken.

Mit zeitlicher Verzögerung einblenden: Indem Anzeigen mit einer zeitlichen Verzögerung erscheinen, wirken sie subtiler und weniger störend. Das gibt Nutzern zunächst die Möglichkeit, sich auf den Hauptinhalt der Seite zu konzentrieren, bevor sie sich der Anzeige widmen.

Als Pop-up einblenden: Pop-up-Anzeigen erregen die Aufmerksamkeit der Nutzer, da sie prominent auf der Seite erscheinen. Allerdings sollten sie mit Bedacht eingesetzt werden, um ein positives Nutzererlebnis zu gewährleisten und nicht als aufdringlich empfunden zu werden.

Liegt die geringe Erfolgswahrscheinlichkeit eher daran, dass die Idee nicht durch Analysen gestützt wird, lohnt es sich zu überlegen, wie du mehr Evidenz sammeln kannst, um die Idee zu unterstützen. Beispielsweise könntest du UX-Tests durchführen oder Studien zum Thema überprüfen.

Grase nicht nur die low hanging Fruits ab Wenn du deine priorisierte Liste rein nach dem Score sortierst, würdest du Ideen 1 bis 3 den Ideen 4 und 5 vorziehen. Allerdings haben Ideen mit einer geringen Erfolgschance tendenziell seltener einen signifikanten, hohen Uplift.

Testidee	Erfolgschance	Hebel	Aufwand	Score
Idee 1	3,5	1,0	1,00	3,50
Idee 2	3	1,0	1,00	3,00
Idee 3	3	1,0	1,00	3,00
Idee 4	7	1,0	2,50	2,80
Idee 5	6	1,0	2,50	2,40

Abb. 24: Die Anordnung dieser Ergebnisse zeigt, dass Testideen zusätzlich zum Scoring auf ihre Aufwand-Nutzen-Relation überprüft werden sollten, um die optimale Auswahl oder Reihenfolge für Testideen sicherzustellen. Eine hohe Erfolgschance erhöht in der Regel auch die Chance auf einen hohen Uplift.

Daher ergibt es durchaus Sinn, auch die Idee 4 anzugehen, beispielsweise im Wechsel mit einfacher umzusetzenden Tests. Auf diese Weise kannst du ein ausgewogenes Portfolio von Tests durchführen und sowohl niedrig hängende Früchte ernten als auch potenziell größere Gewinne erzielen.

Beim Thema Priorisierung geht es also darum, den bestmöglichen Nutzen aus deinen Ressourcen zu ziehen, nicht jede Idee sofort umzusetzen, die dir in den Sinn kommt, und stattdessen Ideen mit dem besten Verhältnis von Aufwand und Nutzen zu priorisieren.

Eine konsequente Priorisierung ermöglicht deinem Unternehmen nicht nur ein steileres und schnelleres Wachstum, sondern macht auch sichtbar, wo die Schwächen einer Idee liegen. Dadurch kannst du potenzielle Hindernisse identifizieren und beseitigen und deine Ideen weiter verbessern, bevor sie in die Umsetzung gehen.

Videokurs: Finde jetzt heraus, wie du richtig priorisierst

Wenn du wirklich wissen willst, welche Ideen du umsetzen solltest und welche nicht, dann führt kein Weg an Priorisierung vorbei. Aus diesem Grund betrachten wir in diesem Kursteil das LEAP/-Priorisierungsmodell und erläutern im Detail, wie ihr dieses Modell einsetzen solltet.

Dieses Modell stellt für viele führende Retailer im deutschsprachigen Raum heutzutage ein unverzichtbares Werkzeug dar, um in hohem Maße Developer- und andere Ressourcen zu schonen und gleichzeitig die Erfolgswahrscheinlichkeit deiner Conversion Optimierung zu maximieren.

Anhand mehrerer praktischer Beispiele zeigen wir dir, wie ihr systematisch Prio-Scores für eure Ideen ermittelt und wie ihr aus einer Prio-Liste auch eine sinnvolle Testing-Roadmap entwickelt: **https://l.leap.de/teil5**

SCAN MICH
Wenn du konkreter erfahren willst, wie du richtig priorisierst, gehe direkt hier zum weiterführenden Videokurs.

TEIL 6

A/B-TESTS – DIE WIRKUNG DER LÖSUNGEN VALIDIEREN

Hast du schon mal von »New Coke« gehört? Vermutlich nicht, handelt es sich dabei um einen der größten Flops der Produktentwicklung. 1985 entschied sich *Coca-Cola* dafür, die Rezeptur seines allseits beliebten Softdrinks zu ändern und führte die sogenannte New Coke ein, eine deutlich süßere Variante. Marktforschungen legten nahe, dass Verbraucher süßere Getränke bevorzugten und somit auch die New Coke lieben würden. *Coca-Cola*-intern galt dieser Schritt als eine brillante Idee.

Die Reaktion auf das neue Produkt, welches die bisherige Cola ersetzte, war ein Aufschrei – nur leider nicht der Begeisterung, sondern der Empörung. Das neue Produkt schmeckte nicht zwangsläufig schlechter und traf in der Theorie sogar den damaligen Zeitgeist, allerdings brach *Coca-Cola* dabei mit der ikonischen Rezeptur, die es zu einem weltweiten Erfolg gemacht hatte. Die Veränderungen waren zu drastisch und entsprachen dadurch, entgegen subjektiver Annahmen, nicht dem, was die Verbraucher wollten. In einer Nacht-und-Nebel-Aktion machte *Coca-Cola* die Veränderungen rückgängig, um eine größere Katastrophe abzuwenden.

Was lernen wir aus dieser Geschichte? Zuerst ist es wichtig zu verstehen, dass sich nicht einfach sagen lässt, dass es eben keine brillante, sondern eine schlechte Idee war. Denn wer sich den historischen Kontext der Softgetränke in den USA genauer ansieht, wird feststellen, dass sowohl die Veröffentlichung der Kirsch-Variante Cherry Coke, ebenfalls 1985, als auch Mountain Dew Red, 1988, bewiesen, dass süßere Produkte in der Tat ein riesiges Potenzial boten. Süßere Softgetränke waren durchaus eine brillante Idee – aber eben nicht die richtige für die klassische *Coca-Cola*.

Dieser kleine Exkurs in die Produktentwicklung soll verdeutlichen, was für alle wahrnehmbaren Iterationen und damit auch deinen Onlineshop gilt: Ideen sind Annahmen und ihr Erfolg ist keineswegs garantiert. Wie Samen, die du in den Boden säst, sind Ideen zunächst nur kleine Keimlinge, die darauf warten, zu wachsen und Früchte zu tragen. Sie können genauso gut aber auch eingehen und es gibt keine Garantie für die Ernte.

Wenn du auf magische Weise vorhersagen könntest, welche Ideen funktionieren werden und welche nicht, könntest du dir die Validierung deiner Ideen sparen und als Hellseher ein Vermögen verdienen. Doch diese Fähigkeit besitzt, soweit wir wissen, niemand. Deshalb sind deine Ideen erst einmal Annahmen. Wir sprechen gerne von Hypothesen. Und diese sollten stets validiert werden, indem du sie durch Tests und Experimente einer realen Umgebung aussetzt. In diesem Teil beschäftigen wir uns damit, wie du die Ideen, die du priorisiert hast, in der realen Welt testest.

Im Berufsleben stellst du niemanden ohne Probezeit ein, nur weil er sich im Vorstellungsgespräch toll verkauft und dir das Blaue vom Himmel versprochen hat. Du möchtest wissen, was er tatsächlich leistet, egal auf welcher Position er vorher gearbeitet hat oder wie viele Empfehlungen du aus deinem Netzwerk erhalten hast. Du stellst Neulinge im Team auf Probezeit ein und führst sie langsam an immer größere Projekte mit mehr Verantwortung heran. Genauso sollte es bei Ideen rund um die Conversion Optimierung sein – Du solltest sie einer Art »Probezeit« unterziehen, um festzustellen, ob sie die gewünschten Ergebnisse liefern können.

Der LEAP/-Kunde *Parfumdreams* setzt auf eine Unternehmenskultur, die das bereits erwähnte HiPPO-Syndrom aktiv bekämpft. Durch eine offene und experimentierfreudige Atmosphäre streben sie eine kontinuierliche Verbesserung und Optimierung an, wobei – und das ist der Knackpunkt – das Feedback und die Bedürfnisse der Nutzer im Mittelpunkt stehen. Im Gegensatz zu traditionellen Hierarchien werden Tests bei *Parfumdreams* sozusagen basisdemokratisch durchgeführt. Hypothesen werden von verschiedenen Teammitgliedern entwickelt und getestet, unabhängig von ihrer Position im Unternehmen. Dadurch erlebt das Unternehmen häufig Überraschungen, die anderen Unternehmen entgehen, da manche Tests von deren Geschäftsleitung möglicherweise nicht in Betracht gezogen worden wären. Das erfordert Mut, welcher sich in diesem Fall – in Kombination mit der dazugehörigen Expertise – um ein Vielfaches ausgezahlt hat.

Ein konkretes Beispiel hierfür ist die Integration einer Newsletter-Anmeldefunktion in den Check-out-Prozess, die von einem Teammitglied vorgeschlagen wurde. Die Absicht war, mehr Kunden zu motivieren, sich beim Newsletter anzumelden. Dennoch war es durchaus riskant, eine solche Abfrage einzubauen – entgegen der allgemeinen Meinung gilt im Check-out-Prozess oft »weniger ist mehr«. Die Integration könnte letztlich auch negative Assoziationen auslösen und einige Nutzer vom Kauf abhalten. Mit dem Wissen, dass ein A/B-Test etwaige negative Effekte aufdecken würde, fügte das Team von *Parfumdreams* mit der Unterstützung von LEAP/ die Anmeldemöglichkeit zum Newsletter testweise im Check-out-Prozess hinzu. Diese kleine Änderung führte zu einem enormen Uplift der Newsletteranmeldungen ohne negative Auswirkungen auf die Bestellungen.

Diese Vorgehensweise verkürzt nicht nur Management-Meetings und Diskussionen, sondern bringt auch ein spielerisches Element in den Optimierungsprozess. Bei *Parfumdreams* schließen sie Wetten ab, welche Hypothesen sich als signifikant positiv erweisen könnten. So macht das Entwickeln von Hypothesen Spaß! Im Gegensatz dazu lassen in einem am HiPPO-Syndrom erkrankten Unternehmen die Personen mit der höchsten Position oder dem höchsten Gehalt oft keine Überraschungen zu und neigen dazu, ihre eigenen Meinungen über die Daten und das Feedback der Nutzer zu stellen.

Auch der LEAP/-Kunde *MIFCOM*, der Hochleistungscomputer insbesondere für Gamer herstellt, war überrascht, dass einige Tests negativ ausfielen, bei denen sie ein positives Ergebnis bereits mit ziemlicher Sicherheit vorhergesehen hatten. Es gab »einige Tests, bei denen wir gedacht haben, das muss bei uns funktionieren. Die haben letztendlich zu negativen Ergebnissen geführt und das war für uns schon eine Überraschung.«, sagt der Geschäftsführer von *MIFCOM*. Wie in anderen Bereichen im Leben, stimmt es auch für Conversion Optimierung:

Bist du offen für das Ergebnis, lernst du mehr.

1 Die Bestandteile einer guten Hypothese

Bevor du anfängst zu testen, musst du entscheiden, was du überhaupt testen möchtest. Welche Hypothese stellst du auf, die dein Test bestätigen oder widerlegen soll? Bevor du auf eine Reise gehst, musst du wissen, wohin du möchtest. Deine Hypothese ist wie die Zieladresse auf der Karte, das, was du ins Navigationsgerät eingibst. Du kannst unterwegs deinen Weg ändern, wenn dir neue Erkenntnisse begegnen, aber erst einmal musst du dich für eine Richtung entscheiden. Dafür brauchst du eine richtungsweisende Hypothese.

Um eine gute Hypothese zu formulieren, die dich weiterbringt, solltest du dir diese vier Leitfragen stellen:

1. Welches (Nutzer-)Problem soll gelöst oder gemildert werden?
2. Wie soll das Problem gelöst werden?
3. Welche gewünschte Verhaltensänderung willst du bezwecken?
4. Anhand welcher Kennzahl(en) misst du den Erfolg?

Wir verwenden bei LEAP/ den folgenden Aufbau:

Nutzer [in der Situation] haben [Problem X].

WENN wir [Lösung Y] implementieren,

DANN werden mehr Nutzer [gewünschte Verhaltensänderung zeigen, inklusive KPI],

WEIL sie nun [von der Lösung profitieren / positiv beeinflusst werden].

Nehmen wir ein Beispiel: Angenommen, du möchtest die Nutzung der Suchfunktion auf deiner Webseite prominenter gestalten, da du vermutest, dass sich das positiv auf deinen Umsatz auswirken wird. Du hast beobachtet, dass Nutzer, die die Suche verwenden, eine zehnfach höhere Kaufwahrscheinlichkeit haben als diejenigen, die sie nicht verwenden. Deine Suchnutzer weisen eine Conversion Rate von 15 Prozent auf, während die anderen Nutzer nur mit einer Wahrscheinlichkeit von 1,5 Prozent konvertieren. Doch nur fünf Prozent deiner Benutzer nutzen tatsächlich die Suche, während der Rest andere Wege zur Navigation deiner Webseite wählt.

Eine gewisse Selbstselektion ist anzunehmen – nämlich, dass diejenigen, die sich zufällig auf die Webseite verirren und schnell abspringen, tendenziell in der Gruppe der Nichtnutzer der Suche landen. Das erklärt zum Teil, warum die Conversion Rate der Nichtnutzer der Suche niedriger ausfällt. Trotzdem kannst du die These aufstellen, dass die Nutzung der Suche die Kaufwahrscheinlichkeit erhöhen kann.

Statt dich jetzt zurückzulehnen und dir auf die Schulter zu klopfen, dass du deine Hypothese gefunden hast, solltest du tiefer bohren. Stelle dir die Frage: *Warum* sollte die Nutzung der Suche überhaupt die Kaufwahrscheinlichkeit erhöhen?

Schließlich ist das eigentliche Ziel nicht die Nutzung der Suche an sich, sondern der Umsatz, den du daraus generieren möchtest. Ob die Suchfunktion nun genutzt wird oder nicht, kann dir egal sein. Du willst, dass deine Nutzer bei dir einen Kauf tätigen. Die Nutzung der Suche ist lediglich ein Mittel zum Zweck.

Hier sind mögliche Gründe für einen positiven Zusammenhang zwischen der Suchnutzung und einer Umsatzsteigerung:

- Nutzer gelangen leichter und schneller zum gewünschten Produkt über die Suche als über die Navigation.
- Einige Produkte können deine Nutzer möglicherweise nur über die Suche finden, da sie in den Produktkategorien nicht optimal platziert sind.
- Die Nutzer, die die Suche verwenden und aktiv etwas eingeben, haben bereits ein höheres Engagement gezeigt, was sie eher dazu verleitet, auch tatsächlich etwas zu kaufen. Dieses Prinzip nennt man Commitment and Consistency (Engagement und

Konsistenz). Es besagt, dass Menschen dazu tendieren, in ihren Entscheidungen und Überzeugungen konsequent zu bleiben, um kognitive Dissonanz zu vermeiden. Sie neigen dazu, sich für bereits getroffene Entscheidungen zu engagieren und diese zu verteidigen, selbst wenn sie später auf neue Informationen treffen, die ihre Entscheidungen infrage stellen.[26]

Dieses Fallbeispiel zeigt, dass die Beweggründe für Nutzerverhalten vielfältig sein können. Daher lohnt es sich, sorgfältig zu überlegen, bevor weitere Investitionen getätigt werden. Wenn du direkt mit einer Idee in die Testphase vorpreschst, verbringst du teilweise Wochen damit, auf das Ergebnis des Tests zu warten – nur um dann möglicherweise zu realisieren, dass der Test gar keine relevante Fragestellung adressiert. Lieber investierst du also mehr Zeit in die Prüfung deiner Hypothese.

Ohne Problem kein Uplift

Die verlockende Anziehungskraft einer Idee, die auf den ersten Blick vielversprechend erscheint, verschwindet oftmals, sobald die Frage gestellt wird: »Warum sollten mehr Nutzer kaufen, wenn wir das machen?« Dann wird eventuell deutlich, dass du dich zu schnell auf eine Lösung gestürzt hast, ohne dich zuvor mit dem eigentlichen Problem auseinandergesetzt zu haben. Wenn deine Idee kein konkretes Problem anspricht oder keinen direkten Bezug zum Kaufverhalten hat, ist ihr Scheitern vorprogrammiert. Deshalb ist es auch so wichtig, dass du dich zunächst eingehend mit den Bedürfnissen und Herausforderungen eurer Zielgruppe befasst, bevor du Lösungen entwickelst. Nur so stellst du sicher, dass deine Bemühungen tatsächlich einen Mehrwert bieten und das gewünschte Ergebnis erzielen.

Bei einer gut durchdachten Idee, die ein tatsächliches Kundenproblem adressiert, ist es direkt klar, welche Kennzahlen für die Erfolgsmessung die richtigen sind.

[26] https://www.crowdspring.com/marketing-psychology/commitment-and-consistency-principles/#., aufgerufen am 04.05.2024 um 17:34 Uhr

Am Beispiel der Suchfunktion durchlaufen wir die Schritte der Hypothesen-Identifikation anhand eines konkreten Falls. Alles beginnt mit einem klaren Problem-Statement, von dem du dann verschiedene Lösungsansätze ableitest. Du hast folgendes Problem identifiziert: Du vermutest, dass deine Nutzer über die Suchfunktion leichter zu ihren gewünschten Produkten gelangen als über andere Navigationswege.

Diese Annahme kannst du durch einen Blick in die Daten erhärten. Überprüfe, wie viele Nutzer, die eine Produktliste aufrufen, letztendlich ein Produkt finden und es in den Warenkorb legen – abhängig davon, ob sie über die Suche oder über die Navigation auf die Seite gelangt sind. Die Ergebnisse deiner Auswertung sehen dann zum Beispiel so aus:

Segment	Nutzer, die Produktliste aufgerufen haben	Nutzer, die ein Produkt in den Warenkorb legten	Quote
Aufruf der Produktliste über Navigation	1.000	100	10%
Aufruf der Produktliste (Suchergebnisseite) über die Suche	1.000	150	15%

Abb. 25: Vergleich der Add-to-Cart-Raten, je nachdem, ob ein Nutzer die Navigation oder die Suchleiste eingesetzt hat.

Die Quote der Kunden, die ein Produkt in den Warenkorb legen, ist nach der Nutzung der Suche höher, wie in der Tabelle dargestellt. Das deutet darauf hin, dass deine anfängliche Hypothese zutrifft. So lautet das Problem-Statement im Klartext:

> **Einige Nutzer übersehen möglicherweise die Suchfunktion oder denken nicht daran, sie zu verwenden. Dadurch haben sie Schwierigkeiten, zu den gewünschten Produkten zu gelangen.**

Lösungsansätze entwickeln

Nun kannst du dich auf die Suche nach einer Idee machen, die genau dieses Problem löst, nicht mehr und nicht weniger. Die gesamte Webseite umzugestalten, wenn du lediglich die Suchfunktion optimieren möchtest, ist nicht erforderlich. Konzentriere dich auf dein Problem, damit deine Optimierungsbemühungen nicht ausufern. Du möchtest in diesem Fall nur sicherstellen, dass die Nutzer die Suchfunktion effektiver nutzen.

Der Vorteil: Wenn du den Problemteil klar und verständlich erfasst und formuliert hast, liegt der Lösungsansatz oft auf der Hand. Wenn beispielsweise die Suche tatsächlich übersehen wird, dann sollte sie prominenter dargestellt werden. Folgende Lösungsoptionen könnten infrage kommen:

- stärkerer Farbkontrast für die Suchfunktion
- größere Darstellung der Suchleiste, anstatt nur eines kleinen Such-Icons
- die Suche »sticky« machen, sodass sie auch beim Scrollen nach unten sichtbar bleibt

Der Lösungsteil deiner Hypothese lautet dementsprechend:

WENN die Suche auch beim Runterscrollen stets am oberen Bildschirmrand angezeigt (sticky) bleibt,

DANN werden mehr Nutzer diese nutzen [taktisches Ziel / Mittel] UND mehr Produkte in den Warenkorb legen [Geschäftsziel / Zweck],

WEIL sie die Suche eher bemerken UND mit ihrer Hilfe leichter ihr gewünschtes Produkt finden.

Notwendige Kennzahlen für Erkenntnisgewinn

Um aus deinen Ergebnissen später auch schlau zu werden und ableiten zu können, ob deine Hypothese zutrifft oder nicht, ziehst du passende Kennzahlen zurate. Kennzahlen sind wie ein Thermometer, das die Temperatur des Projektes misst. Du möchtest nicht, dass jemand den Daumen in den Wind hält und »Lauwarm.« verkündet, sondern mit objektiver und exakter Genauigkeit wissen, wie viel Grad vorherrschen.

Wenn du genug Zeit und Mühe in die klare Formulierung der Hypothese gesteckt und das Nutzerproblem, den Bezug zu den Geschäftszielen sowie den Lösungsweg klar beschrieben hast, kannst du meist einfach ableiten, welche Kennzahlen die richtigen sind, um deine Hypothese zu überprüfen. Selbst bei einem Misserfolg erkennst du so besser, was nicht funktioniert hat.

In unserem Beispiel sollen die Kennzahlen dein taktisches Ziel (Steigerung der Suchnutzung) sowie dein Geschäftsziel (Produkt in den Warenkorb legen) abdecken. Darüber hinaus sollten sie deine weiteren Annahmen zum Nutzerverhalten berücksichtigen, wie beispielsweise die Vorliebe der Nutzer für die Navigation statt der Suchfunktion bei der Produktsuche.

Und schließlich solltest du auch das übergeordnete Geschäftsziel im Auge behalten: den Kaufabschluss. Du möchtest messen, wie viele Nutzer tatsächlich einen Kauf tätigen, je nachdem, ob sie die Suche genutzt haben oder nicht.

Dein Minimalset an Kennzahlen sieht also wie folgt aus:

- Anzahl der Nutzer, die am Test teilnehmen
- Prozentsatz der Nutzer mit Suchnutzung (welcher steigen soll) – primäres taktisches Ziel
- Prozentsatz der Nutzer, die auf »Zum Warenkorb hinzufügen« klicken (welcher steigen soll) – diese Kennzahl stellt die Verbindung zum Geschäftsziel dar

- Prozentsatz der Nutzer, die die Navigation nutzen (welcher sinken könnte) – dies ist die Kontrollvariable
- Prozentsatz der Nutzer mit Kauf (welcher steigen soll) – dein eigentliches Geschäftsziel Nun weißt du, welches Problem du lösen möchtest, welche Lösung du dafür testest und wie du den Erfolg dieser Tests misst. Damit beginnt der spaßige Teil: das Testen deiner Hypothesen in der realen Welt!

Videokurs: So bringen dich saubere Hypothesen weiter

Die Umsetzung einer Idee ist maximal so gut wie die Hypothese, die dieser Umsetzung zugrunde liegt. Deshalb vertiefen wir in diesem Kursteil das Thema Hypothesenbildung und zeigen dir, welche Schritte du auf dem Weg zu einer erfolgversprechenden Hypothese unbedingt beachten solltest.

Anhand praktischer Beispiele zeigen wir dir, wie du saubere Hypothesen formulierst, welche KPIs dabei sinnvoll sind und welche Schlüsse du aus den verschiedenen Ergebnissen für deine Optimierung ziehen kannst: **https://l.leap.de/teil6.1**

SCAN MICH
Wenn du lernen willst, wie saubere Hypothesen dich weiterbringen können, gehe direkt hier zum weiterführenden Videokurs.

2 So führst du einen A/B-Test durch

Mit deiner Hypothese und den passenden Kennzahlen im Gepäck kannst du dich nun aufmachen, den Gipfel zu erklimmen: A/B-Testing! Am Gipfel lässt du alle Wolken unter dir und hast klare Sicht darauf, welche Optimierungsmaßnahmen dir einen Conversion Uplift bringen und welche nicht. Es geht jetzt darum, deine Annahmen zu prüfen, bevor du konkrete Änderungen auf eurer Webseite umsetzt.

Du möchtest die besten Ideen mithilfe von A/B-Testing validieren. In unserem Beispielfall könnte der A/B-Test darauf ausgelegt sein, herauszufinden, ob die Nutzerhäufiger Produkte in den Warenkorb legen,

- auf einer Seite, bei der die Suchleiste verschwindet, sobald man nach unten scrollt (Szenario A),
- oder auf einer Seite, bei der die Suchleiste auch beim Runterscrollen stets am oberen Bildrand angezeigt wird (Szenario B).

Mindestens ein vom Original abweichendes Szenario zu haben, ist unumgänglich, denn um den Effekt einer bestimmten Änderung zu sehen, musst du gleichzeitig die Conversion Rate ohne Veränderung betrachten und darüber legen können. Erst dann wird der tatsächliche Einfluss der Maßnahme deutlich. Sonst besteht sogar die Möglichkeit, dass die Veränderung tatsächlich negativ wirkt, jedoch aufgrund anderer Einflussfaktoren als Erfolg verbucht wird.

Im folgenden Beispiel zeigen wir die Entwicklung der Conversion Rate eines Onlineshops, bei dem nach und nach fünf erfolgreiche Conversion-Verbesserungen mit einer Steigerung von jeweils fünf Prozent implementiert wurden. In Summe hat sich die Conversion Rate um 25 Prozent verbessert. Die erste Grafik zeigt die Entwicklung der Conversion Rate ohne einen Vergleichswert. Da die Quote der kaufenden Nutzer ständig schwankt, ist es schwer, den Erfolg der Änderungen im Zeitverlauf zu beurteilen. Selbst starke Up- oder Downlifts gehen in ganz normalen täglichen und saisonalen Schwankungen ungesehen unter.

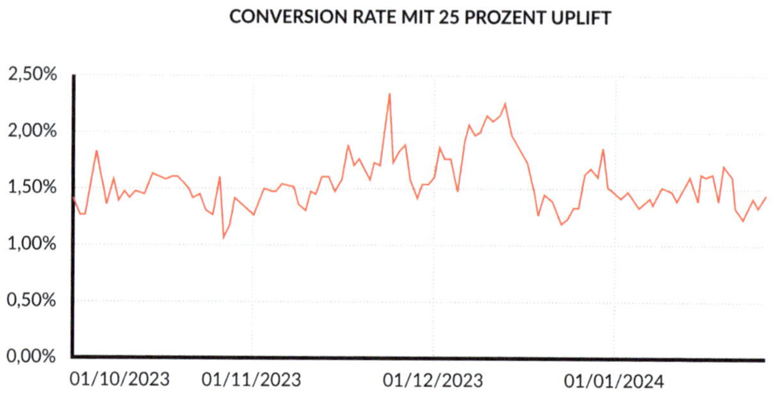

Abb. 26: Conversion Rate mit 25 Prozent Conversion Rate Uplift.

Erst in der zweiten Grafik siehst du, wie sich die Conversion Rate durch die Optimierungsmaßnahmen verändert hat, weil du die rote Linie (Conversion Rate mit 25 Prozent Uplift – entspricht der Webseite mit den implementierten Verbesserungen) nun mit der blauen Linie (Conversion Rate ohne 25 Prozent Uplift – also die Performance der bisherigen Webseite ohne Änderungen) vergleichen kannst.

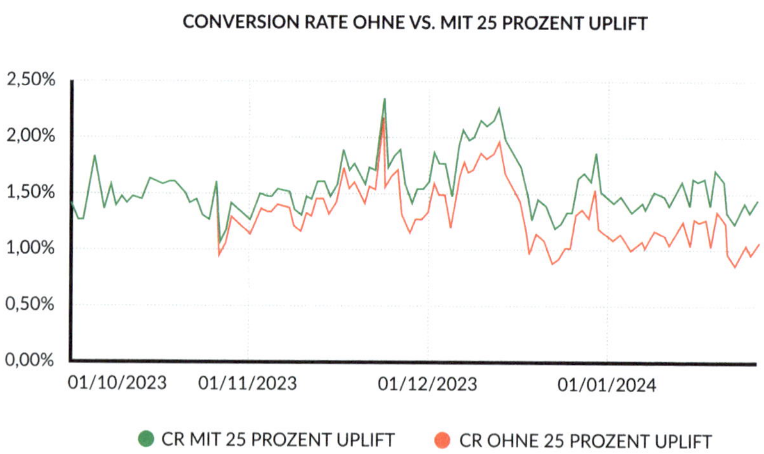

Abb. 27: Conversion Rate mit 25 Prozent Conversion Rate Uplift, mit Vergleich.

Faktoren, die den Erfolg einer Webseite beeinflussen, sind enorm komplex und lassen sich nur schlecht bis gar nicht isolieren. Marketingmaßnahmen, die Zusammensetzung des Traffics, das Verhalten der Konkurrenz, Wetter – all diese Faktoren und mehr beeinflussen täglich die Leistungskennzahlen. Daher ist es beinahe unmöglich, den Effekt einer einzelnen Veränderung kausal in den eigenen Analytics-Daten zu identifizieren.

Durch A/B-Testing umgehst du dieses Problem. Du machst den Erfolg oder Misserfolg deiner Maßnahmen sichtbar, schwarz auf weiß. Durch den direkten Vergleich zweier Varianten – der bestehenden und einer alternativen neuen Version – verstehst du, welchen Einfluss deine Änderungen tatsächlich haben, und stellst sicher, dass du dich basierend auf fundierten Ergebnissen für die besser performende Variante entscheidest.

Was ist ein A/B-Test?

Zunächst einmal definieren wir, was sich genau hinter dem Begriff A/B-Testing verbirgt:

> **A/B-Testing** ist eine bewährte Methode, um den Einfluss von Veränderungen auf einer Webseite oder in einer Anwendung zu verstehen, bevor diese dauerhaft implementiert werden. Der Prozess involviert das gleichzeitige Testen der ursprünglichen Version (A) gegen eine veränderte Version (B) in einer realen Umgebung, während relevante Kennzahlen erfasst werden.

Um das Beispiel der Suchfunktion wieder aufzugreifen, bedeutet das, dass etwa die Hälfte der Nutzer auf der Webseite die originale Suche sieht (A). Die andere Hälfte nimmt parallel die Suche in einer veränderten Version (B) wahr, beispielsweise durch eine sticky Suchleiste. Die folgende Illustration verdeutlicht, wie der A/B-Test in diesem Fall vonstattengehen und welche Resultate auftreten könnten.

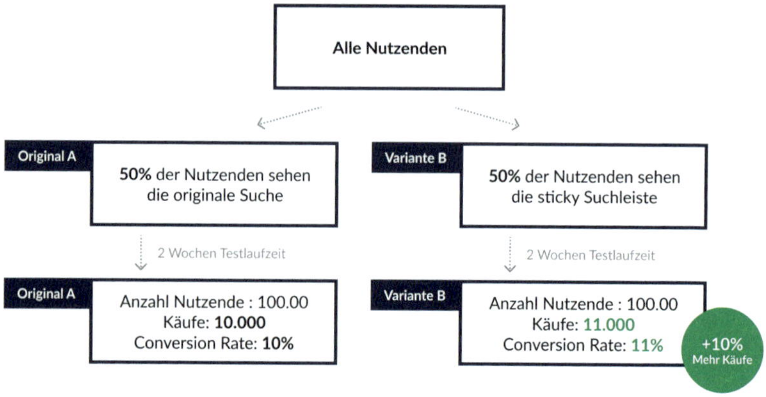

Abb. 28: Mögliche Ergebnisse eines A/B-Tests mit unterschiedlich prominenter Darstellung der Suchfunktion.

A/B-Testing-Tools sorgen dafür, dass Nutzer, die die Seite aufrufen, zufällig entweder die A- oder B-Version sehen. Dadurch werden externe Faktoren, die das Ergebnis beeinflussen könnten, minimiert.

Anschließend erfassen die Tools entsprechende Ziele und Leistungskennzahlen, um die Auswirkungen der Veränderung auf das Nutzerverhalten zu überprüfen. Wird die Suche häufiger verwendet? Werden mehr Produkte in den Warenkorb gelegt? Wird mehr gekauft? All diese Fragen kannst du mithilfe des Testing-Tools beantworten.

Am Ende erhältst du ein klares Bild davon, ob die Veränderung positive Auswirkungen hat und ob du sie umsetzen solltest. Ein großer Vorteil dieses Ansatzes besteht darin, dass du das Verhalten der Nutzer in einer natürlichen Umgebung beobachten kannst, ohne dass diese wissen, dass sie sich in einem Test befinden.

Das solltest du beim A/B-Testing beachten

Um sicherzustellen, dass deine A/B-Tests möglichst stichhaltige Ergebnisse liefern, solltest du ein paar Punkte beachten. So wie du beim Kochen eines Gerichts erst alle Zutaten sorgfältig auswählst und genau nach den Anweisungen des Rezepts vorgehst, musst du auch beim A/B-Testing erst genau planen, die richtigen Variablen auswählen und gründlich analysieren, wenn du willst, dass die Ergebnisse verlässlich sind und deinem Unternehmen schmecken.

Traffic und Testlaufzeit

Die Validität von A/B-Tests steht und fällt mit ausreichendem Traffic. Um aussagekräftige Effekte nachweisen zu können, braucht es eine hinreichend große Anzahl von Nutzern und Conversions. Andernfalls besteht die Gefahr, dass beobachtete Effekte lediglich auf den Zufall zurückzuführen sind und dich aufs Glatteis führen.

Besonders zu Beginn eines Tests können dramatische Unterschiede auftreten, sei es ein phänomenaler Conversion Uplift oder ein katastrophaler Rückgang der Conversions. Das ganze Team feiert dann schon oder bricht in Panik aus, dabei haben diese Ergebnisse keinerlei Aussagekraft. In solchen Momenten ist die Versuchung groß, Tests abzubrechen und übereilt zu handeln, um potenzielle Umsatzeinbußen zu vermeiden – eine verfrühte Reaktion, denn das Blatt wendet sich in vielen Fällen. Du rufst auch kein Tennismatch als verloren aus, nur weil ein Spieler den ersten Aufschlag verliert.

Die Intensität solcher Effekte nimmt oft mit der Zeit ab und kann sich während der Testdauer komplett umkehren. Angenommen, ein Test zur Steigerung der Nutzung der Suchfunktion zeigt nach einem Tag in beiden Varianten jeweils 100 Nutzer. Die Originalversion generiert dabei zehn Käufe, während die Testvariante 15 Käufe verzeichnet. Das könnte als eine 50-prozentige Steigerung in der Testvariante erscheinen, aber letztendlich basiert dieser vermeintliche Erfolg auf lediglich fünf zusätzlichen Käufen. Es handelt sich somit eher um einen zufälligen Fund als einen tatsächlich signifikanten Effekt.

Bei kleinen Stichproben beeinflusst das Verhalten einzelner Nutzer das Testergebnis maßgeblich. Es könnte sein, dass in der Originalversion zufällig mehr Nutzer vorhanden sind, die sich zunächst umsehen und keine klare Kaufabsicht haben. Oder in der Testvariante sind zufälligerweise mehr Bestandskunden vertreten, die generell eine höhere Bereitschaft zum Kauf haben. Wenn der Test zu früh beendet wird, könnten diese beiden Effekte dazu führen, dass die Testvariante angenommen wird, ohne dass ihr positiver Effekt tatsächlich bestätigt wurde.

Daher solltest du vor dem Start des A/B-Tests berechnen, wie viel Traffic du benötigst, um einen signifikanten Effekt nachzuweisen. Hier kommt Statistik ins Spiel, denn die Laufzeit von A/B-Tests wird von verschiedenen Faktoren beeinflusst, darunter:

- die **Anzahl deiner Nutzer (Probanden)**. Je mehr Traffic du hast, desto besser.
- die **Höhe der Conversion Rate** deines Optimierungsziels. Ein Uplift auf eine Conversion Rate von einem Prozent nachzuweisen ist schwieriger als auf einer Rate von zum Beispiel zehn Prozent.
- die **erwartete Effektgröße**, sprich der erwartete Uplift
- das **gewünschte Signifikanzniveau** α, heißt die Wahrscheinlichkeit, falsch positive Ergebnisse zu erhalten. Standardmäßig werden fünf Prozent oder zehn Prozent akzeptiert.
- die gewünschte **Teststärke (1-)**, die Wahrscheinlichkeit einen tatsächlichen Effekt auch nachzuweisen. Meist werden 80 Prozent angestrebt.

Vielleicht kennst du den Begriff »falsch positiv« aus der Medizin: Diagnostiziert ein Arzt eine Krankheit, obwohl sie gar nicht besteht, ist das ein falsch positives Ergebnis. Andersherum, übersieht er eine Krankheit, obwohl sie vorliegt, handelt es sich um ein falsch negatives Ergebnis. Im Fall von A/B-Tests bedeutet das: Einer Maßnahme wird ein Conversion Uplift unterstellt, obwohl er nicht auf die Maßnahme zurückzuführen ist – falsch positiv. Eine Maßnahme führt zu einem Conversion Uplift, das wird aber nicht erkannt – falsch negativ.

Um beide Fehler zu vermeiden, beziehungsweise die Risiken einer Fehleinschätzung zu begrenzen, ist es wichtig, im Vorfeld zu berechnen, ob du einen Test überhaupt durchführen kannst und wie lange er laufen muss. Idealerweise ziehst du jemanden mit statistischen Kenntnissen zurate, um dich bei der Berechnung und Entscheidungsfindung zu unterstützen.

Neben der Laufzeit und der Signifikanz ist auch der Zeitraum, in dem ein Test stattfindet, von entscheidender Bedeutung. Die Verhaltensweisen der Nutzer unterscheiden sich je nach Wochentag und Tageszeit erheblich. Unter der Woche klicken sich die Nutzer auf der mobilen Webseite unter Umständen nur schnell durch, um einen ersten Eindruck zu erhalten, und tätigen dann den tatsächlichen Kauf entspannt am Wochenende mit dem Laptop vom Sofa aus. Daher ist es ratsam, einen Test mindestens eine Woche, idealerweise zwei Wochen lang laufen zu lassen, um das entsprechende Nutzerverhalten angemessen zu berücksichtigen.

Ebenso ist die Dauer der Kaufentscheidung von Bedeutung. Für Produkte, bei denen die Entscheidung schnell getroffen werden kann, reichen zwei Wochen Testlaufzeit aus. Bei Produkten mit längeren Kaufentscheidungsprozessen, wie zum Beispiel Autos, sind längere Laufzeiten besser. Andernfalls könnten sich Änderungen positiv auf die Kaufentscheidung auswirken, aber das wird in deinem Test nicht erfasst, da die beeinflussten Nutzer ihre Entscheidung erst nach Abschluss des Tests treffen.

Einbindung des Testing-Tools

Sobald du die Entscheidung für ein Testing-Tool gefällt hast, solltest du sicherstellen, dass es richtig eingebunden wird. Wird das Testing-Tool und somit auch dein Test erst später geladen, können Flackereffekte auftreten. Das bedeutet, dass zunächst kurz die Originalversion der Seite angezeigt wird und erst dann die Testvariante erscheint. Die Intensität dieses Flackerns und die Position des Tests auf der Seite – ob auf den ersten Blick oder weiter unten auf der Webseite – können Nutzer stark irritieren und sich negativ auf die Testergebnisse auswirken. Eine sorgfältige Einbindung des Testing-Tools ist deshalb für eine reibungslose Nutzererfahrung und verlässliche Ergebnisse unerlässlich.

Umsetzung – so wenig wie möglich, so viel wie nötig

Nehmen wir erneut das Beispiel der internen Suchfunktion: Die Idee besteht darin, die Suche prominenter zu gestalten, um ihre Wahrnehmung zu steigern. Das kann auf verschiedene Weise geschehen. Man könnte den Farbkontrast erhöhen, die Suchleiste sticky machen, Hinweise integrieren oder andere Anpassungen vornehmen.

Die konkrete Ausgestaltung von Elementen oder Seiten ist entscheidend für den Erfolg oder Misserfolg eines A/B-Tests. Hier braucht es eine gute Balance zwischen einer Lösung, die kontrastreich genug ist, um überhaupt bemerkt zu werden und gleichzeitig nicht zu aufdringlich, damit dadurch nicht neue Probleme erzeugt werden.

Nehmen wir an, um die Suche auffälliger zu gestalten, haben wir sie farblich eingerahmt und vergrößert. So weit, so gut. Sie dann noch sticky zu machen, sodass sie beim Scrollen am oberen Bildschirmrand kleben bleibt und immer sichtbar ist, könnte schon zu viel des Guten sein. Dann ist es nämlich unmöglich, zu erkennen, welche Änderungen letztendlich für das Ergebnis verantwortlich waren. Möglicherweise hat der farbige Rahmen und die Größe tatsächlich mehr Aufmerksamkeit erregt und die Besucher zur Nutzung der Suche animiert. Die sticky Suchleiste könnte die Nutzer aber eher gestört haben, da dadurch der sichtbare Bereich verringert wurde.

Noch kritischer ist es, wenn du dir denkst: »Wenn ich ohnehin dabei bin, den Header zu verändern, kann ich auch die Navigation anpassen. Sie ist mir schon lange ein Dorn im Auge.« Die Änderung der Navigation hat mit deiner ursprünglichen Hypothese überhaupt nichts zu tun, daher solltest du sie nicht in einer Variante berücksichtigen.

Es ist also sinnvoll, viele verschiedene Änderungen auf mehrere Varianten aufzuteilen, um klarer feststellen zu können, welche tatsächlich einen positiven Einfluss haben und welche nicht. Allerdings bedeutet die Verwendung mehrerer Varianten auch, dass mehr Traffic benötigt wird und sich die Testlaufzeiten verlängern, etwas, das du bei der Planung und Durchführung berücksichtigen musst.

Sichergehen, dass der Test auch richtig ausgespielt wird

Nachdem du einen Test entworfen und programmiert hast, solltest du vor dem Start des Tests sicherstellen, dass er korrekt ausgespielt wird. Hierfür ist es ratsam, dass du eine Kontrollinstanz einrichtest, die die Programmierung des Tests und der Ziele überprüft. Das heißt, dass es jemanden in eurem Team gibt, der alle Tests vor dem Launch überprüft. Zudem sollten die Designer das Design überprüfen, um sicherzustellen, dass es korrekt umgesetzt wurde. Wie du sicher aus eigener Erfahrung weißt, ist es ein langer Weg vom Konzept zum finalen Ergebnis und manche Dinge können dabei unter den Tisch fallen oder missverstanden werden.

Es ist auch wichtig zu überprüfen, wie sich die Testvariante auf verschiedenen Bildschirmgrößen, Betriebssystemen, Browsern und bei verschiedenen Nutzerverhalten auf der Webseite verhält. Wenn solche Faktoren nicht kontrolliert werden, können Bugs auftreten, die die Testleistung negativ beeinflussen. Zum Beispiel könnte eine Einblendung ab einer bestimmten Bildschirmgröße von anderen Elementen überlagert werden und so die Nutzer verunsichern, was zu weniger Käufen führt. Wenn du solche Barrieren nicht vorab aus dem Weg räumst, ziehst du unter Umständen falsche Schlüsse aus deinen Tests. Dann rühren die Effekte nicht von den Änderungen selbst, sondern von der fehlerhaften technischen Umsetzung.

Eine ausgiebige Qualitätssicherung der A/B-Test-Variante hat eine sehr hohe Relevanz, nicht nur im Hinblick auf die Validität des Ergebnisses: Unsauber gebaute A/B-Tests können im schlimmsten Fall die Primärfunktionen eures Shops lahmlegen und für empfindliche Umsatzverluste sorgen.

Auch während des laufenden Tests ist es sinnvoll, den Datenfluss im Testing-Tool sowie die Ausspielung auf der Webseite zu überwachen.

Womöglich hast du einen Test implementiert, der mit einer anderen standardmäßigen Aktualisierung der Webseite kollidiert. Wenn dann zum Beispiel das Hintergrundbild der Landingpage geändert wird und auf einmal in der Testvariante die Suchleiste nicht mehr gut sichtbar ist, beeinflussen solche Änderungen das Tracking oder die Ausspielung und damit das Ergebnis.

Kill your darlings

Häufig hast du einen Favoriten – eine Variante der Seite, die dir persönlich am besten gefällt. Sei es, weil sie schicker aussieht oder dein Bauchgefühl dir sagt, dass sie der Gewinner sein wird. Manchmal hängt auch dein Herzblut an einer Variante, die du selbst erarbeitet und gegen die Meinungen anderer verteidigt hast. In solchen Momenten fällt es besonders schwer einzusehen, dass die Nutzer deinem Bauchgefühl oder Sinn für Ästhetik widersprechen könnten.

Ein gutes Beispiel hierfür ist ein LEAP/-Kunde, der konfigurierbare Produkte verkaufte. Er war fest davon überzeugt, dass eine sticky Buybox im Konfigurator unerlässlich sei, da sie es den Nutzern leichter mache, in ihrer Einkaufsreise fortzufahren. Das bedeutete, dass die Nutzer die gesamte Zeit die Buybox auf dem Bildschirm sahen, sobald sie den Konfigurator starteten. Allerdings mussten die Nutzer bis zum Seitenende scrollen, um alle konfigurierbaren Merkmale zu sehen. Deshalb testete der Kunde neben der sticky Buybox auch eine statische Buybox am Ende der Seite. Die Überlegung war, dass Nutzer so gezwungen werden, alle Merkmale zu betrachten und nicht überhastet weiterzugehen. Am Ende gewann zum Erstaunen des Kunden die statische Buybox.

Manchmal berücksichtigen wir mit unseren eigenen Annahmen nicht alle Bedürfnisse, die die Nutzer an der entsprechenden Stelle ihrer Customer Journey haben. Deshalb ist es so wichtig, diese durch Testing zu hinterfragen und dann auf die Kundenreaktion zu schauen. Am Ende entscheiden die Kunden, was für sie am besten funktioniert.

100 Prozent Ausspielungen

Du hast viele erfolgreiche Ergebnisse aus A/B-Tests erzielt, aber aufgrund begrenzter Ressourcen keine Möglichkeit, diese zeitnah umzusetzen? Da gibt es eine praktische Lösung: Viele A/B-Testing-Tools bieten die Option, die Gewinnervariante zu 100 Prozent auszuspielen. Auf diese Weise sehen alle Nutzer, die dem Tracking zugestimmt haben, anstelle des ursprünglichen Originals die siegreiche Testvariante.

Dadurch kannst du direkt von den positiven Effekten eines A/B-Tests profitieren, ohne auf die oft langsame Umsetzung warten zu müssen. Zudem ermöglicht es die fortlaufende Nutzung der Testergebnisse für weitere Tests. Die 100-prozentige Ausspielung wird dabei zum neuen Standard.

Es ist ratsam, diese Ausspielungen regelmäßig zu überprüfen, um sicherzustellen, dass alles korrekt angezeigt wird. Ansonsten ist das eine kostengünstige Möglichkeit, Engpässe bei den eigenen Ressourcen zu überbrücken, ohne dabei die Testingfrequenz zu reduzieren. Es ermöglicht deinem Unternehmen, kontinuierlich von den positiven Effekten erfolgreicher Tests zu profitieren und gleichzeitig die Entwicklung und Verbesserung eurer Webseite voranzutreiben.

3 Interpretieren und die richtigen Schlüsse ziehen

Du führst die Tests durch und machst dich an den abschließenden Teil: die Interpretation der Ergebnisse! Die folgende Tabelle bietet einen Überblick über mögliche Ergebnisszenarien unseres Beispielfalls »Suche prominenter gestalten«. Wir beginnen mit dem bestmöglichen Resultat. Aus diesen Ergebnissen kannst du einiges ableiten. Auch aus den Fällen, die nicht erfolgreich waren, kannst du einiges lernen und so neue und feinere Hypothesen und Tests ableiten.

Abb. 29: Übersicht der möglichen Ergebnisse und ihrer Interpretation. Grundsätzlich lassen sich Testergebnisse in vier Fälle unterteilen, welche sich über das jeweilige Zusammenspiel der Testziele ergeben und im Folgenden erklärt werden.

A - Bester Fall: Taktische und Geschäftskennzahlen steigen

Du hast den heiligen Gral gefunden und den Jackpot geknackt: Vom Problem- bis zum Lösungsteil lagst du goldrichtig. Du hast es geschafft, dass mehr Nutzer die Suchfunktion nutzen, woraufhin mehr Nutzer Produkte zum Warenkorb hinzugefügt und auch tatsächlich einen Kauf getätigt haben. Deine Hypothese, dass eine höhere Nutzung der Suche zu mehr Conversions führt, hat sich voll und ganz bestätigt. Als echter Menschenversteher hast du die Spuren richtig gelesen, die Zeichen richtig gedeutet und deiner Firma zu mehr Umsatz verholfen. Nimm dir spontan frei und mach eine gute Flasche Wein auf. Morgen kannst du dir dann überlegen, wie ihr die Nutzung der Suche noch weiter skalieren könnt, um vom positiven Effekt der Suchnutzung auf den Kauf noch mehr zu profitieren. Das werdet ihr natürlich auch zunächst testen, aber damit kannst du dich später beschäftigen. Jetzt wird erst einmal gefeiert.

Wenn es der erste Test war, der gleich zum Erfolg geführt hat, dann solltest du dich von nun an »das Orakel« nennen und bei allen wichtigen Unternehmensentscheidungen involviert werden, sofern das nicht ohnehin schon der Fall ist. Es bricht für dich und dein Unternehmen eine ganz neue Ära an, mit dir an der Spitze. Eine stattliche Gehaltserhöhung oder Dividende ist das Allermindeste, was du dir verdient hast. Das ist nicht einmal übertrieben: In vielen Fällen generieren solche Tests siebenstellige Umsatz-Uplifts.

Hier allerdings eine kleine Warnung: Dieses fantastische Ergebnis siehst du in den wenigsten Fällen am Anfang eurer Optimierungsreise. Daher ist Freude selbstverständlich angebracht. Demut und Bescheidenheit schaden aber auch nicht, denn der nächste Misserfolg kommt ganz bestimmt.

B - Taktische Kennzahl steigt, alle anderen aber nicht

Du hast voller Hoffnung und Aufregung den Test gestartet und ein Teil der Testresultate lässt dein Herz höher schlagen: Deine Nutzer verwenden die Suchfunktion häufiger als zuvor! Mit diesem Teil deiner Hypothese lagst du also richtig. Leider ändert sich nichts am Kaufverhalten der Nutzer: Der vermutete Zusammenhang zwischen einer erhöhten Nutzung der Suche und einer höheren Add-to-Cart-Rate hat sich nicht bestätigt. Deine Nutzer verwenden zwar die Suche häufiger, fügen aber nicht öfter Produkte zum Warenkorb hinzu als vorher. Du kratzt dich am Kopf und fragst dich, was schiefgelaufen ist.

Ist die Nutzung der Navigation etwa im gleichen Maße gesunken, wie die Nutzung der Suchfunktion gestiegen ist? Dann kannst du daraus schließen, dass eure Nutzer nun einen anderen Weg wählen, aber dennoch genauso gut (oder schlecht) zu ihren Produkten gelangen.

Aber halt! Da ist noch ein Hoffnungsschimmer: Du erinnerst dich an deine ursprüngliche Hypothese – dass die Suchfunktion die Warenkorbrate erhöht – und beschließt, die Ergebnisse genauer zu untersuchen. Vielleicht gibt es bestimmte Produktkategorien, in denen die Suche tatsächlich zu mehr Käufen führt, während in anderen Kategorien das Gegenteil der Fall war, wodurch das Gesamtergebnis auf einen Nulleffekt hinauslief. Sofern deine Daten in ausreichender Menge und Granularität vorliegen, kannst du so vielleicht doch noch einen Schatz heben.

C - Taktische Kennzahl steigt, Geschäftskennzahl sinkt

Auch in diesem Fall währt die Freude über die Ergebnisse nur kurz: Du freust dich zu sehen, dass die Suchnutzung gestiegen ist. Auch, dass die Nutzung der Navigation als direkte Folge gesunken ist, war zu erwarten. Deine Nutzer setzen nun also wie gewünscht öfter die Suchfunktion ein und verlassen sich weniger auf die Navigation. Die Ernüchterung folgt allerdings schnell: Der Anteil der Nutzer, die Produkte zum Warenkorb hinzufügen, ist sogar gesunken. Genauso hat auch der Anteil der Nutzer, die letztendlich einen Kauf abschließen, abgenommen. Da bist du nur froh, dass ihr die Idee zunächst getestet habt, anstatt sie direkt für alle Nutzer auszurollen. Deine vermeintliche Optimierung hat deine Geschäftsziele negativ beeinflusst. Ihr bleibt besser bei der bisherigen Gestaltung eurer Webseite, damit seid ihr besser dran.

Nachdem die erste Enttäuschung abgeebbt ist, machst du dich mit einem klaren Kopf an die Interpretation der Ergebnisse. Wie kann es sein, dass eine höhere Nutzung der Suche die Nutzer davon abbringt, die Produkte zum Warenkorb hinzuzufügen? Das bedeutet, dass der Weg über die Suche schwieriger ist als die Navigation. Schau dir die Qualität der Suchergebnisse genauer an. Immerhin kannst du dich mit der Tatsache trösten, dass du tatsächlich das Nutzerverhalten beeinflussen konntest – die Nutzung der Suche ist gestiegen, wie beabsichtigt. Du bist auf dem richtigen Weg. Zusätzlich hast du ein neues potenzielles Problem aufgedeckt: die Qualität der Suchergebnisse. Du kannst dich also an die Arbeit machen, eine Hypothese zur Lösung dieses Problems aufzustellen.

Und nun kommt ein zusätzlicher Trick: Teste zunächst, ob auch bei anderen Tests der Anstieg der taktischen Kennzahl (Nutzung der Suchfunktion) zu einem Rückgang der Geschäftskennzahl (Warenkorbrate) geführt hat. Dann frage dich: Kannst du in die gegensätzliche Richtung testen? Eventuell lagst du mit deiner Hypothese einfach falsch und das Gegenteil deiner Vermutung trifft zu: Vielleicht ist es besser, die Nutzung der Suche zu reduzieren, sodass mehr Nutzer die Navigation verwenden. Denn womöglich finden die Nutzer über die Navigation schneller und einfacher zum Produkt und sind dementsprechend eher geneigt, einen Kauf zu tätigen.

D - Schlechtester Fall: nichts verändert sich.

Du betrachtest die Testergebnisse mit Unglauben: All die Arbeit, die du in die Hypothese und den Test gesteckt hast, und es hat sich rein gar nichts verändert? Weder ist die Nutzung der Suche gestiegen, noch gibt es mehr Kaufabschlüsse oder Add-to-Carts. Du stehst vor einer imaginären Sackgasse, bereit, die Hände in die Luft zu werfen. Bevor du das tust, schau dir an, welche möglichen Gründe es dafür gibt, dass sich deine Kennzahlen keine Kommastelle bewegt haben:

- Dein Test lief nicht lang genug oder es haben zu wenige Nutzer daran teilgenommen, daher hast du zu wenige Daten gesammelt. Prüfe die Teststärke, um sicherzustellen, dass deine Ergebnisse aussagekräftig sind. Hast du die erforderlichen 80 Prozent? Wenn nicht, lohnt es sich vielleicht, den Test noch weiter laufen zu lassen.
- Der Kontrast der Variante war zu gering und hat deswegen zu keiner Verhaltensänderung geführt. Anders gesagt, du hast eine zu geringfügige Änderung vorgenommen, die völlig unbemerkt blieb. Überprüfe, ob du die Lösung des potenziellen Problems noch kontrastreicher umsetzen kannst, um eine wirkungsvolle Veränderung herbeizuführen. Welche anderen Möglichkeiten bieten sich dir, die Suchfunktion für die Nutzer hervorzuheben, sodass sie wirklich mehr ins Auge fällt?
- Es gab vielleicht gar kein Problem, du hast dich geirrt. Hattest du genügend Futter für die Hypothese? Oder war sie doch nur aus den Fingern gesogen? Je nach Antwort kannst du einen weiteren Versuch wagen oder zurück zur Problemanalyse gehen.

Was auch der Fall ist, lass dich nicht entmutigen. Wie du mittlerweile weißt, ist es vollkommen normal, dass mehr als jede zweite Idee nicht das gewünschte Ergebnis liefert. Genau deshalb setzt du A/B-Tests ein: Die einzige Möglichkeit, Ideen zu validieren, ist eine gesunde Konfrontation mit der Realität. Auf diese Weise stellst du sicher, dass die schlechten Ideen das Wachstum der guten nicht bremsen, und du hast die Möglichkeit, mehr über eure Zielgruppe zu lernen und es im zweiten, dritten oder vierten Anlauf besser zu machen.

Aus negativen Tests positive Uplifts erzielen

In einem Projekt eines LEAP/-Kunden waren die Produktkacheln auf der Produktlistenseite unstrukturiert. Dadurch war es schwierig, Informationen schnell zu finden. Obwohl es einen »Add-to-Cart«-Button gab, war dieser teilweise verdeckt und bei Produkten, die eine Auswahl erforderten, nicht sichtbar. Um dieses Problem anzugehen, entschied sich das Unternehmen dafür, den »Add-to-Cart«-Button besser zu positionieren, um den Nutzern ein schnelleres Hinzufügen zum Warenkorb zu ermöglichen.

In der Testvariante war der »Add-to-Cart«-Button gut sichtbar und einfach zu bedienen. Das Ergebnis überraschte jedoch: Obwohl signifikant mehr Produkte in den Warenkorb gelegt wurden, sank die Verkaufsrate. Eine Analyse der Daten zeigte, dass zwar insgesamt mehr Nutzer Produkte dem Warenkorb hinzufügten und das vor allem auf der Produktlistenseite. Auf den Produktdetailseiten sank hingegen der Anteil der Nutzer, die von dort Produkte in den Warenkorb legten. Das deutete darauf hin, dass ein »Add-to-Cart«-Klick auf der Produktlistenseite nicht denselben Wert hatte wie auf der Produktdetailseite. Möglicherweise lag das daran, dass die Nutzer sich weniger intensiv mit dem Produkt auseinandersetzten und die ausführlichen Produktinformationen auf der Detailseite für ihre Kaufentscheidung benötigten.

In einem Folgetest entfernten wir die »Add-to-Cart«-Buttons von der Produktlistenseite, um den Weg zur Conversion zu verlängern und die Nutzer dazu zu bringen, sich intensiver mit dem Produkt auf der Detailseite zu beschäftigen. Das Ergebnis war erstaunlich: Der Shop verzeichnete signifikant mehr »Add-to-Cart«-Klicks und die Verkaufsrate verbesserte sich ebenfalls deutlich. Dank des Mittrackens und der Analyse zusätzlicher Ziele konnte das Unternehmen aus einem vermeintlichen Fehlschlag einen Erfolg machen. Gleichzeitig gewann es wertvolle Erkenntnisse darüber, dass ausführliche Produktbeschreibungen und Informationen wichtige Faktoren bei der Kaufentscheidung der Zielgruppe sind.

4 Quick-Validation-Methode

Wie du siehst, sind A/B-Tests das Ass in deinem Ärmel. Sie sind wie eine alternative Fahrtroute: Du kannst zwischen verschiedenen Routen wählen und anschließend nur noch die nutzen, die dich flotter ans Ziel bringt. Auf dem Weg gewinnst du außerdem noch alle möglichen Erkenntnisse über eure Abläufe und eure Zielgruppe. Doch in manchen Situationen bietet sich der Einsatz von A/B-Testing aus verschiedenen Gründen nicht an. Wenn du etwa nicht genügend Traffic auf der Webseite hast oder A/B-Tests zu aufwendig, langwierig oder zu teuer sind.

Für diese Situationen bietet sich dir eine alternative Möglichkeit, um dennoch Erkenntnisse zu gewinnen und Verbesserungen vorzunehmen: die **Quick-Validation-Methode**. Sie ermöglicht eine schnelle und effektive Validierung von Prototypen durch eine Kombination aus qualitativen und quantitativen Daten. Durch die Auswahl von Teilnehmern, die zur Zielgruppe gehören, wird sichergestellt, dass du relevante Einsichten gewinnst.

Die Teilnehmer nehmen an einem kurzen, 15-minütigen Onlinetest teil, der ein spezifisches Szenario und mehrere Aufgaben beinhaltet. Anschließend werden sie zu ihrem Eindruck des Prototyps befragt und bewerten ihn auf verschiedenen Skalen. Dabei wird auch die Präferenz zwischen der vorherigen und der neuen Umsetzung ermittelt.

Dadurch, dass zum Beispiel 100 Probanden ihr Feedback geben, hast du nicht nur qualitative, sondern auch quantitative Daten.

Die Quick-Validation-Methode ist wie der Einsatz eines Schnelltests bei der Erkennung von Krankheitserregern im Vergleich zu einem detaillierten Labortest. Der Schnelltest liefert in kürzester Zeit erste Hinweise auf eine Infektion, während der Labortest tiefgehend und präzise ist, aber mehr Zeit und Ressourcen benötigt. Im ersten Moment willst du nur wissen, ob du einen Virus hast, das verrät dir der Schnelltest. Der Labortest gibt anschließend darüber Auskunft, welche Virusvariante dich befallen hat und welche Behandlungsmethode du daher am besten wählen solltest. Selbst wenn du in einer Testumgebung operierst, ist das immer noch besser, als gar keine Daten zu haben.

Die Quick-Validation-Methode erwies sich zum Beispiel als äußerst nützlich bei einem LEAP/-Kundenprojekt, bei dem ein kompletter Seitentyp aus technischen Gründen neu gestaltet werden musste. Obwohl unser Design auf umfangreichen Vorinformationen basierte, konnten wir dank dieser Methode schnell und effektiv validieren, wie gut es bei den Nutzern ankam. Für das Desktop-Design zeigte sich eine deutliche Präferenz für die neue Version, während beim Mobil-Design Probleme auftraten und keine eindeutige Vorliebe für das neue Design festgestellt wurde. Durch das direkte Feedback, das wir erhielten, konnten wir schnell die Gründe für die Probleme auf Mobilgeräten identifizieren und das Design entsprechend anpassen, um es erfolgreich zu machen.

Videokurs: Der Schlüssel zum Erfolg: A/B-Testing verstehen und richtig anwenden

Wenn du bis hierhin gekommen bist, dann wird dir eines klar sein: Solange eine Idee nicht validiert wurde, ist sie vorerst auch nur genau das: eine Idee. Ob es sich dabei um eine gute, eine herausragende oder eine schlechte Idee handelt und welche Auswirkungen die dauerhafte Implementierung in deinem Onlineshop wirklich hat, findest du nur über datenbasiertes A/B-Testing heraus.

Dieser Kursteil befasst sich deshalb im Detail mit A/B-Testing und zeigt dir, warum es ein essenzielles Werkzeug zur Optimierung von Webinhalten darstellt. Hier lernst du, wie du durch sorgfältige Planung, korrekte Testdurchführung und präzise Datenanalyse aussagekräftige Ergebnisse erzielen kannst: **https://l.leap.de/teil6.2**

SCAN MICH
Verstehe A/B-Testing noch genauer und wende es direkt an, indem du dir den weiterführenden Videokurs anschaust.

TEIL 7

MIT PERSONALISIERUNG DAS NÄCHSTE LEVEL ERREICHEN

Die in diesem Buch beschriebenen Denk- und Handlungsprozesse sind universell anwendbar. Die Vielfalt führender Unternehmen weltweit, die von Conversion Optimierung und der damit verbundenen Methodik profitieren, belegt dies eindeutig. Wie in allen Disziplinen gibt es auch in der Conversion Optimierung mehrere Stufen, verbunden mit neuen Potenzialen, höheren Erträgen und mehr Kosteneffizienz, welche über die Vertiefung des hier beschriebenen erreicht werden können. Stellen wir uns nun vor, dass du dich möglicherweise bereits genau auf diesem Weg befindest und dir folgende Frage stellst: Wie geht es für mich weiter, wenn ich ein erfolgreiches Conversion-Programm aufgebaut habe?

Eure Webseite ist dank Conversion Optimierung auf einem guten Weg, zum Verkaufsprofi zu werden. Eure Conversion Rate liegt im grünen Bereich und ihr habt die Conversion Optimierung feierlich zu einem integralen Teil eurer Unternehmensstrategie ernannt. Ihr habt euch entschlossen, Conversion Optimierung nicht als einen kurzfristigen Sprint zu sehen, der euch gegenüber eurem Wettbewerb auf ein neues Niveau gehoben hat, sondern als einen Marathon.

Wenn du die ersten 50 bis 100 Tests durchgeführt und die größten Stolpersteine auf dem Weg zum Kauf beseitigt hast, dann wirst du bei einigen Tests die Erfahrung machen, dass eine Änderung nicht für alle deine User gleich gut funktioniert. Unterschiedliche Teile eurer Zielgruppe springen auf unterschiedliche Dinge an. Verkauft ein Autoverkäufer das gleiche Auto an zwei verschiedene Personen, dann betont er gegenüber einer Familienmama das Kofferraumvolumen und die Sicherheitsfeatures. Beim männlichen Single rückt er eventuell die Beschleunigung und das Sportpaket in den Vordergrund.

Personalisierung gehört zur Kunst des Verkaufens. Je besser sich deine Besucher abgeholt fühlen, desto eher werden sie zu zahlenden Kunden. Durch das Erkennen und Ansprechen individueller Bedürfnisse kannst du die Nutzererfahrung erheblich verbessern, ähnlich wie bei einem persönlichen Service in der realen Welt. Betrittst du etwa das Weingeschäft deines Vertrauens, dann kennt ein guter Verkäufer die Vorlieben aus vergangenen Beratungen oder deiner Kaufhistorie und kann dir zielsicher sagen, welche Neuheiten zu deinem Geschmacksprofil passen und welche nicht. Wenn eure Nutzer in vergleichbarer Form das Gefühl haben, verstanden und wertgeschätzt zu werden, steigen die Conversion Rates, die Warenkörbe werden größer und die Kundenbeziehungen dauern länger.

Im Gegensatz dazu sieht eine Webseite zum Start in der Regel immer gleich aus und zeigt allen Nutzern denselben Content, egal ob der Nutzer zum ersten Mal auf die Seite navigiert, gestern ein Produkt in den Warenkorb gelegt hat und heute wiederkommt oder schon fünfmal dort bestellt hat. Genau das willst du ändern, weil du dir des Mehrwerts personalisierter Erfahrungen bewusst bist.

1 Das kann Personalisierung leisten

Bevor wir tiefer in verschiedene Personalisierungsmethoden und deren Möglichkeiten für deinen Onlineshop eintauchen, betrachten wir zunächst konkrete Anwendungsfälle, in denen Personalisierung für deine Nutzer den Unterschied machen kann. Natürlich ist dies keine vollständige Aufzählung von Personalisierungsmöglichkeiten – diese sind genauso vielfältig wie die individuellen Anforderungen deines Onlineshops –, sie bieten dir jedoch einen hervorragenden Ausgangspunkt, um Personalisierung zu verstehen, umzusetzen und die dazugehörigen Logiken in deinem Unternehmen zu etablieren.

Durch maßgeschneiderte Ansprache und individuelle Angebote können Nutzer mittels Personalisierung gezielt zum richtigen Produkt geführt werden, was nicht nur die Conversion Rate steigert, sondern auch den Warenkorbwert signifikant erhöht. Ein personalisierter Ansatz unterstützt Kunden aktiv in ihrer Kaufentscheidung und optimiert entweder einzelne Etappen oder gar ihre gesamte Customer Journey. Ein solches Vorgehen erhöht sowohl die direkte Kundenzufriedenheit mit einer besseren Kauferfahrung, als auch die Loyalität der Kunden. Je umkämpfter das eigene Marktsegment, desto wertvoller ist die über personalisierte Elemente eingebrachte Wertschätzung, um Kunden stärker zu binden. Gleichzeitig lassen sich Businessziele wie der Return on Investment von Rabatten und Gutscheinen maximieren, indem diese gezielter und wirkungsvoller eingesetzt werden. Gut umgesetzt stellt Personalisierung stets eine Win-win-Situation dar, bei der sowohl Kunden als auch Unternehmen gleichermaßen von einer besseren Kommunikation und Interaktion profitieren.

Ein elementarer und verbreiteter Use Case der Personalisierung ist die individualisierte Nutzerführung über **Produktempfehlungen**. Viele Drittanbieter-Tools sind in der Lage, solche Empfehlungen auf Produktdetailseiten, im Warenkorb oder an vergleichbar relevanten Stellen ohne nennenswerten Aufwand seitens der Shopverantwortlichen darzustellen. Zugrunde liegt oftmals ein simpler Algorithmus, welcher über verschiedene Logiken eine Auswahl an personalisierten Elementen bietet: »aktuelle Trends«, »Neues im Sortiment«, »Ähnliche Produkte«, »Kunden, die dieses Produkt gekauft haben, kauften auch«, um nur einige zu nennen.

Kann ein Kunde beispielsweise dort weitermachen, wo er beim letzten Besuch aufgehört hat, wird das Einkaufserlebnis deutlich verbessert. Ein hervorragendes Beispiel für eine solche Personalisierung bietet *Intersport*: Kunden, die reduzierte Produkte im Warenkorb hatten und zurückkehren, erhalten einen Hinweis inklusive Link zu diesem Warenkorb. So wird ein ungenutzter Warenkorb nicht zu einer verpassten Chance, sondern zu einem Element der Conversion Rate-Steigerung.

Der Effekt von Wertschätzung ist im Offline-Bereich heutzutage eine Selbstverständlichkeit: Sei es bei Banken, die besondere Services für Kunden mit hohem Kontostand anbieten, oder Fluggesellschaften, die Business-Class-Passagiere bevorzugt behandeln, oftmals sogar abgetrennte Bereiche für diese besonderen Kunden anbieten. Aber auch Onlineriesen wie *Booking.com* mit dem *Genius-Level* oder *Amazon* mit dem *Prime*-Programm setzen heutzutage verstärkt auf personalisierte Angebote, um Kunden zu binden.

Ein LEAP/-Kunde hat sich diesen Effekt sehr erfolgreich zunutze gemacht, indem Mitglieder des »Clubs« diverse Vorteile wie beispielsweise versandkostenfreie Bestellungen genießen. In einem Test wurde dabei überprüft, wie sich eine Veränderung des generischen Hinweises von »Versandkostenfrei für Clubmitglieder« zu einer individualisierten Ansprache mit Verwendung des Vornamens im Stile von »Versandkostenfrei für dich, Thomas« auf die Bestellungen auswirkt.

Obwohl es sich bei den Clubmitgliedern bereits um ein besonders performantes Segment handelte, konnten so die Bestellungen mithilfe dieser Anpassung signifikant gesteigert werden. Die Botschaft für Mitglieder war klar: »Wir kennen und schätzen dich als treuen Kunden und deine Loyalität verdient eine Sonderbehandlung.«

Solche Maßnahmen machen oftmals den Unterschied, insbesondere in Zeiten exzessiver **Rabatt- und Gutscheinaktionen**. Rabatte können zwar den Umsatz signifikant steigern, zerstören im Prozess aber oftmals auch wertvolle Margen. Ein großes Problem bei diesem Vorgehen sind Mitnahmeeffekte:

Wenn vorher zehn Leute ohne Rabatt gekauft hätten und nun alle einen Rabatt erhalten, dann kaufen eventuell 12 oder 14 Personen, aber die ursprünglichen zehn beanspruchen den Rabatt ebenfalls, was die Rentabilität der Aktion massiv mindert. Werden solche Rabatte über personalisierte Segmente stattdessen gezielt nur denjenigen gewährt, die den Kauf sonst eher abbrechen würden, dann kann diese Maßnahme zu einer sehr wertschöpfenden Aktion für Umsatzsteigerung werden – und das, ohne die Marge mehr als notwendig zu beeinträchtigen. Ein hervorragendes Beispiel dafür ist *Groupon*, das die Generierung personalisierter Rabattcodes zu einem Millionengeschäft gemacht hat.

So bietet *Groupon* Kunden einen Alternativcode an, wenn ein Nutzer versucht, einen bereits abgelaufenen Gutscheincode einzusetzen:

Abb. 30: *Groupon* erkennt die Eingabe eines bereits abgelaufenen Rabattcodes – und tröstet Schnäppchenjäger mit einem alternativen Code.

Sie wissen, dass es sich im Zweifelsfall lohnt, sicherzustellen, dass der Nutzer einen Couponcode anwenden kann, anstatt zu riskieren, dass der Nutzer komplett abspringt. Hier kommt wieder die Wichtigkeit der Daten ins Spiel: Sie verraten dir, um welche Nutzer du mit entsprechenden personalisierten Angeboten kämpfen solltest und welche du getrost gehen lassen kannst.

2 Das brauchst du für erfolgreiche Personalisierung

Um Personalisierung erfolgreich zu gestalten, sind mehrere Faktoren relevant. Zunächst **müssen** Zielgruppen mit spezifischen Bedürfnissen wie in Teil 4 beschrieben identifiziert werden, wobei die Phase der Awareness, die Motive und Werte sowie der Kontext eine wichtige Rolle spielen. Wie in Teil 6 gilt auch hier: Ohne ein klares Problem gibt es keine passende Lösung. Wenn das Problem nicht klar ist, dann wird weder die Lösung zielführend, noch der Einsatz deiner Ressourcen effektiv sein. Darauf aufbauend sind **Daten** entscheidend, um relevante Kundensegmente zu bilden und diese Informationen dem Personalisierungstool zugänglich zu machen. Es reicht nicht aus, durch Befragungen zu wissen, dass Kunden sowohl Parfüms für sich selbst kaufen, wobei sie genau wissen, welches sie möchten, als auch gelegentlich Parfüms verschenken, dabei jedoch unsicher sind, welches sie wählen sollen. Diese Informationen müssen im Shop und in deinem Tool faktisch verfügbar sein, um gezielt mit Personalisierungsmaßnahmen darauf eingehen zu können.

Weiterhin ist es wichtig, die passenden **Orte** zu wählen, um personalisierte Inhalte zu zeigen. Es ist kontraproduktiv, im Checkout alternative Produkte anzuzeigen und den Nutzer zu fragen, ob er nicht doch ein anderes Hotel buchen möchte, oder im Warenkorb auf Rabattaktionen hinzuweisen, die die Marge kurz vor dem erfolgreichen Abschluss zerstören. Typische Orte für Personalisierung sind stattdessen die Startseite oder Produktdetailseite, das Add-to-Cart-Overlay oder der Warenkorb für Cross-Selling, und die Dankeseite für Loyalitätsthemen wie die Anmeldung zum Newsletter, Freunde-Werben-Programme oder das nachträgliche Anlegen eines Kundenkontos für Gastbesteller.

Wenn sowohl Problem als auch Daten vorhanden sind und der passende Ort für die Personalisierung identifiziert wurde, dann ist der nächste Punkt das **Regelwerk** deiner Personalisierung. Gerade, wenn eine Vielzahl an Personalisierungsmaßnahmen definiert wurden, ist eine strukturierte Herangehensweise unumgänglich, um Fehler zu vermeiden. Dabei gilt es darauf zu achten, dass Maßnahmen sich möglichst nicht überschneiden und die Prioritäten sinnvoll geregelt sind, sollte der Fall einer Überschneidung auftreten. Dazu gehört etwa die Festlegung, wann ein Nutzer nicht mehr in ein bestimmtes Segment fällt.

Ein prominentes Beispiel für eine fehlgeschlagene Personalisierungsmaßnahme sieht man häufig im Retargeting. Grundsätzlich ist es eine wunderbare Idee, einem Nutzer Produkte zu zeigen, die er in der Vergangenheit bereits angesehen hat. Wenn er dieses Produkt jedoch letzte Woche bei dir erworben hat und dann weiterhin Werbung für denselben Artikel erhält, dann führt das stattdessen eher zu Frust – insbesondere, wenn der Artikel nun günstiger angeboten wird als zur Zeit des Kaufs.

Einerseits zeigt dieses Beispiel uns die Wichtigkeit der Regulierung von personalisierten Maßnahmen. Andererseits zeigt sich hier, wie auch bei Conversion Optimierung allgemein, dass alle Bestandteile eures Marktauftritts von intelligenter Personalisierung profitieren. Eine bessere Logik für Retargeting über Personalisierung kann so auch Return-on-Ad-Spend optimieren und dir relevante Kosten einsparen.

3 Relevante Daten für Personalisierung

In Bezug auf eure Daten eröffnet sich ein reicher Schatz an Personalisierungsmöglichkeiten, den du mit der richtigen Verknüpfung und Auswertung heben kannst. Die Entwicklung von passiv erhobenen Sessiondaten über verknüpfte Daten aus verschiedenen Quellen bis hin zu aktiv erhobenen Daten verdeutlicht den wachsenden Grad an Tiefe und Präzision, den Unternehmen bei der Personalisierung auf Datenebene erreichen können.

Während einfache, passiv erhobene Daten einen schnellen und unkomplizierten Einstieg bieten, ermöglichen aktiv erhobene Daten die höchste Form der Personalisierung durch tiefgehende und kontextreiche Einblicke in die individuellen Vorlieben der Nutzer. Die Wahl der richtigen Datenstrategie hängt von den spezifischen Anforderungen und Möglichkeiten des Unternehmens ab.

Passiv erhobene Sessiondaten

In dieser Form werden Daten passiv während der Nutzersitzung erhoben, wie »hat in der Produktkategorie ›Laufschuhe‹ gestöbert« oder »hat einen Schuh von Adidas in den Warenkorb gelegt«. Diese Daten bieten grundlegende Einblicke in das Nutzerverhalten und ermöglichen eine einfache Anpassung des Contents. Die Vorteile dieser Methode liegen in der einfachen Erhebung und Implementierung sowie im unmittelbaren Einblick in das aktuelle Verhalten der Nutzer. Allerdings bieten die Daten begrenzte Tiefe und eingeschränkten Kontext, was sie möglicherweise weniger präzise für langfristige Personalisierungsstrategien macht. Für viele E-Commerce-Unternehmen ist das einer der ersten Schritte, um ein Verständnis für die Nutzerinteraktion zu entwickeln, bevor komplexere Personalisierungstechniken implementiert werden.

Neueste Intentdaten sind am wertvollsten

Ein weiterer wichtiger Punkt ist der Zeitpunkt der Datenerhebung. Hier gilt, umso frischer, desto besser, denn Nutzerbedürfnisse verschieben und verändern sich fortlaufend. An einem Tag braucht der Kunde einen Regenschirm, am nächsten einen Sonnenhut.

Nehmen wir ein anderes Beispiel, das verdeutlicht, wie wichtig die Aktualität der Daten ist: Stell dir vor, du bist in der Welt der Mobilfunkverträge unterwegs und hast ein schlaues Prognosemodell an der Hand, das dir die Kündigungswahrscheinlichkeit deiner Kunden vorhersagt.

Nun könnte dir dieses Modell zeigen, dass Kunden, die schon eine Weile bei dir sind, tendenziell weniger wahrscheinlich kündigen als

Kunden im ersten Jahr. Außerdem steigt die Wahrscheinlichkeit einer Kündigung typischerweise rund um die Kündigungsfrist an.

Aber hier kommt der Clou: Wenn einer deiner langjährigen Kunden plötzlich in den FAQs nach der Kündigungsmöglichkeit sucht, dann geht die Kündigungswahrscheinlichkeit durch die Decke – egal, was die anderen Faktoren sagen mögen.

Das zeigt, dass die neuesten Intentdaten wirklich Gold wert sind. Sie geben dir direkte Einblicke in die aktuellen Absichten und Handlungen eurer Nutzer und helfen dir, rechtzeitig zu reagieren, um ihre Bedürfnisse zu erfüllen und sie langfristig an euch zu binden.

Verknüpfte Daten aus anderen Quellen

Hierbei werden Daten aus verschiedenen Quellen miteinander verknüpft, um ein umfassenderes Bild des Nutzers zu erstellen. Beispiele sind CRM-Daten, wie »hat schon 3x gekauft«. Diese Verknüpfungen ermöglichen es, die Kundenhistorie bei der Personalisierung zu berücksichtigen und beispielsweise relevante Produkte bereits zu Beginn einer neuen Session anzuzeigen oder ein besseres Bild vom Kundenwert zu bekommen und darauf basierend bestimmte Services wie kostenfreien Versand anzubieten. Der Nutzer muss sich in der Regel dafür eindeutig identifizieren, zum Beispiel, indem er sich einloggt.

Aktiv erhobene Daten

Verschiedene Plattformen sammeln gezielt Daten für die Personalisierung, indem sie den Nutzer aktiv danach fragen. Beispiele wie *Netflix* zeigen, wie effektiv diese Methode sein kann. Sie fordern dich beim Onboarding direkt zur Mithilfe auf, um herauszufinden, was dich am meisten interessiert. So stellt das Unternehmen sicher, dass es dir relevante Inhalte anzeigt, auch wenn es am Anfang deine Filmvorlieben noch nicht kennt.

Da du ebenfalls daran interessiert bist, Filme und Serien angezeigt zu bekommen, die deinem Geschmack entsprechen, wirst du vermutlich bereitwillig deine Präferenzen kundtun. Lieber sagst du direkt, wonach dir der Sinn steht, anstatt dich durch 5.000 Filme und 2.000 Serien durchzuklicken. Eine klassische Win-win-Situation. Du kriegst Daten und dein Nutzer spart sich Zeit. Im Bereich Entertainment ist das natürlich naheliegend.

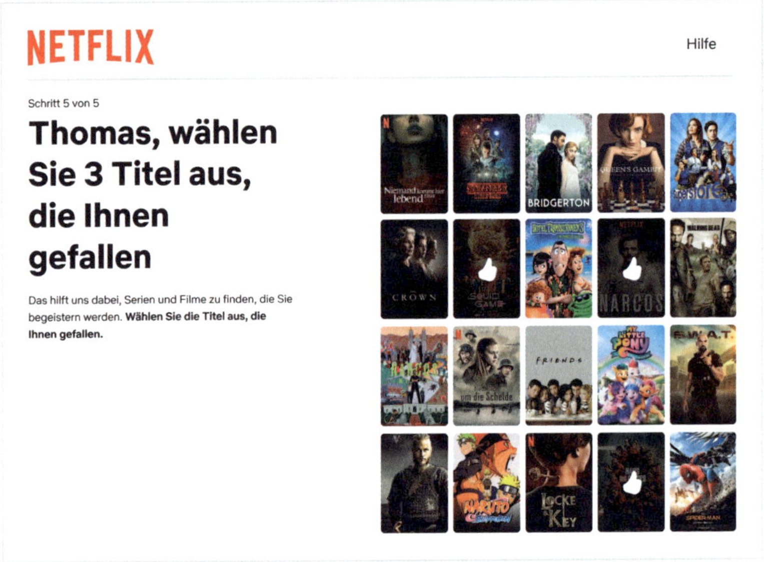

Abb. 31: *Netflix* fordert seine Nutzer direkt auf, ihre Vorlieben zu verraten, um personalisierte Film- und Serienvorschläge unterbreiten zu können.

Solange der Nutzen klar erkennbar ist, kannst du jedoch auch im E-Commerce jede Menge andere Fragen stellen. *Amazon* zum Beispiel fragt ganz offensiv:

Abb. 32: ***Amazon*** **fragt den Nutzer direkt, für wen er ein Geschenk sucht – so weiß Amazon, welche Geschenkkategorien den Nutzer interessieren und der Nutzer findet schneller das passende Geschenk – ein Win-win.**[27]

»Für wen kaufst du ein?« Diese Frage ergibt in diesem Kontext Sinn, schließlich deckt sich das mit dem Wunsch des Nutzers, das passende Geschenk zu finden. Sie gehen sogar noch weiter und fragen nach dem Geburtstag der Kinder, um altersgerechte Empfehlungen unterbreiten zu können:

[27] https://www.amazon.de/, aufgerufen am 04.12.2023 um 12:41 Uhr

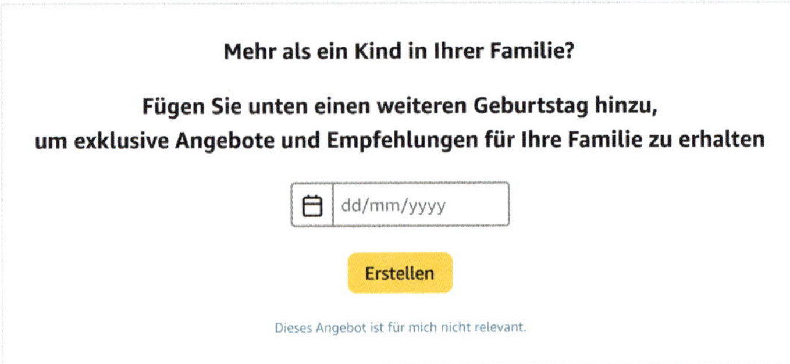

Abb. 33: *Amazon* fragt direkt nach dem Geburtsdatum der Kinder. So kann der Onlineshop stets passende Produkte für die jeweilige Lebensphase vorschlagen.[28]

Ein anderes Beispiel für Personalisierung stellt *REWE* dar. Das Unternehmen erhebt aktiv Daten und fragt die Absicht des Nutzers ab, um ihm eine maßgeschneiderte Einkaufserfahrung zu bieten:

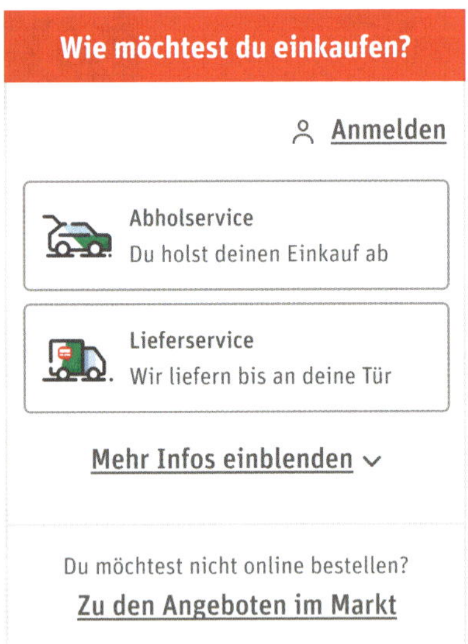

Abb. 34: *REWE* bietet zum Einstieg drei Wahlmöglichkeiten: Liefern, Abholen, gar nicht online bestellen (Zu den Angeboten) sowie die Option, sich einzuloggen.[29]

[28] ebd.
[29] https://shop.rewe.de/, aufgerufen am 05.06.2024 um 12:23 Uhr

Durch diese Fragen muss *REWE* nicht raten, wie der Nutzer einkaufen will, sondern weiß direkt, was der Kunde möchte, und kann ihm so nach der Auswahl das passende Sortiment anzeigen. Das ist ein erster, einfacher Einstieg in die Welt der Personalisierung, der durch das aktive Erheben von Daten möglich gemacht wird.

Fordere den Nutzer auf, sich zu identifizieren

Immer mehr Unternehmen setzen auf eine aktive Aufforderung zur Anmeldung, um eine personalisierte Nutzererfahrung bieten zu können. Das kann durch eine unauffällige Leiste am oberen oder unteren Bildschirmrand geschehen – eine unaufdringliche, aber effektive Methode, um die Aufmerksamkeit der Nutzer zu gewinnen. Wichtig dabei ist, dass diese zusätzliche Leiste nicht zu werblich wirkt, sondern eher für softe Conversions genutzt wird. Auf diese Weise kannst du Nutzer dazu anregen, die Suche zu verwenden, Filteroptionen zu nutzen, ihre Größe oder andere Präferenzen anzugeben, um passende Ergebnisse zu erhalten. Es ist eine Win-win-Situation: Die Nutzer erhalten eine personalisierte Erfahrung, während du wertvolle Daten sammelst, um euren Service zu verbessern.

4 Vom ersten Test zum Personalisierungssystem

Erfahrungsgemäß entstehen die ersten Personalisierungsmaßnahmen aus A/B-Tests, bei denen eine neue Shopvariante, beispielsweise Produktempfehlungen im Warenkorb, initial für alle Nutzer ausgespielt wurden. Die Daten haben jedoch gezeigt, dass Bestands- und Neukunden unterschiedlich darauf reagieren. Die Bestandskunden kauften bei vorhandenen Produktempfehlungen mehr Produkte, wohingegen einige Neukunden durch die Produktempfehlungen überhaupt nicht kauften, sodass die Conversion Rate in dieser Gruppe sank. Um den Umsatzeffekt zu maximieren, werden die Produktempfehlungen daher nur den Bestandskunden angezeigt. Die personalisierte Zielgruppe bildet sich aus Ort (Warenkorb), Inhalt (»Nutzer kauften auch«-Element) und einem Datenattribut (Neu- vs. Bestandskunde). Je mehr A/B-Tests du durchführst, desto mehr solcher Personalisierungsfälle werden entstehen.

> **Von diesem Startpunkt aus kannst du die Komplexität und gleichzeitig die Wirksamkeit über die Hebel »Ort«, »Inhalte« und »Zielgruppen« erhöhen.**

Granulare Zielgruppen bilden

Im oben stehenden Beispiel spricht man von einem eindimensionalen Segment, weil es auf einem einzigen Datenattribut basiert. Diese einfache Segmentierung ermöglicht es, Inhalte für eine spezifische Gruppe anzupassen. Sie ist leicht zu implementieren und zu verstehen und liefert schnell Ergebnisse, da nur ein Kriterium berücksichtigt wird. Jedoch kann diese Methode wichtige Nuancen und Variationen innerhalb der Nutzergruppe übersehen und nicht das volle Potential ausschöpfen.

So könnte es beispielsweise sein, dass die Produktempfehlungen nicht für alle Neukunden einen negativen Effekt haben. Beim genaueren Hinsehen könnte sich herausstellen, dass Neukunden, die über den Traffic-Kanal »Direkt« auf die Webseite kamen, positiv darauf reagierten. Unter Berücksichtigungen eines weiteren Datenattributs kannst du ein noch besseres Ergebnis erzielen. Allerdings erfordern mehrdimensionale Segmente eine komplexere Datenanalyse und eine höhere Reife in der Erhebung und Strukturierung von Daten.

Dank Künstlicher Intelligenz und vorausgesetzt, du hast genügend Traffic, kannst du auch nutzerindividuell entscheiden, ob und welche Produktempfehlungen im Warenkorb angezeigt werden. Hier wird jeder Nutzer als ein eigenes Segment betrachtet. Einige A/B-Testing-Tools bieten solche Funktionalitäten bereits an.

Skalierung über den Inhalt und den Ort

Mit mehr Variablen steigt die Komplexität von Personalisierungen und einfache Entscheidungsbäume gelangen an ihre Grenzen. Verdeutlichen wir das an einem Beispiel: Ein Unternehmen aus dem Energiesektor bietet neben klassischen Strom- und Gastarifen auch Solaranlagen und Wärmepumpen an. In einem Personalisierungstest hat das Unternehmen herausgefunden, dass mehr Angebote für Solaranlagen angefragt werden, wenn die Nutzer, die den Onlineberater für diese Anlagen gestartet aber nicht beendet haben, auf der Startseite daran erinnert werden, fortzufahren, und über einen Link zurück in das Solaranlagen-Formular springen können.

Ausgangspunkte dieser Personalisierung waren ein eindimensionales Segment (Nutzer, die die Solar-Journey gestartet, aber nicht beendet hatten), ein Ort (Startseite) und ein Inhalt (Link zum Wiederaufnehmen der Journey).

Weil das Prinzip »Erinnerung an eine angefangene Journey« erfolgreich validiert wurde, könnte das Unternehmen die Personalisierung weiter skalieren, indem auch die Nutzer, die eine Strom- oder Wärmepumpen-Journey gestartet und nicht beendet hatten, beim Aufruf der Startseite daran erinnert wurden, ihre begonnene Aufgabe abzuschließen.

Solange die Erinnerung nur auf der Startseite erfolgt, ist die »Reichweite« dieser Maßnahme begrenzt. Schließlich rufen nicht alle Nutzer die Startseite auf. Daher lohnt es sich, die Erinnerung auch an anderen Stellen zu platzieren, gegebenenfalls sogar in Form eines Pop-ups, welches seitenübergreifend eingeblendet wird. Hier führt die Skalierung zu einer höheren Komplexität, die am Ende nicht mehr manuell steuerbar ist.

Woran soll ein Nutzer erinnert werden, der sowohl eine Solar- als auch eine Wärmepumpen-Journey gestartet hat? An die Journey, die zuletzt gestartet wurde? Das würde bedeuten, wenn die Wärmepumpen-Journey gestern und die Solar-Journey vorgestern gestartet wurde, dass dieser Nutzer an die Wärmepumpe erinnert wird. Das ist nur auf den ersten Blick plausibel. Was ist, wenn der Nutzer nur geringes Interesse an der Wärmepumpe gezeigt hat, beispielsweise nur eine einzige Seite dazu aufgerufen und keinerlei Daten eingegeben hat, bei der Solar-Journey jedoch mehr Zeit investiert und schon einige Daten angegeben hat? Dann wäre eine Erinnerung an die Solar-Journey zielführender.

Was ist jedoch, wenn die Solar-Journey nicht auf vorgestern datiert, sondern ein halbes Jahr zurückliegt? Ist sie dann überhaupt noch relevant? Und wenn sie nur eine Woche zurückliegt und ihr dem Nutzer die Erinnerung an die Journey bereits dreimal gezeigt habt, ohne dass er darauf geklickt hat. Ergibt es dann noch Sinn, die Erinnerung ein viertes Mal einzublenden? Du siehst, es wird schnell unübersichtlich. An dieser Stelle können KI-Algorithmen ihre Stärken ausspielen.

Mit ihrer Hilfe können große Datenmengen in Echtzeit analysiert und komplexe Muster und Zusammenhänge erkannt werden, die für menschliche Analysten schwer zu identifizieren wären beziehungsweise nur unter unprofitablem Zeitaufwand. Durch KI-Algorithmen kannst du relevantere Inhalte ausspielen und einen höheren Mehrwert für eure Nutzer generieren.

5 Vermeide diese Stolperfallen

Mittlerweile wird dir klar sein: Personalisierung ist ein komplexes Unterfangen – sowohl mit Blick auf die Potenziale, die du ohne Personalisierung niemals nutzen wirst, als auch die Anforderungen, die mit der Umsetzung der jeweiligen Maßnahmen einhergehen. Doch wie bei allen komplexen Dingen im Leben gilt: sich davor zu verstecken, wird dir nichts bringen. Stattdessen gilt es, diese Dinge mit gesunder Sorgfalt zu betrachten, zu verstehen und schließlich an den richtigen Stellen und im richtigen Maß anzuwenden.

Weil sich das Grundkonzept der Personalisierung intuitiv erschließt, stürzen sich viele Unternehmen, wenn sie den Schritt denn wagen, kopfüber in das Thema und fangen an, alles und jedes Element zu personalisieren. Bei diesem Gedanken sollten bei dir mittlerweile die Alarmglocken angehen: denn das widerspricht nicht nur den Prinzipien effektiver Conversion Optimierung, bei der wir nur die werttreibendsten Maßnahmen ergreifen wollen, sondern führt Teams in der Praxis auf der Suche nach immer neuen Segmentlösungen auf ressourcenineffizientes und kostspieliges Glatteis. Um dein Team vor einem solchen Schicksal zu bewahren, schauen wir uns nun die Dinge an, die du bedenken solltest, bevor ihr den Stift in die Hand nehmt.

Wann Personalisierung keinen Sinn ergibt

Personalisierung erfolgt nicht zum Selbstzweck. Denk daran, einen sinnvollen Anwendungsfall zu haben und zu verstehen, warum sich eine Unterscheidung zwischen verschiedenen Zielgruppen lohnt. Du kannst gezielt personalisieren, um die Nutzererfahrung zu verbessern und die Conversion Rates zu steigern, allerdings sollte der damit verbundene Aufwand die Sache wert sein.

Wenn du noch keine Erfahrung mit A/B-Testing hast, ist es ratsam, zuerst damit anzufangen. Viele Unternehmen machen den Fehler, zu früh mit Personalisierung zu beginnen. Wenn ihr noch nicht konsequent datengetrieben arbeitet, solltet ihr dies priorisieren. Es ist wichtig, dass ihr vor komplexen Personalisierungsstrategien Daten sauber erhebt, analysiert und für Entscheidungen heranzieht.

Anders ausgedrückt: Dein Unternehmen sollte bereits die in den vorherigen Kapiteln beschriebenen Prozesse beherrschen und in der Lage sein, durch A/B-Testing das Einkaufserlebnis auf »den kleinsten gemeinsamen Nenner« eurer Nutzerschaft auszurichten, bevor ihr in Personalisierung investiert.

Häufige Fehler beim Personalisieren

Bei der Umsetzung von Personalisierungsstrategien gibt es einige Stolperfallen, die es zu vermeiden gilt, um ein effizientes Vorgehen zu gewährleisten. Zum einen ist es wichtig, die Einwilligung der Nutzer zur Datenerhebung und -verarbeitung einzuholen, besonders bei sensiblen Daten. Zudem sollten klare Exit-Kriterien festgelegt werden, um zu bestimmen, wann ein Nutzer aus dem Personalisierungssegment ausscheidet. Es ist wichtig zu wissen, wann eine Personalisierungsmaßnahme nicht mehr relevant ist oder für einen bestimmten Nutzertyp nicht mehr funktioniert.

Beim oben genannten Beispiel des Unternehmens aus dem Energiesektor ergibt es Sinn, nicht nur die Seitenaufrufe zu messen und zu berücksichtigen, sondern auch den Zeithorizont. Zusätzlich lohnt es sich, die »Nicht-Reaktion« auf die Erinnerung, die Journey wiederaufzunehmen, als Indikator dafür zu erfassen, dass der Content möglicherweise doch nicht so relevant ist.

Zudem empfiehlt es sich, sich bei der Personalisierung auf die **Inhalte** der Webseite zu konzentrieren, anstatt das **Layout** der Seite für einzelne Segmente zu verändern. Das spart nicht nur Kosten und Ressourcen, sondern erleichtert auf längere Sicht auch die Wartung und fortlaufende Entwicklung eurer Webseite. Sobald ihr unterschiedliche Layouts verwendet, müssen bei jeder neuen Version der Webseite auch zwei Layouts angepasst werden. Diesen Doppelaufwand wollt ihr unbedingt vermeiden.

Eine wichtige Überlegung ist auch die Segmentgröße: Es ist wenig sinnvoll, Ressourcen für die Personalisierung eines kleinen Nutzersegments zu investieren. Wenn ein Segment nur zwei Prozent eurer Nutzer umfasst, ist dieses Segment für eine Personalisierung meist zu klein; es sei denn, ihr habt so viele Nutzer, dass zwei Prozent immer noch Hunderttausenden Nutzern pro Monat entsprechen.

Außerdem solltest du sicherstellen, dass du genügend Traffic für die Überprüfung deiner Personalisierungsmaßnahmen im Rahmen von A/B-Tests hast. Ohne ausreichende Daten wird es schwierig sein, signifikante Ergebnisse zu erzielen und fundierte Entscheidungen zu treffen. Auch für deine Personalisierungsideen gilt: Sie sind zunächst Hypothesen, die validiert werden müssen. Daher wirst du sie ebenfalls in einen A/B-Test schicken müssen.

Mit diesen Informationen im Gepäck bist du bestens ausgestattet, um die folgenden Fragen für dich zu beantworten: Ergibt Personalisierung für uns heute Sinn? Und wenn ja, wo? Viele führende Retailer haben längst hochkomplexe, mitunter vollautomatisierte und KI-gesteuerte Personalisierungssysteme im Einsatz. Diese Systeme sind jedoch nie aus dem Nichts entstanden, sondern das Ergebnis gründlicher, datenbasierter Vorarbeit, zumeist in Form von umfangreichen A/B-Test-Programmen. Wo sich euer Onlineshop heute auf dieser Reifeskala einsortiert, ist entscheidend dafür, in welchem Ausmaß Personalisierung für euch Sinn ergibt und welchen Nutzen ihr aus diesen Maßnahmen mit Blick auf eure Businessziele ziehen werdet.

Wenn du heute bereits fleißig testest, ist Personalisierung der nächste logische Schritt in der Evolution deiner Conversion-Optimierung. Wenn du kaum erwarten kannst, deinen ersten A/B-Test aufzusetzen oder dein Programm mit den aus diesem Buch gewonnenen Erkenntnissen neu zu strukturieren, dann ist Personalisierung für den Moment besser auf deinem Vision-Board aufgehoben.

Für das folgende Kapitel dagegen ist es egal, wo du dich auf dieser Skala befindest. Wir betrachten die Anforderungen und die evolutionären Schritte vom Conversion-Optimierungsstartschuss bis zum Aufbau eines der besten Conversion-Teams der Welt.

Videokurs: Von einer optimierten Seite zum personalisierten Nutzererlebnis

In diesem Kurs lernst du, wie du mithilfe von Personalisierung dein Conversion-Optimierungsprogramm auf das nächste Level hebst. Dabei werden alle relevanten Aspekte – Daten, Orte, Regeln und Inhalte – beleuchtet und aufgezeigt, wie effektive Personalisierung gelingt: **https://l.leap.de/teil7**

SCAN MICH
Führe deine Nutzer mit unserem Onlinekurs von einer optimierten Seite hin zum personalisierten Nutzererlebnis!

TEIL 8

DAS BRAUCHST DU, UM CONVERSION OPTIMIERUNG ERFOLGREICH ZU BETREIBEN

Wenn du es bis hierhin geschafft hast, dann hast du den Stellenwert von Conversion Optimierung besser verstanden als viele deiner Peers. Das ist wichtig, denn dieses Verständnis bildet den Grundstein für jede Erfolgsgeschichte, die du im Rahmen von Conversion Optimierung hören wirst – egal ob in diesem Buch oder woanders.

Doch mit Verständnis allein ist nur der erste Schritt getan, um das Potenzial deines Onlinegeschäfts künftig messbar besser auszuschöpfen. Wichtig ist, dass die hier beschriebenen Prinzipien nicht nur verstanden, sondern auch verinnerlicht und umgesetzt werden. Die erfolgreichsten Optimierer, insbesondere im E-Commerce, attackieren diese drei Punkte zu jeder Zeit simultan: Sie investieren in die besten Mitarbeiter und Tools für die bestmöglichen Resultate; verbessern stetig die Analyse- und Optimierungsprozesse, um Effektivität und Effizienz zu steigern, und testen soviel es nur irgend möglich ist, weil sie verstanden haben, dass sie damit schneller wachsen.

Abhängig davon, wo dein Unternehmen in dieser Entwicklung heute steht, stellst du dir an diesem Punkt wahrscheinlich eine der beiden folgenden Fragen: »Was brauche ich, um mit Conversion Optimierung loszulegen?«oder »Wie sorge ich dafür, dass wir in der Conversion Optimierung anstelle von ›nice-to-have‹ – zukünftig ›must-have‹-Ergebnisse erzielen?« Grundsätzlich lassen sich die Anforderungen für erfolgreiche Conversion Optimierung in drei Bereiche gliedern: Fähigkeiten im Team, eingesetzte Tools und angewandte Prozesse. Schauen wir uns gemeinsam diese Bereiche im Detail an, angefangen mit dem Kern: dem Team.

1 People

Die erste Frage, die dich beschäftigen sollte, ist die nach dem richtigen Team. Ohne Experten keine guten Hypothesen, ohne gute Hypothesen keine guten Varianten und ohne gute Varianten keine Uplifts. Es gibt nicht das eine Set-up, das für alle gleichermaßen funktioniert oder realisierbar ist. Passend zu Unternehmensphase, Budget- und Ressourcensituation und Ambition existieren verschiedene Level oder Reifegrade, wobei wir hier sowohl auf die notwendige Minimalanforderung als auch ein bestmögliches Personal-Set-up eingehen werden. Ersteres lässt sich wie ein ambitioniertes Zweitligateam verstehen, letzteres spielt um die nationale Meisterschaft und schlägt sich gegen die Größten im internationalen Wettbewerb durch.

So sieht dein Starter-Team aus

Wenn du Conversion Optimierung richtig angehen willst, dann gibt es drei essenzielle Rollen, die es unbedingt mit schlauen Köpfen zu besetzen gilt: einen Conversion Analyst, einen Designer und einen Entwickler. Das ist die absolute Minimalanforderung. Was genau diese Rollen im Detail ausmacht, beschreiben wir im folgenden:

Conversion Analyst

In deinem Starter-Team ist diese Person der Allrounder des Teams, ein wahrer Tausendsassa. Er übernimmt die Hauptaufgaben, die du in den vorherigen Kapiteln kennengelernt hast. Das sind vor allem die Identifikation von nutzerorientierten Problemen, die Erarbeitung lösungsorientierter Hypothesen und Priorisierung der vielversprechendsten Testideen. Neben den analytischen Anforderungen ist dieses Teammitglied auch für das Projekt- und Stakeholder-Management verantwortlich, da diese Komponenten für den Erfolg eines Conversion-Optimierungsprogramms extrem wichtig sind.

UX/UI-Designer

Der UX/UI-Designer sorgt dafür, dass die Vorarbeit des Conversion Analysten richtig in die Tat umgesetzt wird. Auch die beste Vorarbeit ist nur so gut wie die genaue Umsetzung der Hypothesen in deinem Onlineshop. Hier ist Fingerspitzengefühl gefragt: Wie groß muss eine Änderung sein, um den gewünschten Effekt zu erzielen? Wie klein oder kondensiert kann die Veränderung platziert werden, um den gewünschten Effekt ohne Verfälschungen zu überprüfen? Was in der Theorie eine spannende Hypothese ist, gilt es in der Praxis in ein nutzerfreundliches Element auf deiner Webseite umzusetzen. Dein Designer ist dein Möglichmacher.

Frontend- oder Fullstack-Entwickler

Der Frontend- oder Fullstack-Entwickler übernimmt, wenn er erfahren genug ist, alle technischen Aufgaben deiner Optimierung. Seine Hauptaufgabe besteht darin, die erarbeiteten Tests zu programmieren, die technischen Grundlagen zu sichern und ein effizientes Tracking-Konzept umzusetzen. Darüber hinaus können Frontend- oder Fullstack-Entwickler auch die quantitative Analyse übernehmen, wenn niemand sonst dazu in der Lage ist oder Kapazitäten an anderen Stellen begrenzt sind. Ein guter Entwickler ist der beste Freund jedes Conversion-Programms.

Mit diesen drei Rollen hast du alles, um mit Conversion Optimierung zu starten. Natürlich kommt ein solches Basisteam mit Limitationen daher, vor allem in Bezug auf Testvolumen und -qualität. Nichtsdestotrotz ist diese Konstellation ein hervorragender Startpunkt, der dein Unternehmen schnell aus der Theorie in die Praxis führen und Ergebnisse produzieren kann.

Oftmals sehen wir, dass eine solche Speerspitze nur der erste Stein des Anstoßes ist und die erzielten Erfolge für mehr Management-Buy-in sorgen und schlussendlich vor allem mit mehr Budget fürs Testing einhergehen. Um eine solche Entwicklung zu schaffen, ist es jedoch wichtig zu verstehen, dass es sich hierbei um dedizierte Rollen handelt. Das bedeutet, dass die oben genannten Experten sich ausschließlich mit Conversion Optimierung und A/B-Testing auseinandersetzen und diese Themen nicht nur »nebenbei« betreiben. Denn einer der größten und oftmals schmerzhaftesten Fehler vieler E-Commerce-Unternehmen ist, dass keine fokussierten Ressourcen für die Conversion Optimierung freigestellt werden.

Das Ergebnis ist fast immer dasselbe: verbrannte Erde und frustrierte Manager. Denn ohne dedizierte Ressourcen kommt die notwendige Vorbereitung in Form von Analysen zu kurz, Testpläne und -zeiträume werden nicht eingehalten, es wird unzureichend getrackt und schlussendlich wird kein vernünftiger Return of Investment erzielt. Anstelle schneller Erfolge folgt dann eher schnelle Resignation und ein wachsender Berg an Opportunitätskosten, die durch ungenutzte Potenziale konstant steigen.

Im schlimmsten Fall testet die Konkurrenz zeitgleich erfolgreich und wächst somit stetig, während man selbst nicht von der Stelle kommt und Conversion Optimierung als für das eigene Unternehmen ungeeignet abstempelt. Wenn du Conversion Optimierung stattdessen erfolgreich betreiben willst, dann solltest du dem Thema und den zuständigen Mitarbeitern einen entsprechenden Stellenwert zuordnen, der dem Potenzial deines Onlineshops gerecht wird.

So sieht dein Profi-Team aus

Wenn du die Basics bereits erfolgreich abdeckst und diesen Erfolg ausbauen und direkt in der Champions League der Conversion Optimierung mitspielen willst, dann kannst du dir die Limitationen des zuvor beschriebenen Teamaufbaus nicht erlauben. Dann ist die Zeit gekommen, um die Skillsets der multiorientierten Rollen des Basisteams in einer Gruppe aus spezialisierten Experten umzuverteilen. Es gilt wie überall: Wer die besten Resultate möchte, der braucht auch die besten Leute an den richtigen Stellen. Erfahrene Fachleute in jedem Bereich verstehen die Arbeit ihrer Kollegen in der Regel zu einem gewissen Maß und können gegebenenfalls einspringen, um bestimmte Aufgaben zu übernehmen. Doch nicht alle Aufgaben sind für jeden gleich leicht zu bewältigen. Während einige Arbeiten für Laien machbar erscheinen, erfordern andere ein hohes Maß an Fachkenntnissen und Erfahrung.

Ein Mittelfeldspieler kann auch mal in der Abwehr aushelfen. Auf Dauer sollte eure Strategie aber sicherstellen, dass eure Ressourcen bestmöglich eingesetzt werden. Im Folgenden findest du die Teamkonstellation, die sich immer wieder als erfolgreichste erwiesen hat. Auf einzelnen Positionen kann es mitunter Abweichungen geben, doch die Grundstruktur dieses Teams ist gleichermaßen universell wie vielseitig und hat über die Jahre E-Commerce-Unternehmen aus sehr unterschiedlichen Branchen und mit stark abweichenden strategischen Zielen zum Erfolg geführt.

Conversion Analyst

Seine Rolle: Auch in deinem Profi-Team ist der Conversion Analyst unverzichtbar und wird mit dem richtigen Fokus zu einem Meister darin, die verborgenen Potenziale des Nutzerverhaltens lösungsorientiert zu entschlüsseln. Als treibende Kraft aller Conversion-Anstrengungen ist er eine Art Sherlock Holmes der digitalen Welt, romantisch gesprochen. Hätte er nicht den Weg ins Onlinegeschäft gefunden, wäre er mit Sicherheit entweder Psychotherapeut oder Profiler geworden.

Seine Aufgaben: Mit einem Hintergrund in Psychologie, Behavioral Economics oder zumindest einer hohen Affinität für Nutzerverhalten versteht dieses Teammitglied wie niemand sonst, was Menschen antreibt, wie sie Entscheidungen treffen und wie man diese Entscheidungen beeinflussen kann. Diese Person versteht die tief verwurzelten Mechanismen, die das menschliche Verhalten bestimmen und kennt die subtilen Nuancen, die Menschen dazu bringen, Entscheidungen zu treffen oder zu vermeiden. Daher ist der Conversion Analyst dafür zuständig, die richtigen Botschaften zu entwickeln und die verschiedenen Puzzleteile des Nutzerverhaltens zu einer stimmigen Hypothese zusammenzufügen.

Dieses Teammitglied ist maßgeblich daran beteiligt, Nutzerprobleme zu formulieren und die passenden Lösungen zu entwickeln. Der Conversion Analyst großen Wert darauf, dass bei der Gestaltung der Testvariante nur das Nötigste geändert wird, damit die Hypothese sauber überprüft werden kann. Gleichzeitig sorgt er dafür, dass der Kontrast der Änderung groß genug ist, damit sie überhaupt wirken kann.

Deswegen brauchst du ihn: Seine präzise Herangehensweise und sein tiefes Verständnis für das Nutzerverhalten tragen maßgeblich zur hohen Erfolgsquote deines Testing-Programms bei.

Data Scientist

Seine Rolle: Ein Data Scientist ist der Zahlenjongleur in deinem Team.

Seine Aufgaben: Er ist derjenige, der in die Tiefen der Daten eintaucht. Er entdeckt bis dato versteckte Muster und Trends, die für euren Erfolg entscheidend sind. Seine Arbeit beginnt mit der quantitativen Analyse, bei der er die Daten gründlich untersucht, um herauszufinden, wo die größten Hebel für Optimierungsmöglichkeiten liegen. Er stellt etwa fest, dass einzelne Nutzersegmente, die über eine bestimmte Kampagne auf die Webseite gelangen, ein besonders hohes Absprungrisiko aufweisen oder seltener den Einkauf erfolgreich abschließen. Ein wichtiger Beitrag des Data Scientists besteht zudem darin, verlässliche Testauswertungen zu erstellen und übermotivierte Manager zu bremsen. Er sorgt dafür, dass Tests nicht vorzeitig beendet werden und verhindert, dass sich euer Team zu früh auf vermeintliche Erfolge verlässt. Das stellt sicher, dass erfolgreiche Tests auch wirklich erfolgreich sind und somit auch einen hohen Einfluss auf euren Geschäftserfolg haben.

Deswegen brauchst du ihn: Ein erfahrener Data Scientist ist unverzichtbar für ein erfolgreiches Conversion-Optimierungsprogramm, da er das Fundament für die datengetriebene Entscheidungsfindung baut. Er trägt dazu bei, dass ihr Entscheidungen auf Basis von validen Auswertungen des Nutzerverhaltens trefft und so den Impact eurer durchgeführten Tests maximiert.

UX/UI-Designer

Seine Rolle: Der UX/UI-Designer verwandelt Testkonzepte in lebendige Designs und stellt sicher, dass das Nutzererlebnis auf der Website oder App reibungslos und ansprechend ist. Er ist dein kreativer Motor und stellt sicher, dass jede Änderung eine lösungsorientierte Schnittstelle zwischen Nutzer und Onlineshop darstellt.

Seine Aufgaben: Grundlegend übersetzt der UX/UI-Designer abstrakte Konzepte und aufkommende Anforderungen in visuelle Darstellungen, die für die Nutzer intuitiv verständlich sind. Dabei berücksichtigt er sorgfältig das Gesamtbild der Webseite, um sicherzustellen, dass jedes Designelement nahtlos in das bestehende Konzept passt und die Nutzererfahrung im Sinne des vorbereiteten Tests abgewandelt wird. Er achtet darauf, dass die spezifischen Markenrichtlinien eingehalten werden, damit das Design die Identität und Werte des Unternehmens widerspiegelt.

Ein wichtiger Aspekt seiner Arbeit ist die Anpassung an die Nutzergewohnheiten, beispielsweise in der Nutzung von Mobilgeräten, und die Balance zwischen Ästhetik und Nutzerfreundlichkeit.

Deswegen brauchst du ihn: Der UX/UI-Designer ist nicht nur ein ästhetischer Gestalter, sondern auch ein Strategieexperte und Nutzerforscher, der sich intensiv mit den Bedürfnissen und Verhaltensweisen der Zielgruppe auseinandersetzt. Seine Arbeit trägt maßgeblich dazu bei, dass eure Webseite nicht nur gut aussieht, sondern auch gut und vor allem im Sinne eurer Nutzergruppen funktioniert und damit schlussendlich benutzerfreundlich ist.

Frontend-Entwickler

Seine Rolle: Der Frontend-Entwickler sorgt dafür, dass eure ausgearbeiteten Testprojekte Wirklichkeit werden.

Seine Aufgaben: Der Frontend-Entwickler ist derjenige, der die technische Umsetzung der A/B-Tests übernimmt. Er schreibt Code so, dass Tests flackerfrei und Übergänge nahtlos sind und die Benutzer ein konsistentes Erlebnis haben, unabhängig davon, ob sie der Kontroll- oder Testgruppe angehören. Darüber hinaus ist der Frontend-Entwickler euer Hüter des Testflusses. Dank ihm nehmen nur diejenigen Benutzer am Test teil, die ihn auch sehen sollen. Das erfordert eine präzise Implementierung von vorausgesetzten Bedingungen und Logiken. Er gewährleistet, dass die Benutzer gleichmäßig zwischen Test- und Kontrollgruppe verteilt werden, ohne dass es zu Verzerrungen kommt.

Nicht zuletzt beinhaltet seine Arbeit auch die Datenerfassung. Der Frontend-Entwickler stellt sicher, dass die notwendigen Daten ordnungsgemä erfasst werden, damit die Ergebnisse der Tests aussagekräftig sind.

Deswegen brauchst du ihn: Der Frontend-Entwickler ist ein unverzichtbarer Bestandteil deines Conversion-Optimierungsteams, denn seine technischen Fähigkeiten und seine umfassende Datenkompetenz sind von entscheidender Bedeutung für den Erfolg jedes Tests.

Backend-Entwickler

Seine Rolle: Der Backend-Entwickler schafft aus dem Hintergrund heraus die Grundlagen für eine effektive Daten- und Test-Infrastruktur.

Seine Aufgaben: Im Kontext der Conversion Optimierung konzentriert er sich auf die Anbindung von relevanten Schnittstellen, Systemen und Datenbanken. Er sorgt dafür, dass eure technische Infrastruktur wichtige Datenpunkte und Logiken korrekt ins Frontend ausspielt, sodass ihr im Testing auf diese zurückgreifen könnt.

Wenn du zum Beispiel herausfinden willst, wie sich unterschiedliche Versandkosten auf dein Geschäft auswirken, dann wirst du auf ihn zurückgreifen. Er stellt dann unter anderem sicher, dass die Kosten nicht nur auf der Webseite angezeigt werden, sondern auch auf der Rechnung erscheinen. Gleichzeitig sorgt er dafür, dass die Performance deiner Webseite durch einen eventuellen Test nicht beeinträchtigt wird.

Deswegen brauchst du ihn: Als Rückgrat deines Conversion-Optimierunsteams ist dein Backend-Entwickler das Bindeglied zwischen Technik und Endnutzer. Darüber hinaus ermöglicht er dir Tests, die über optische Anpassungen deiner Webseite hinausgehen und verschafft dir Zugang zu ergänzenden Daten, die dein Testing-Tool nicht hat.

User Researcher

Seine Rolle: Wenn der Conversion Analyst dein Sherlock Holmes ist, dann ist der User Researcher dein Dr. Watson. Nicht, weil er dem Erstgenannten unterstellt ist, sondern weil er mit wissenschaftlicher Präzision tief in die Welt eurer Nutzer eintaucht, um ihre Geheimnisse zu entschlüsseln und die bisher verborgenen Gründe hinter ihrem Verhalten aufzudecken.

Seine Aufgaben: Er weiß, wie er die relevanten Informationen aus euren Nutzern herausbekommt, ohne ihnen die Worte in den Mund zu legen. Das hört sich banal an, ist aber ein wichtiger Skill und bedeutet, dass er die richtigen offenen Fragen stellt, die Raum für die persönlichen Gedanken und Meinungen eurer Nutzer lassen, ohne die Antworten zu beeinflussen. Er ist einfallsreich und weiß, wie er eine vertrauensvolle Atmosphäre schafft, in der die Nutzer bereit sind, ihre wahren Gedanken mit euch zu teilen.

Darüber hinaus ist der User Researcher auch ein Meister im Lesen zwischen den Zeilen. Er erkennt subtile Hinweise und verborgene Muster im Nutzerverhalten, die anderen vielleicht entgehen würden. Er gräbt tiefer und findet den wahren Grund, warum die Nutzer nicht kaufen oder warum sie bestimmte Handlungen auf der Webseite ausführen. Damit wird er zum perfekten Partner deines Conversion Analysten und – sofern dir Sherlock Holmes und Dr. Watson zu altbacken sind – zum Hutch deines Starsky. Das perfekte Team, um deinen Nutzern erfolgreich auf den Zahn zu fühlen.

Deswegen brauchst du ihn: Als analytischer Profi kennt der User Researcher alle gängigen Methoden der qualitativen Nutzerbefragung und die Tücken in der richtigen Formulierung und Umsetzung. Er ist mit Techniken vertraut, die es euch ermöglichen, mit euren Nutzern proaktiv zu interagieren und wertvolle Informationen zu sammeln.

Conversion (Optimization) Manager

Seine Rolle: Er ist der Kapitän deines Schiffes. Er hält die Crew auf Kurs, setzt Prioritäten und trifft strategische Entscheidungen. Daher ist er nicht zwangsläufig ein Experte mit einem sehr spezifischen Hintergrund, sondern vor allem ein Mitarbeiter mit starken Managementskills und einem hervorragenden Gesamtüberblick.

Du kannst dir den Conversion Optimization Manager wie einen Product Owner vorstellen. Mit einem bedeutsamen Unterschied: Product Owner arbeiten ähnlich, nutzen aber das Methodenset der Conversion Optimierung (Problemanalyse, Priorisierung und A/B-Testing) in aller Regel nicht oder nur eingeschränkt, um den Erfolg zu maximieren.

Seine Aufgaben: Während die vorherigen Teammitglieder alle ihre eigenen Spezialbereiche abdecken, bildet dieser Manager den Katalysator deines Conversion-Antriebs. Er hält alle Bestandteile deines Teams zusammen, organisiert wichtige Abstimmungen, Übergaben und Projektabläufe und stellt sicher, dass für alle Beteiligten jederzeit klar ist, wo ihr euch auf eurer Conversion-Roadmap befindet. Er hält die relevanten Stakeholder stets auf dem Laufenden und informiert das gesamte Unternehmen regelmäßig über den Fortschritt des Programms sowie die Ergebnisse der durchgeführten Tests. Dabei wird darauf geachtet, eine optimale Balance zu finden: Einerseits wird der Rest der Firma in den Prozess einbezogen, um eine möglichst hohe Akzeptanz und Unterstützung zu gewährleisten, andererseits wird das Conversion-Optimierungsteam so abgeschirmt, dass es effizient und ungestört arbeiten kann.

Zudem ist er für die Berechnung des Return on Investment verantwortlich und kümmert sich um die Beschaffung der notwendigen Budgets und Ressourcen. Er übernimmt auch die Verantwortung für die Test-Roadmap sowie das Management des Hypothesen-Backlogs, um sicherzustellen, dass alle Tests und Optimierungsmaßnahmen klar geplant und priorisiert sind.

Deswegen brauchst du ihn: Der Conversion Optimization Manager hält alle Stränge deiner Conversion Optimierung zusammen und ist bei dieser Teamgröße unverzichtbar. Denn nur wenn ihr stets auf Kurs bleibt, werdet ihr am Ziel ankommen.

Scrum Master

Seine Rolle: Der Scrum Master sorgt für den Zusammenhalt und das Wohl des Teams, damit jedes Teammitglied ihr volles Potenzial entfalten kann.

Seine Aufgaben: Ähnlich wie ein Gärtner, der den Boden vorbereitet, Unkraut jätet und Pflanzen umtopft, bereitet der Scrum Master den Boden für das Team vor, indem er eine unterstützende Umgebung schafft und Hindernisse beseitigt, die dem Wachstum im Weg stehen könnten. Darüber hinaus verbessert der Scrum Master die Zusammenarbeit und betreibt Vertrauensaufbau durch regelmäßige Teammeetings und Workshops. Er kennt die richtigen Werkzeuge und Techniken, um das Team zu ermutigen, zusammenzuführen und zum gemeinsamen Wachstum zu befähigen.

Der Scrum Master ist ein Meister des Mikroklimas, der die Bedürfnisse jedes Teammitglieds kennt und aufmerksam darauf achtet, dass alle gleichmäßig gedeihen. Konflikte löst der Scrum Master wertschätzend innerhalb des Teams und auch wenn es mit nicht direkt involvierten Mitarbeitern Herausforderungen gibt, ist er zur Stelle.

Deswegen brauchst du ihn: Er fördert ein harmonisches Arbeitsklima und unterstützt jedes Mitglied dabei, sein volles Potenzial zu entfalten. Er sorgt dafür, dass die teilweise sehr unterschiedlichen Charaktere effektiv und effizient zusammenarbeiten.

Sponsor

Seine Rolle: Er ist eine Führungskraft, die das Schiff finanziert und strategisch unterstützt, jedoch nicht direkt an den operativen Tätigkeiten beteiligt ist.

Seine Aufgaben: Der Sponsor ist die erste Anlaufstelle für den Conversion Manager, sitzt auf der Führungsebene des Unternehmens und trägt die Verantwortung dafür, dass das Projekt die gebührende Aufmerksamkeit und die benötigten Ressourcen erhält. Das bedeutet nicht nur finanzielle Mittel, sondern schließt auch den Entscheidungsfreiraum, den das Team hat, mit ein. Der Sponsor ist maßgeblich dafür verantwortlich, wie viele Tests durchgeführt werden können.

Langfristig kommt dem Sponsor die verantwortungsvolle Rolle zu, Conversion Optimierung und die darin verkörperten Prinzipien im Unternehmen zu verankern. Conversion Optimierung stellt kein zeitlich limitiertes Projekt dar, das ihr nach ein paar Monaten abhakt, sondern einen sukzessiven Kulturwandel, hin zu mehr Datengetriebenheit und Testfreudigkeit im gesamten Unternehmen. Genau dafür setzt sich der Sponsor voller Leidenschaft und Tatendrang ein, bis auch der letzte Unternehmensbereich vom frischen Geist der Conversion Optimierung durchdrungen ist.

Wenn du CEO oder CMO deines Unternehmens bist, ist das deine wichtigste Rolle. Wenn du Director E-Commerce bist, dann mache eine Person im C-Level zu deinem Verbündeten. Die erfolgreichsten Unternehmen, die dank Conversion Optimierung überproportionales Wachstum generieren, haben alle eins gemeinsam: Es gibt mindestens eine Person in der Führungsetage, die dieses Projekt bis aufs Messer verteidigt. Ein Sprichwort lautet: »Der Fisch stinkt vom Kopf«. Mit der richtigen Strategie kann dieser Geruch aber auch sehr angenehm sein. Die Vorbildrolle von CEO und CMO ist auch in der Conversion Optimierung wichtig: »Wie der Herr, so's Gescherr«.

Deswegen brauchst du ihn: Der Schiffseigner kümmert sich um die Bereitstellung des Budgets und sorgt dafür, dass das Schiff über die nötige Ausstattung und Vorräte verfügt, um die Mission erfolgreich zu absolvieren. Seine Entscheidungen und sein Engagement sind entscheidend dafür, dass euer Projekt sein volles Potenzial entfaltet und die gewünschten Ergebnisse erzielt.

Diese Teammitglieder sind deine Superstars, dein Dreamteam, ergänzt durch alle weiteren Mitarbeiter deines Unternehmens, die an bestimmten Stellen unterstützend mitwirken. Acht individuelle Spezialisten, die jeweils Expertise in ihren Gebieten mitbringen und dadurch zur wesentlichen Kraft für Innovationen in deinem Unternehmen werden – und ein Sponsor, der von der Arbeit dieses Teams überzeugt ist und ihnen den Rücken stärkt. Auch ein solches Team kann noch aufgestockt werden; manche Unternehmen mit einem sehr reifen Conversion-Optimierungsprogramm haben einige dieser Rollen mehrfach besetzt, um das Volumen möglicher Tests zu erhöhen und granularer in Optimierungsmöglichkeiten einzutauchen. Diese Ausbaustufe sehen wir heute in Deutschland nur bei einer Handvoll Unternehmen. Das sind die absoluten Marktführer, die die Mehrwerte von Conversion Optimierung bereits vor vielen Jahren für sich erkannt haben.

Auf das Profi-Team bezogen ist klar: Ein derartiges Aufgebot ist mit Kosten verbunden. Qualität hat bekanntlich ihren Preis, und das gilt auch für Conversion Optimierung. Jede Ressource, einschließlich aller Lohnnebenkosten, beläuft sich auf 50.000 bis 100.000 Euro pro Jahr. Das ergibt mit den Kosten für Tools zwischen 500.000 und 1.000.000 Euro pro Jahr, abhängig von der individuellen Kompetenz und Erfahrung der Beteiligten. Auch wenn die wenigsten Unternehmen mit einer solchen Anzahl an dedizierten Ressourcen starten werden, ergibt dieses Set-up dennoch eine mittlere bis hohe sechsstellige Investitionssumme.

Das mag auf den ersten Blick enorm erscheinen, ist aber als Investition in die Zukunft eures Meisterwerks zu betrachten. Größere Onlineshops können dieses Investment in der Regel bereits mit einer Handvoll erfolgreicher Tests wieder reinholen. Das passiert nicht von heute auf morgen, aber die Erfahrung zeigt: Professionelle Conversion Optimierung ist der rentabelste Wertschöpfungsprozess und treibt die Performance von Onlineshops von gut zu großartig. Funktioniert dieses Team, dann ist es der Dreh- und Angelpunkt deines Onlineshops.

Berücksichtige bei der Planung eines solchen Investments auch den enormen Einfluss dieses Teams auf Potenziale im Bereich Risikoreduzierung. Sobald die hier angesprochenen Prozesse laufen, ersparst du euch enorme Umsatzeinbußen, zu denen es heute bei euch kommt, weil ihr auf eurer Webseite Verschlechterungen implementiert, ohne es zu wissen. Erfahrene und funktionierende Teams generieren im

Durchschnitt Year-over-Year 15 bis 25 Prozent Umsatzwachstum und stellen die vorausgesetzten Kosten damit schnell in den Schatten. Solltest du mit deinem Unternehmen heute noch nicht in Umsatzgrößen von mehr als 20 Millionen Euro angekommen sein, kannst du dich guten Gewissens auf das Basisteam konzentrieren und dich von dort aus entlang deiner ersten Erfolge weiterentwickeln.

2 Werkzeuge

Eine der häufigsten Fragen, die wir zu hören bekommen, ist folgende: »Was ist das richtige A/B-Testing-Tool für mich?« Unsere Antwort ist dann, dass das Tool weniger ausschlaggebend ist als Team und Prozess, gleichermaßen aber elementar und unausweichlich. Schauen wir uns die Ebene der Tools genauer an, um das zu verstehen.

Es geht weniger darum, dass du das perfekte Tool finden musst – auch wenn unterschiedliche Tools unterschiedliche Stärken und Schwächen mit sich bringen. Wie bei jedem Werkzeug ist vor allem entscheidend, was du damit machst. Ein gutes Testing-Tool ist wie ein Skalpell: In der Hand eines geschulten Chirurgen wird es zum Wundermittel, in der Hand eines Amateurs ist es ein fahrlässiges Risiko. Wenn deine A/B-Testing-Arbeit nicht auf gut priorisierten Hypothesen von fachlich kompetenten und nutzerorientierten Experten basiert und kein Designer verfügbar ist, der aus einer guten Hypothese eine noch bessere Lösung gestalten kann, dann kann dir kein Tool der Welt bemerkenswerte Optimierungen garantieren.

Andersherum brauchst du auch keine Ressourcen in die Vorarbeit zu investieren, wenn du kein Tool zur Validierung deiner Hypothesen hast. Wozu die Krankheit erforschen, wenn du für den notwendigen Eingriff kein Skalpell zur Hand hast? Dabei gilt es, sich in Erinnerung zu rufen, dass auch gute Hypothesen schlechte Ergebnisse produzieren können, wie die New Coke es uns gezeigt hat.

Natürlich gibt es an ein A/B-Testing-Tool grundlegende Anforderungen: gutes Tracking für deine Ziele, effiziente und nachvollziehbare

Auswertungsmöglichkeiten, Schnittstellen zur Verknüpfung deiner bestehenden Datenquellen wie beispielsweise Google Analytics und natürlich die technische Kompatibilität mit der von deinem Onlineshop verwendeten Technologie. Alle führenden Anbieter von A/B-Testing-Tools decken diese Basics in gesundem Maße ab. Nicht immer gleich gut, aber alle definitiv gut genug, um mit Conversion Optimierung erfolgreich zu starten.

Darüber hinaus gibt es noch ergänzende Tools, die es dir erlauben, effizientere Vorarbeit zu betreiben: seien es Webanalytics-Tools wie das quasi selbstverständliche Google Analytics, Heatmapping- oder User-Research-Tools. Wenn das A/B-Testing-Tool dein Skalpell ist, dann sind diese Tools dein Thermometer oder Mikroskop. A/B-Testing-Tools ermöglichen deinen Eingriff, unterstützende Tools verbessern deine Ursachenforschung.

Webanalyse-Tools

Google Analytics ist am weitesten verbreitet. Daneben gibt es noch Adobe Analytics, *Matomo* (ehemals *Piwik*) oder Mapp Intelligence (ehemals *Webtrekk*), um ein paar zu nennen.

Wie in Teil 3 erläutert, deckst du damit auf, wie die Nutzer eure Webseite nutzen: Worauf klicken eure Nutzer und worauf nicht? Welche Seiten werden wie oft aufgerufen, wie navigieren sie etc.? Und du kannst damit die gefundenen Segmente und deren Probleme quantifizieren und Fragen beantworten wie »Wie viele Nutzer klicken auf Passwort vergessen?« und »Wie viele davon wiederum können sich am Ende erfolgreich einloggen und eine Bestellung tätigen?« So fokussierst du dich auf die wichtigen Themen und Probleme. Daher leisten sie einen wichtigen Beitrag zur Priorisierung deiner Hypothesen.

Session-Recording- und Heatmap-Tools

Lösungen wie *Hotjar, Mouseflow* und *Crazy Egg* zeichnen die Mausbewegungen, Klicks und Eingaben von Nutzern auf. Diese Tools ermöglichen es, sowohl einzelne Sessions als auch aggregierte Daten in Form von Heatmaps, Klickmaps und Scrollmaps darzustellen.

Indem sie den Nutzern quasi über die Schulter schauen, helfen sie dir dabei, herauszufinden, an welchen Stellen deine Nutzer Schwierigkeiten in der Navigation deines Onlineshops haben. Das ist besonders nützlich, um die Ursachen von Problemen aufzudecken. Oftmals bieten diese Tools auch einen Funnel-Ansatz für Formulare. So kannst du nachvollziehen, wie lange Nutzer für die Eingabe eines Feldes benötigen und an welchem Punkt sie möglicherweise abspringen.

Viele dieser Tools ermöglichen es dir auch, Nutzerumfragen einzubinden, um ergänzendes qualitatives Feedback zu sammeln. Um diese Tools effektiv zu nutzen, empfiehlt es sich, sie mit einem Webanalyse-Tool zu verbinden. Dadurch kannst du gezielt Sessions von Nutzern analysieren, die beispielsweise bestimmte Fehlermeldungen erhalten haben, und so verstehen, wie diese Fehler entstehen. Oder etwa Sessions, bei denen Nutzer bis zur Zahlungsseite im Check-out-Prozess gelangt sind, am Ende jedoch keinen Kauf getätigt haben. Die hier gewonnenen Daten bieten wertvolle Informationen, um mögliche Gründe für solche Verhaltensweisen deiner Nutzer zu identifizieren. Durch den Einsatz dieser Tools verbesserst du die Qualität deiner Problemhypothesen.

Projektmanagement-Tools

Tools, wie *Jira, Asana* oder *Trello* helfen, die Arbeit im Team von der Analyse bis zur Testauswertung effizient zu organisieren. Meist werden sie im Unternehmen bereits für die Entwicklung der Webseite eingesetzt. Davon profitieren auch die A/B-Tests. Mit einem klugen Workflow kann man sicherstellen, dass kein Schritt bei der Durchführung eines A/B-Tests vergessen oder übersprungen wird. Zusätzlich können sie einen Überblick bieten, welche Tests gerade aktiv sind, wer daran arbeitet und wie viele Ressourcen dafür benötigt werden.

Und zuletzt können die Daten, die in den Tickets generiert werden, auch als eine gute Grundlage für eine Testdatenbank genutzt werden. Es ist wichtig, eine lückenlose Historie über alle jemals durchgeführten A/B-Tests, ihre detaillierten Ergebnisse, Auswertungen und Interpretationen vorzuhalten. Das erleichtert euch die Arbeit, vor allem im Hinblick auf Folgetests, welche auf in der Vergangenheit durchgeführten A/B-Tests aufbauen.

Einige A/B-Testing-Tools bieten ebenfalls Funktionen an, um dein Conversion-Optimierungsprojekt zu organisieren und die Ergebnisse zu dokumentieren. Beachte hierbei jedoch, dass dadurch eine Abhängigkeit zum A/B-Testing-Tool über die Testing-Funktionen hinaus entstehen kann.

3 Prozesse und Rituale

In diesem Buch haben wir die wichtigsten Prozesse vorgestellt, doch wann sollen sie genau erfolgen und wie oft?

Um eine langfristig erfolgreiche Conversion Optimierung durchzuführen, ist es entscheidend, dass das Thema ernst genommen wird und eine hohe Priorität bekommt. Daher empfehlen wir, mit einem klaren Business Case zu starten. Wenn eine gezielte Conversion Optimierung das Potenzial hat, deinen Umsatz um 15 Prozent jährlich zu steigern, dann gilt es, dieses Potenzial mit entsprechender Deutlichkeit zu positionieren. Berechne dabei auch die Auswirkungen auf den Gewinn, um die konkreten finanziellen Vorteile der Maßnahme und des dazugehörigen Programms zu verdeutlichen und ausreichend Budget und die benötigten Ressourcen freigegeben zu bekommen.

In einem detaillierten Plan legst du zudem fest, wie viele Tests durchgeführt werden müssen und wie viele davon erfolgreich sein sollten, um dieses Wachstumsziel zu erreichen. Dies ist nicht nur wichtig, um die erforderlichen Ressourcen zu sichern, sondern auch um klarzustellen, dass es sich um einen bedeutenden Wertschöpfungsprozess handelt und nicht nur um eine Nebensache. Eine vereinbarte Erfolgsquote gewährleistet zudem, dass ausreichend in die Qualität der Hypothesen investiert wird und die wertvollen Design- und Entwicklungsressourcen effizient genutzt werden.

Wenn diese beiden Punkte erfolgt sind und es grünes Licht gibt, kann das Team die Arbeit aufnehmen. Sollten die Zielgruppe nicht ausreichend erforscht und die Nutzerprobleme unzureichend gut bekannt sein, solltest du mit User Research, wie in Teil 3 und 4 beschrieben, starten, um die ersten 10 bis 20 Problemhypothesen zu generieren.

Die Erforschung eurer Nutzerprobleme sollte, abhängig von der Geschwindigkeit, mit der eure Test-Roadmap abgearbeitet wird, etwa einmal pro Quartal oder Halbjahr erfolgen, um Futter für weitere Ideen zu generieren. Es ist sinnvoller, nach neuen Ideen zu suchen als die schlechtesten auf deiner Liste abzuarbeiten. Zusätzlich sollten quantitative Analysen on demand durchgeführt werden, um das Potenzial von Test- oder Personalisierungsideen zu validieren und einen Prioritätsscore zu ermitteln. Die Priorisierung und Anpassung der Roadmap sollte entsprechend der Testfrequenz regelmäßig erfolgen, beispielsweise monatlich oder einmal pro Quartal, besonders nachdem das beste Drittel der Ideen getestet wurde, um sicherzustellen, dass nur die vielversprechendsten Ansätze weiterverfolgt werden.

Ein regelmäßiger Review, idealerweise einmal pro Quartal, ermöglicht es, übergreifende Erkenntnisse zu aggregieren und mit der Organisation zu teilen. Die Implementierung von Conversion Optimierung erfordert einen kulturellen Wandel, der alle Mitarbeiter einbeziehen sollte, um nachhaltig erfolgreich zu sein. Daher ist es entscheidend, dass alle relevanten Testergebnisse transparent kommuniziert werden, beispielsweise über Newsletter oder für alle Mitarbeiter zugängliche Berichte. Ein Tippspiel kann das Engagement fördern, indem Mitarbeiter vorab auf verschiedene Testvarianten tippen oder wetten können, wer am besten die Ergebnisse vorhersagt.

Grundsätzlich sollte jeder Mitarbeiter die Möglichkeit haben, Ideen einzubringen, wobei erfahrene Teamkollegen bei der sauberen Formulierung von Hypothesen und der Bewertung ihres Potenzials unterstützen sollten. Erfahrungsgemäß kann dieser Zugang ohne gute Moderation allerdings frustrierend sein, da Kollegen oftmals direkt mögliche Lösungen vorschlagen und so den wichtigen Schritt der Problemdefinition überspringen. Besser ist es, Kollegen außerhalb des Conversion-Optimierungsteams einzuladen, um kreative Lösungen für bekannte und ausgewählte Probleme zu entwickeln, weil das über längere Zeit zu einer produktiven, effizienten Lösungsentwicklungskultur beiträgt.

4 Make or Buy

Du hast jetzt ein Verständnis dafür entwickelt, welche Rollen, Strukturen und Tools zur erfolgreichen Durchführung von Conversion Optimierung erforderlich sind. Jetzt stellt sich die Frage: Solltet ihr Mitarbeiter einstellen und ein internes Conversion-Optimierungsteam aufbauen oder outsourcen? Make or Buy? Nachfolgend findest du einige Überlegungen, die euch möglichst objektiv bei dieser Entscheidung helfen sollen. Dafür greifen wir auf unsere Erfahrungen im Umgang mit beiden Varianten zurück, um dir ein bestmögliches Verständnis für die individuellen Vor- und Nachteile beider Modelle zu geben.

Der wichtigste Aspekt zuerst: Wenn du bisher keine Conversion Optimierung durchgeführt hast und beabsichtigst, dies langfristig und in einem solchen Umfang zu betreiben, sodass sie einen unverkennbaren Einfluss auf deine Geschäftszahlen hat, stehst du am Anfang eines kulturellen Veränderungsprozesses.

Literaturnobelpreisträger Samuel Beckett's berühmtes Zitat bringt es auf den Punkt:

»Immer versucht. Immer gescheitert. Egal. Wieder versuchen. Wieder scheitern. Besser scheitern.«

Denn wer Angst vor Veränderung und möglichen Fehlschritten hat, der sollte auch von Conversion Optimierung lieber die Finger lassen. Conversion Optimierung erfordert eine proaktive Mentalität, bei der du morgen besser sein willst als gestern. Wer den Hunger nach mehr verspürt, sollte sich vor Augen führen, dass eine solche Veränderung nicht von allen Beteiligten positiv aufgenommen wird. Denn jede Veränderung bringt zuerst einmal Widerstand mit sich. Das liegt daran, dass Menschen Veränderungen nicht gerne sehen, insbesondere wenn die Auswirkungen plötzlich transparent machen, dass bisherige Ideen nicht die gewünschten Effekte brachten und Mitarbeiter unter Umständen unangenehmes Feedback erhalten. A/B-Tests zeigen gefühllos auf, was beim Nutzer gut ankommt und was ihn verscheucht – und, was euch am Ende wirklich mehr Umsatz bringt, was ihn senkt oder was nur Kosten generiert.

Je größer euer Unternehmen ist und je mehr Stakeholder in die Gestaltung eurer Webseite involviert sind, desto stärker könnte der Gegenwind auf diesem transformativen Weg ausfallen. Eine Vielzahl an Personen sind von der Entscheidung für Conversion Optimierung betroffen – sei es direkt als Designer, Entwickler oder Analysten oder indirekt durch das Einbringen von Ideen als Marketing-Manager oder Produktverantwortliche. Oftmals reicht daher eine einzelne Präsentation nicht aus, um Zweifler im Team an Bord zu holen und Widerstände abzubauen.

Die beste Spielphilosophie steht und fällt mit dem Einsatz und dem Willen des Teams. Wenn Conversion Optimierung zum neuen Trainer deines Onlineshops wird, dann brauchst du interne Leistungsträger, die diesem Trainer den Rücken stärken. Das musst du als Führungskraft sein, idealerweise gepaart mit einem bestehenden Verantwortlichen als Teamkapitän, um die Akzeptanz für das Thema bei den betroffenen Mitarbeitern zu erhöhen. Erste Ergebnisse schwächen viele der möglichen Einwände zusätzlich ab. Diese Ergebnisse können jedoch nur schwer produziert werden, wenn die in diesem Buch beschriebenen Prinzipien intern nicht konstruktiv aufgenommen und zielgerichtet umgesetzt werden.

Make

Ein klassischer und wichtiger Vorteil interner Conversion Optimierung ist der Heimvorteil. Du befähigst und bestärkst deine eigenen Mitarbeiter und gibst ihnen die Möglichkeit, sich spannende neue Fertigkeiten anzueignen und ganz neue Wissenshorizonte zu erreichen. Es gibt einen Grund, warum Mitarbeiter, die diese Prozesse beherrschen, bei den erfolgreichsten Onlineshops heiß begehrt sind. Sie sind außergewöhnlich in ihrem Fach und damit für diese Unternehmen extrem wertstiftend. Wenn ihr ein Team intern erfolgreich aufbaut, wenn ihr diese Prozesse beherrscht und das dazugehörige Mindset verinnerlicht habt, stellt sich nicht die Frage, ob ihr erfolgreich sein werdet, sondern nur wann und in welchem Ausmaß.

Gut aufbereitete Daten lügen nicht und selbst Unternehmen mit jahrelanger Optimierungshistorie finden nonstop Optimierungspotenziale, die sich in siebenstelligen Umsatzentwicklungen bemerkbar machen und in vergleichbarer Höhe potenzielle Schäden durch nicht wirksame Veränderungen verhindern. Ein starkes internes Team bündelt nicht nur eine bemerkenswerte Menge an Expertise, sondern schafft auch eine direkte Nähe zur übergreifenden unternehmerischen Strategie, der eigenen Produktentwicklung und der fachlichen (Branchen-)Expertise eures Kerngeschäfts, welche Außenstehende von euch nur mit sehr guten Briefingstrukturen und über längere Zeiträume erlernen können.

Gleichzeitig kann Conversion Optimierung in die bestehenden Prozesse eures Unternehmens einfacher integriert werden, wenn die Mitglieder des Teams in euer Organigramm eingebunden sind. A/B-Testing wird so, wenn alles funktioniert, zu einem festen Bestandteil der internen Arbeits- und Denkweise. Das schafft Synergieeffekte, die sich unternehmensweit bemerkbar machen und durch einen externen Dienstleister schwerer repliziert werden können.

Ein Beispiel für eine starke Unternehmenskultur, die eine externe Agentur zunächst nachvollziehen muss, ist das Unternehmen *Yello*. Mitarbeiter werden als »Yellos« bezeichnet und Ideen sind entweder

»Yello-like«, wenn sie kundenfreundlich sind, oder »Nicht-Yello-like«, wenn nicht. Was »Yello-like« ist oder nicht, ist in der Praxis ein schwer greifbares Konzept, welches die weitreichende Integration der Beteiligten erfordert. Es gibt keine vordefinierte Liste entscheidender Faktoren oder eine klare Definition davon, was darunter fällt und was nicht. Nur indem man täglich die Unternehmenskultur erlebt und diese ganz besondere »Yello-Luft« atmet, entwickelt man im Laufe der Zeit ein Gespür dafür, welche Ideen in welche Kategorien fallen. Ein »Yello« lernt schneller, welche Ideen »Yello-like« sind und welche nicht, was zur Unternehmenskultur und -strategie passt und was nicht. Als Agentur ist es schwerer, dieses spezifische Gespür zu entwickeln und erfordert zusätzliches Engagement interner Stakeholder, um solche Feinheiten effektiv zu vermitteln.

Du musst dir beim Aufbau deines eigenen leistungsstarken Teams bewusst sein, dass dieser oftmals über Monate oder Jahre hinzieht, bis alle benötigten Spezialisten gefunden wurden, Onboardings abgeschlossen sind und die Teammitglieder effizient miteinander arbeiten. Hinzu kommt der mitunter immense Druck, welcher mit der kulturellen Veränderung im Unternehmen einhergeht, wenn die benötigte Mentalität im Unternehmen noch nicht vorherrscht. Viele Unternehmen unterschätzen diesen Faktor und verlieren bei unzureichender Steuerung das Buy-in der bestehenden Belegschaft, was zu Reibungen und Leistungsverlusten führt. Wenn dein Team erfolgreich sein soll, dann musst du es auf diesen Erfolg gut vorbereiten.

Der zunächst spürbarste Nachteil einer Inhouse-Strategie sind die damit verbundenen Kosten. Der Aufbau eines solchen Teams beansprucht Zeit, vielmehr kostet er aber echtes Geld. Nicht selten werden initiale Budgets korrigiert, und zwar immer nur in eine Richtung: nach oben. Die Zeitkomponente bis zum »Funktionieren« eines Teams übertrifft diese Kosten aber häufig. Gemeint sind Opportunitätskosten in Form entgangener Profite – sei es nun durch ausbleibende Umsatzsteigerungen, eine Flatline bei Retourenraten oder die Tatsache, dass weiterhin Pseudo-Verbesserungen live gehen, die Umsatz vernichten. Diese Opportunitätskosten steigen mit jeder verstrichenen Woche.

Dennoch gilt: Wenn du diesen Prozess mit deinem Unternehmen erfolgreich durchlaufen und ein kompetentes Team aufbauen kannst, dann wird der damit verbundene Aufwand viele Früchte tragen. Die Unternehmen, die wir bei der erfolgreichen Umsetzung beobachten konnten, sind heutzutage Champions der Conversion Optimierung und sprechen mit unseren Experten auf einem ganz anderen Niveau, als es anderen Retailern Stand heute möglich ist.

Buy

Die Entscheidung für einen externen Dienstleister basiert vor allem auf einem Faktor: Time-to-Market. Was im vorherigen Abschnitt als Opportunitätskosten beschrieben wurde, ist für die meisten Unternehmen der größte Schmerzpunkt. Selbst wenn die Ressourcen für den Aufbau eines internen Teams zur Verfügung stehen und die Bereitschaft da ist, den notwendigen Invest zu tätigen, muss die folgende Frage gestellt werden: Wann seht ihr den vorausgesetzten Return on Investment und welche Chancen entgehen euch auf dem Weg dorthin? Welche Fehler unterlaufen euch bei der Anpassung eures Onlineshops, die eure Entwicklung sogar zurückwerfen, ohne dass ihr euch dessen bewusst seid? Geduld ist gefragt – eine Ressource, die oftmals rar ist und sich mitunter sogar kontraproduktiv auf die bestehende Wachstumsstrategie auswirkt.

Wenn du einen externen Dienstleister an Bord holst, dann gibt es kein Warten. Prozesse müssen nicht erst entwickelt werden, sondern werden von Experten vorgegeben und in Abstimmung mit internen Stakeholdern implementiert. Teammitglieder müssen nicht erst wie einzelne Puzzleteile gefunden werden, sondern stehen von Tag 1 an als Komplettpaket vor eurer Tür. Dazu kommt, dass Dienstleister größere Teams mitbringen, weil der Fokus auf Conversion Optimierung eine professionelle Tiefe ermöglicht, die selbst für große Retailer übertrieben und damit nicht mehr produktiv wäre. Während der Aufbau eines internen Teams durchschnittlich 12 bis 24 Monate erfordert, dauert das Onboarding eines Dienstleisters nur wenige Wochen. Das hat zur Folge, dass externe Dienstleister bereits Uplifts im siebenstelligen Bereich produziert haben, wenn die Make-Strategie noch im Personalbüro feststeckt.

Externe Dienstleister stehen unter strengerer Beobachtung und haben einen höheren Erfolgsdruck im Vergleich zu internen Teams. Das führt zu einem entscheidenden Vorteil: Agenturen weisen in der Regel eine höhere Erfolgsquote auf. Laut einer Studie von *Convert.com*, bei der mehr als 28.000 Tests analysiert wurden, verzeichnen von Agenturen geführte Conversion-Optimierungs-Programme eine mehr als doppelt so hohe Erfolgsquote im Vergleich zu internen Teams.

Dank der breiten Branchenerfahrung von externen Anbietern, besteht ein umfassendes Wissen und vielfältige Perspektiven können eingebracht werden. Im Gegensatz dazu bewegen sich interne Teams oft innerhalb ihrer eigenen Branche und betrachten maximal zehn, eher fünf verschiedene Webseiten, nämlich die wichtigsten Konkurrenten. Durch die Zusammenarbeit mit Experten kommt ihr in den Genuss eines Erfahrungsschatzes, der sich nur langsam und im Laufe der Zeit ansammeln lässt und bereichsübergreifend ist.

Sicher ist es dir schon einmal passiert, dass du wegen eines bestimmten Symptoms zum Arzt gegangen bist und beim Praxisbesuch auf ein ganz anderes Problem hingewiesen wurdest. Du hast noch nicht einmal Symptome gespürt, aber der Bluttest hat zutage gefördert, dass du mehr Eisen zu dir nehmen solltest, um zukünftigen Beschwerden vorzubeugen. Wärst du nicht wegen etwas anderem zum Arzt gegangen, hätte sich der Eisenmangel noch verschlimmert, bis du dann irgendwann wegen Haarausfall und Konzentrationsstörungen beim Arzt vorstellig geworden wärst.

Ein guter Dienstleister macht oft eine Potenzialanalyse, bei der innerhalb eines halben Tages eine Ersteinschätzung des Optimierungspotenzials erfolgt. Wir sehen in den Gesichtern oft die gleiche Überraschung, die der Patient empfindet, wenn er auf seine niedrigen Eisenwerte hingewiesen wurde: »Oh, daran habe ich ja noch gar nicht gedacht! Diese Perspektive haben wir noch gar nicht gesehen, das ist ein blinder Fleck bei uns.«

Oftmals hilft ein Erstgespräch mit einem Dienstleister, um sich ein gutes Bild davon zu machen. Um dir auf dem Weg zu einer für dein Unternehmen sinnvollen Entscheidung weiterzuhelfen, nehmen wir das bestmögliche Vorgehen im folgenden Abschnitt genauer unter die Lupe.

Wie du am besten vorgehst

Wie also vorgehen? Wenn wir beim Fußballbeispiel bleiben, könntest du schrittweise ein Conversion-Optimierungsteam aus deinem eigenen Nachwuchs, den Jugendmannschaften, aufbauen. Dieser Prozess wird jedoch einige Zeit in Anspruch nehmen und wenn du nicht über umfangreiches internes Know-how verfügst, musst du zusätzlich sicherstellen, dass diese Kollegen eine entsprechend gute Ausbildung erhalten.

Für einen schnellen Start und eine steile Lernkurve für dein eigenes Team lohnt es sich deshalb, ein paar Stars von anderen Mannschaften auszuleihen. Der Start mit einer Agentur stellt in den meisten Fällen eine effektive Möglichkeit dar, um schnell gute Ergebnisse zu erzielen und von Anfang an ein robustes und erprobtes Framework zu nutzen. Du brauchst einen starken Entscheider, der das Conversion-Optimierungsprogramm unterstützt und die kulturellen Veränderungen über den vorausgesetzten Minimalaufwand hinaus begleitet. Ideal ist außerdem ein interner Conversion Analyst, der das Projekt bei euch leitet und sicherstellt, dass alle relevanten Stakeholder an Bord sind und das Optimierungsteam mit allen notwendigen Informationen versorgt wird. Mit der Zeit kann dann schrittweise die Arbeit intern übernommen werden, um das Optimierungsprogramm weiterzuentwickeln und zu skalieren. So schlägst du eine Brücke zwischen wertvollem internem Wissen, das du im Laufe der Zeit aufbaust, und externer Agenturexpertise, die du durch Kollaborationen effektiv anzapfst.

Der größte Vorteil dieser Strategie: Conversion Optimierung ist ein maximal transparentes und messbares Unterfangen. Wie ein A/B-Test, der sorgfältig durchgeführt wird, die wahre Natur einer Idee offenbart und ihren Einfluss auf euer Geschäft aufzeigt, kannst du auch die Conversion Optimierung als Prozess gut messen und bewerten. Dabei spielen drei Kennzahlen eine wichtige Rolle:

- die Anzahl der durchgeführten Tests – je mehr, desto besser.
- die erreichte Erfolgsquote. Das bedeutet: Wie viele von den Tests haben die gewünschte Kennzahl, zum Beispiel die Conversion Rate, tatsächlich positiv beeinflusst und das statistisch signifikant nachgewiesen?
- und der erzielte Impact, bedeutet: Wie hoch war der Uplift auf deine Business-KPIs, auf die Conversion Rate des Shops oder den Umsatz?

Abb. 35: Das Zusammenspiel zwischen der Anzahl der durchgeführten Tests, der Erfolgsquote und dem Gesamteffekt (Impact) auf den Gesamtumsatz.

Wenn du konsequent über alle Conversion-Maßnahmen Buch führst, wirst du schnell erkennen, an welcher Stelle es hapert und wo es rund läuft. Wenn du nach einem halben Jahr nur zwei Tests durchgeführt hast, ist offensichtlich, dass du nicht weit kommst. Euch fehlen die Ressourcen oder die Ernsthaftigkeit. Wenn du stattdessen in zwei Monaten bereits zehn Tests durchgeführt hast und keiner davon die relevanten Kennzahlen signifikant verbessert hat, solltest du die Qualität deiner Analysen und Konzepte infrage stellen.

Diese Transparenz und die damit einhergehende Basis für die Analyse durchgeführter Tests, deiner Erfolgsquoten und der bis auf den letzten Cent messbaren Auswirkung auf den Gesamtumsatz spricht Bände darüber, wie du Conversion Optimierung mit deinem Unternehmen erfolgreich angehen und skalieren kannst.

5 Den Erfolg skalieren

Du bist nicht allein am Markt. Auch deine Wettbewerber setzen auf Conversion Optimierung. Um lediglich mit dem Markt Schritt halten zu können und die sich ändernden Kundenbedürfnisse zu befriedigen, musst du bereits mindestens so viele Tests wie eure Konkurrenz durchführen, bei einer vergleichbaren Erfolgsquote und Ausbeute pro erfolgreichem Test. Andererseits wollt ihr nicht nur Durchschnitt sein, sondern euch einen Wettbewerbsvorteil erarbeiten. Das gelingt euch, indem ihr noch mehr Tests macht.

Sagen wir, du investierst in Immobilien. Du hast eine lukrative Immobilie erworben und vermietest sie gewinnbringend. Ab einem gewissen Punkt kannst du aus dieser einen Immobilie nach einigen Sanierungen und Mieterhöhungen nicht mehr herausholen, der Gewinn pro Jahr stabilisiert sich. Was machst du also? Du erwirbst eine weitere Immobilie, und eine dritte und eine vierte, und das Spiel fängt von vorn an. Du multiplizierst den Erfolgsprozess.

Die weltweit größten Onlineunternehmen setzen auf eine möglichst hohe Anzahl an A/B-Tests. So fasst es der Amazon-Geschäftsführer Jeff Bezos zusammen:[30]

»Unser Erfolg bei Amazon hängt davon ab, wie viele Experimente wir pro Jahr, pro Monat, pro Woche, pro Tag machen.«

[30] https://www.goodreads.com/quotes/8871377-our-success-at-amazon-is-a-function-of-how-many, aufgerufen am 02.06.2024 um 17:45 Uhr

Genauso kannst du auch bei der Skalierung von Conversion Optimierung vorgehen. Wenn du die Analyse- und Priorisierungsprozesse beherrschst, gute Hypothesen generierst und eine Erfolgsquote von mindestens 20 Prozent hast, gilt es die Anzahl der Tests zu erhöhen.

Nehmen wir an, du führst 100 Tests durch und zwanzig davon bringen dir einen Conversion Uplift von je fünf Prozent. Auch wenn du die Uplifts nicht ohne Weiteres aufsummieren kannst und der tatsächliche Effekt nur halb so hoch ist, also 2,5 Prozent, wären das dennoch satte 50 Prozent Gesamtuplift. Anders gesagt, wenn du das auf alle A/B-Tests verteilst, erzielt ihr im Durchschnitt einen halben Prozent Uplift je durchgeführtem Test.

Die Gleichung ist einfach: Je mehr Tests ihr durchführt, desto mehr Verbesserungen werdet ihr finden. Wenn im Durchschnitt jeder Test einen Conversion Uplift von einem halben Prozent generiert, führen 20 zusätzliche Tests mit der gleichen Qualität zu einem weiteren Uplift von zehn Prozent. Bei 40 A/B-Tests erhaltet ihr entsprechend höchstwahrscheinlich einen Uplift von 20 Prozent. Das führt zu schnellerem Wachstum, wie der Vergleich zwischen der Entwicklung des Umsatzes bei 40 im Vergleich zu nur 20 Tests pro Jahr aufzeigt:

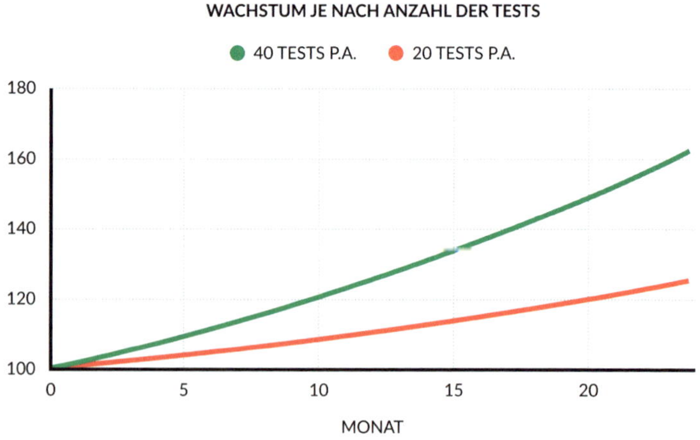

Abb. 36: Wachstumsrate im Verhältnis zur Anzahl der durchgeführten Tests.

Mit genügend Tests und einem ausreichend großen Team gibt es ständig unterschiedliche Versionen eurer Webseite. »*Zu einem bestimmten Zeitpunkt gibt es nicht nur eine Version von Facebook, sondern wahrscheinlich 10.000. Jeder Ingenieur im Unternehmen kann grundsätzlich entscheiden, dass er etwas testen möchte. Es gibt ein paar Regeln für sensible Dinge, aber im Allgemeinen kann ein Ingenieur etwas testen und eine Version von Facebook nicht für die gesamte Gemeinschaft, sondern vielleicht für 10.000 oder 50.000 Personen starten – was auch immer nötig ist, um einen guten Test einer Erfahrung zu erhalten*«[31], fasst Mark Zuckerberg den Ansatz von *Facebook* zusammen. Das Testen wird für alle relevanten Teammitglieder so einfach zugänglich wie möglich gemacht.

Die großen Unternehmen haben diesen Ansatz verinnerlicht und testen wie verrückt, wie dir diese Zahlen verraten:

airbnb	amazon	Google	Booking.com
≈6.000 A/B-Tests pro Jahr	**≈12.000 A/B-Tests 2015**	**11.553 A/B-Tests 2021**	**≈1.000 verschiedene Varianten sind live**

Abb. 37: Wachstumsrate im Verhältnis zur Anzahl der durchgeführten Tests.

Wie schaffen die großen Unternehmen so viele Tests?

Vielleicht klingen mehr als tausend durchgeführte A/B-Tests für dich undenkbar. Immerhin erfordert jeder Test akribische Planung, Zeit in der Umsetzung und Personalressourcen. Wie also gelingt es den Großen, eine solch beeindruckende Anzahl an Tests durchzuführen?

Lukas Vermeer, ehemaliger Director of Experimentation von *Booking.com*, gewährt regelmäßig Einblicke in die Kultur und Technik bei *Booking.com*. Auf die Frage, »*Wie schafft es Booking.com, dass 1.000 Tests täglich laufen?*« antwortete er mit: »*Indem 1.000 Leute im*

[31] https://www.entrepreneur.com/science-technology/why-mark-zuckerberg-runs-10000-facebook-versions-a-day/294242, aufgerufen am 02.06.2024 um 18:23 Uhr

Unternehmen testen.«[32] Tatsächlich involviert *Booking.com* ähnlich wie *Facebook* das gesamte Team in den Testing-Prozess. Jeder Mitarbeiter, egal, in welchem Unternehmensbereich tätig, kann eigene Hypothesen einbringen, die anschließend getestet werden, wenn diese ein hinreichendes Potenzial besitzen. Der wahr gewordene Traum eines jeden Conversion Analysten.

Ein Team kann allerdings nur eine begrenzte Anzahl an Tests pro Zeitraum durchführen. Wenn dieses Team voll ausgelastet ist und maximal effizient arbeitet, gelingt dir weitere Skalierung, indem du mehr Teammitglieder einbringst.

Oft ist es so, dass Designer und Entwickler das Bottleneck bei der Conversion Optimierung sind. Wenn sie bereits Vollzeit im Conversionteam arbeiten, dann kannst du weitere Designer und Entwickler engagieren, die im ersten Schritt ins bestehende Team integriert werden. Irgendwann werden auch weitere Rollen an ihre Grenzen stoßen und spätestens dann ergibt es Sinn, ein weiteres Team zu gründen, das unabhängig vom Initialteam optimiert.

Dabei ist es wichtig, die Verantwortlichkeiten zwischen verschiedenen Optimierungsteams klar zu trennen. Das kann beispielsweise anhand der Stelle in der Customer Journey erfolgen. Ein Team wäre dann für die Discovery-Phase zuständig, in der es darum geht, dass Kunden die richtigen Produkte finden und in den Warenkorb legen. Das zweite Team würde den Check-out verantworten und dafür sorgen, dass die Nutzer ab dieser Stelle bestmöglich durch den Prozess gelangen und die Bestellung abschicken.

Wenn es mehrere Teams gibt, muss allen Beteiligten klar sein, was die wichtigste Kennzahl für den Unternehmenserfolg ist. Es gibt hierbei verschiedene Ansätze wie North Star Metric oder Overall Evaluation Criterion (OEC), die helfen, den Leitstern zu definieren und ins Unternehmen zu tragen. Voraussetzung ist zum einen, dass ein

[32] Kaufman, Raphael & Pitchforth, Jegar & Vermeer, Lukas: Democratizing online controlled experiments at Booking.com. CODE, 2017.

Unternehmen diese Kennzahl definiert hat und jedes (Conversion-Optimierungs-)Team versteht, inwiefern die eigene Arbeit auf die Erreichung einzahlt. Zum anderen sollten bei den Problemanalysen auch weiterhin ganzheitliche Customer Journeys betrachtet werden, um etwaige Probleme an den Schnittstellen von Teams nicht zu übersehen.

Paralleles Testing

Neben dem Personal kann auch der Traffic zum bremsenden Faktor werden. Ein Test benötigt ausreichend viele Nutzer, um statistisch aussagekräftig zu sein. Das führt dazu, dass Tests bei unseren Kunden zwischen ein und vier Wochen laufen. Würde immer nur ein Test zur gleichen Zeit durchgeführt, wären das bei Webseiten am oberen Ende dieser Spanne gerade mal zwölf Tests im Jahr. Die Lösung hierfür ist paralleles Testing: Indem gleichzeitig mehrere Tests durchgeführt werden, kannst du die Anzahl der Tests vervielfachen.

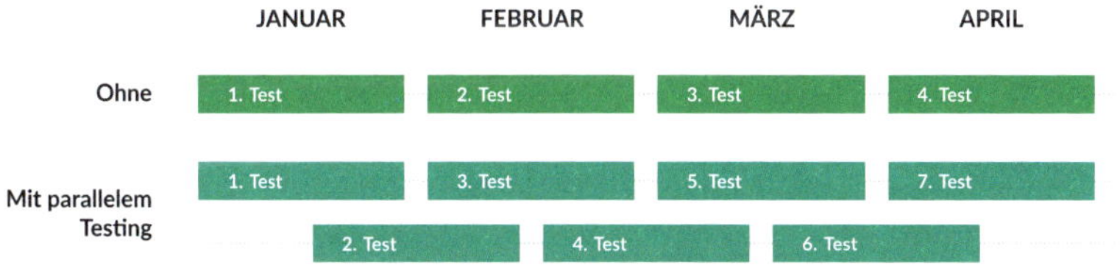

Abb. 38: Diese Grafik verdeutlicht den Geschwindigkeitsvorteil, den paralleles Testen bietet.

Wenn du gleichzeitig mehrere Tests durchführst, dann verteile sie idealerweise auf unterschiedliche Bereiche deiner Webseite. Zum Beispiel könnte Test A auf der Produktdetailseite laufen, während Test B im Check-out stattfindet. Darüber hinaus ist es wichtig, dass ihr Hypothesen wählt, die nichts miteinander zu tun haben. Das minimiert die Wahrscheinlichkeit, dass sich die Tests gegenseitig beeinflussen.

Falls die Hypothesen doch ähnlich sind, zum Beispiel die »Höhe der Versandkosten« (Hypothese 1) und der Zeitpunkt in der Customer

Journey, an dem sie kommuniziert werden (Hypothese 2), kannst du sie in einem Test kombinieren, um zu sehen, wie sich beide Faktoren gegenseitig beeinflussen:

1. V1: Hohe Versandkosten, früh kommuniziert
2. V2: Niedrige Versandkosten, früh kommuniziert
3. V3: Hohe Versandkosten, spät kommuniziert
4. V4: Niedrige Versandkosten, spät kommuniziert

Durch diese Herangehensweise kannst du gleichzeitig mehrere Aspekte testen und die Interaktionen zwischen den Faktoren besser verstehen.

Das ermöglicht dir, die Interaktionseffekte zwischen verschiedenen Hypothesen zu messen und zu erkennen. Wenn du parallel testest und die Testkombinationen analysierst, kannst du erst herausfinden, wie unterschiedliche Faktoren einander beeinflussen. Du lernst vielleicht, dass eine Variante des ersten Tests, zum Beispiel hohe Versandkosten, hervorragend mit einer Variante des anderen Tests harmoniert, zum Beispiel eine frühe Kommunikation der Versandkosten. In anderen Worten: Wenn die Nutzer rechtzeitig über die Versandkosten informiert werden, akzeptieren sie auch höhere Versandkosten.

Wenn du hingegen nacheinander testest, hast du keine Möglichkeit, diese Interaktionseffekte zu erkennen. Stell dir vor, du führst zuerst den Test zur Höhe der Versandkosten durch und die niedrigeren Versandkosten führen erwartungsgemäß zu einer höheren Conversion Rate. Du beginnst danach den Test, um herauszufinden, an welchem Punkt in der Customer Journey du am besten die Versandkosten kommunizierst. Aber du wirst nie erfahren, dass du die Versandkosten höher ansetzen könntest, solange du sie nur frühzeitig kommunizierst. Paralleles Testen ermöglicht es dir, diese Wechselwirkungen aufzudecken.

Damit schließt sich der Kreis: Dieses Buch beginnt mit dem Gedanken, dass bisherige Optimierungsprojekte von Webseiten an den Kundenbedürfnissen vorbeischießen. Deshalb solltet ihr eure Nutzer möglichst gut kennen, um ihnen dann die bestmögliche Nutzererfahrung zu bieten. Conversion Optimierung und alle mit ihr verbundenen Bereiche erfüllen genau das: Jeder Klick wird zur guten Entscheidung und fühlt sich für den Nutzer auch so an, weil er genau das bekommt, was er möchte.

Aus diesem Grund wird Conversion Optimierung weiter an Bedeutung zunehmen, vor allem wenn sich der Handel noch mehr ins Internet verlagert und eine zunehmend große Anzahl an Shops um eine nicht mehr wachsende Gruppe an Kunden kämpft. Den Zuschlag erhält der Verkäufer, der schon bei Betreten des Ladens weiß, was der Kunde möchte und welche Lösungen er für seine Probleme braucht.

Videokurs: Was du brauchst, um erfolgreich Conversion Optimierung zu betreiben

In diesem Teil unseres Videokurses lernst du, wie du dich vom ersten Test zu einer Testing-Company entwickelst – eine kulturelle Veränderung, die den Erfolg deiner Optimierungen in den Mittelpunkt stellt und dein Team auf die gedankliche Überholspur bringt. Die notwendigen Rollen, Skills, Tools und Prozesse werden dabei im Zusammenspiel erläutert. Dabei beleuchten wir die verschiedenen Reifestufen der Conversion Optimierung, sodass du das für dich ideale Set-up identifizieren kannst: **https://l.leap.de/teil8**

SCAN MICH
In der letzten Lektion des Onlinekurses erfährst du, was du brauchst, um erfolgreich Conversion Optimierung zu betreiben!

EXECUTION BEATS STRATEGY

Die absehbaren Entwicklungen im E-Commerce-Markt spielen all denen in die Hände, die Conversion Optimierung erst begreifen und dann betreiben – und du hast jetzt den ersten Schritt gemacht. Mit den Informationen aus diesem Buch kannst du nicht nur eure Webseite zur hervorragenden Verkaufsplattform machen, sondern auf Grundlage des gewonnenen Wissens euer gesamtes Unternehmen besser aufstellen und zu neuen Höhen des Erfolgs antreiben. Wenn du das hier vermittelte Wissen als Must-Have verstehst, wird es eure Arbeitsweise und Ergebnisse revolutionieren.

Besser Online Verkaufen ist eine strategische Guideline. Du weißt nun, worauf es im Umgang mit euren Kunden ankommt. Indem ihr eure Kunden besser versteht, könnt ihr empathisch auf alle ihre Bedürfnisse eingehen. Das ist nicht nur für die Webseite wichtig, sondern für allen Handlungen eures Unternehmens relevant. Wer ist eure Zielgruppe und was will sie wirklich? Wie könnt ihr die Wünsche eurer Kunden in einer Art und Weise bedienen, dass sie immer wieder zu euch zurückkommen und euch weiterempfehlen? Welche Details spielen für sie eine Rolle, um ihr Einkaufserlebnis so positiv wie möglich zu gestalten?

Nach der Strategie ist vor der Umsetzung. Deswegen laden wir dich dazu ein, Testing und faktenbasierte Entscheidungsfindung in alle Abläufe zu integrieren. Sobald du – mithilfe der Daten – deine Kunden entscheiden lässt, deine HiPPOs bändigst und nicht mehr blind in trübem Wasser fischst, befindest du dich auf dem besten Weg von gut zu großartig.

Deine Reise in die Conversion Optimierung fängt hier erst an. Du bist deinen Wettbewerbern einen Schritt voraus, denn du weißt, worauf es ankommt, wenn du etwas erfolgreich online verkaufen willst. Die Kenntnis über die in diesem Buch gezeigten Prozesse und Abläufe sind dieser erste Schritt. Einen unüberwindbaren Burggraben baust du jedoch erst, indem du umsetzt – und das schneller als alle anderen. Nicht umsonst heißt es: Execution beats strategy every time.

Trag dieses Wissen in den Rest deines Unternehmens. Befähige dein Team, optimiere eure Webseite, lerne, was es heißt, bestmöglich zu verkaufen, und hebe dein gesamtes Business auf das nächste Level.

Worauf wartest du? Du bist dran: *time to execute*!

Die Autorinnen und Autoren

Ivan Gluschko ist Team Manager und Expert Lead für Conversions bei LEAP/ und gefragter Speaker. Ivan leitet einen Teil unseres Conversion-Optimierungsteams und ist mit über 15 Jahren Erfahrung einer der Pioniere der psychologischen Conversion Optimierung. Vor seiner Zeit bei LEAP/ war Ivan maßgeblich am Aufbau führender A/B-Testing-Programme bei *Yello Strom* und *REWE Digital* beteiligt, wodurch er die komplexen Anforderungen neuer Optimierungsprojekte auf Kundenseite genau kennt. Als Spezialist für Personalisierung betreut Ivan unsere Kunden insbesondere auch in der Identifikation und gezielten Ansprache relevanter User-Gruppen.

Nils Eisenhauer-Fickler ist Team Manager und Expert Lead für Behavioral Patterns bei LEAP/ mit mehr als 10 Jahren Erfahrung im Bereich Conversion Optimierung. Nils leitet einen Teil unseres Teams und betreut in seiner Rolle einige der größten E-Commerce-Brands im DACH-Raum als Hauptansprechpartner für psychologische Conversion Optimierung. Als gelernter Psychologe unterstützt Nils unsere Kunden bei der Nutzeranalyse, Auswahl relevanter psychologischer Heuristiken und der Umsetzung in Form von datengetriebenen A/B-Tests. Darüber hinaus ist er eine treibende Kraft in der iterativen Weiterentwicklung unserer Conversion-Angebote für führende Retailer.

Michael Rätzsch ist Digital Analytics Consultant bei LEAP/ und führt unseren Bereich Webanalyse & -Tracking. Seit über 10 Jahren liegt Michaels Schwerpunkt in der Entwicklung und Umsetzung ganzheitlicher Tracking-Konzepte. Seine Erfahrung macht ihn zu einem elementaren Ansprechpartner für unsere Kunden. Als erfahrener Data Analyst für E-Commerce kennt Michael die technische Individualität moderner Retailer und sorgt mit seinem Fachwissen dafür, dass unsere Kunden bestmöglich Daten erheben und die gewonnenen Daten richtig auswerten und interpretieren. Zudem ist er regelmäßig als Speaker aktiv.

Katja Kaiser ist Senior UX-Researcherin bei LEAP/ und gelernte Kognitions-, Neuro- und Verhaltenswissenschaftlerin. Als Expertin für sowohl quantitatives A/B-Testing als auch qualitative User-Testings verfügt Katja über ein umfassendes methodisches Wissen, welches sie für die Entwicklung maßgeschneiderter Lösungsansätze für unsere Kunden einsetzt. Katja kennt die Herausforderung in der Erhebung und Auswertung valider Daten und unterstützt führende E-Commerce-Unternehmen seit vielen Jahren bei der wissenschaftlichen und datengetriebenen Weiterentwicklung ihrer digitalen Plattformen.

Vanessa van Kann ist Senior Conversion Analystin bei LEAP/. Als gelernte Psychologin mit Schwerpunkt Cognitive Affective Neuroscience und angehende Psychotherapeutin für Verhaltenstherapie ist Vanessa auf das Erkennen und die Interpretation von komplexen Verhaltensmustern spezialisiert. Als langjährige Expertin für A/B-Testing begleitet Vanessa unsere Kunden bei der Identifikation und Umsetzung passender Heuristiken sowie der datengetriebenen Auswertung von Optimierungsmaßnahmen in führenden Onlineshops.

Miriam Pretky ist studierte Psychologin und Senior Conversion Analystin bei LEAP/. Ihre wissenschaftliche Fachkenntnis kombiniert Miriam mit weitreichender Erfahrung aus UX- und Designprojekten, um unsere Kunden bei der Konzeption und Auswertung nutzerzentrierter A/B-Tests zu unterstützen. Mit ihrer datengetriebenen Kreativität und langjährigen Erfahrung in der Performance-Analyse führender E-Commerce-Unternehmen kennt Miriam die Anforderungen transaktionaler digitaler Geschäftsmodelle und ist eine Expertin in der Identifikation der Anforderungen individueller Nutzersegmente.

Der Herausgeber

Thomas Gruhle ist Gründer und Geschäftsführer von LEAP/. Angefangen als selbstständiger SEO-Experte in seiner 1-Zimmer-Wohnung in Berlin, gründete er 2009 die Agentur Barketing mit Fokus auf Suchmaschinenoptimierung. Durch die Übernahme der CRO-Spezialisten von ConversionLift entstand 2015 unter Thomas' Führung LEAP/ Digital Marketing, welche seither die besten Experten für SEO und CRO für E-Commerce im deutschsprachigen Raum vereint. Thomas ist federführend in der Weiterentwicklung der LEAP-Produkte und tritt regelmäßig als Speaker auf den Bühnen bei Konferenzen wie der OMR, K5, DMEXCO, OMT oder eTail auf.

QUELLENVERZEICHNIS
Im Schreibprozess haben wir auch externe Quellen verwendet. Die komplette Übersicht findest du hinter dem QR-Code oder unter dem folgenden Link:
https://l.leap.de/quellen

ForwardVerlag

Titel:	10X für Immobilieninvestoren
Untertitel:	Erfolgsstrategien für den modernen Immobilienmarkt
Autor:	Markus Beforth
ISBN:	978-3-98755-114-7

Bist du bereit, deine Immobilieninvestitionen auf das nächste Level zu heben? In diesem Buch entdeckst du fortgeschrittene Strategien, die es dir ermöglichen, mit weniger Eigenkapital mehr Immobilien zu erwerben und mit Bestandsimmobilien eine höhere Rendite zu erzielen.

Erfahre, wie du durch kreative Finanzierungsmodelle und innovative Investitionsstrategien deine Investitionen optimieren kannst. Lerne, wie du Risiken minimierst und gleichzeitig dein Portfolio diversifizierst, um langfristigen Erfolg zu gewährleisten. Egal, ob du nach passivem Einkommen suchst oder die komplette finanzielle Freiheit durch Immobilien anstrebst, dieses Buch liefert dir die Tools und Strategien, um deine Ziele zu erreichen. Nutze die Erfahrungen des erfolgreicher Autors und transformiere dein Portfolio in eine Quelle langfristigen Wohlstands für Generationen.

ForwardVerlag